HISTOIRE

PHILOSOPHIQUE

ET

POLITIQUE,

Des établissemens & du commerce des Européens dans les deux Indes.

TOME QUATRIEME.

A AMSTERDAM.

M. DCC. LXX.

HISTOIRE

PHILOSOPHIQUE

ET

POLITIQUE,

Des établissemens & du commerce des Européens dans les deux Indes.

LIVRE DIXIEME.

L A partie du nord de l'Amérique qui s'étend depuis les 293 dégrés jusqu'aux 136 dégrés de longitude, présente un archipel le plus nombreux, le plus étendu, le plus riche que l'océan ait encore offert à la curiosité, à l'activité, à l'avidité des Européens. Les isles qui le forment sont connues depuis la découverte du nouveau monde sous le nom d'Antilles. Les vents qui soufflent presque toujours de la partie de l'est, ont fait appeller celles qui sont plus à l'orient isles du vent, & les autres, isles sous le vent. Elles composent une chaîne dont un bout semble tenir au continent près du golphe de Maracaïbo, & l'autre former l'ouverture du golphe du Mexique. Peut-être ne seroit-il pas téméraire de les regarder comme les sommets des très-hautes montagnes qui ont fait autrefois partie de la terre ferme & qui sont devenues des isles par une révolution arrivée dans le golphe, qui a submergé tout le plat pays.

Des monumens certains attestent de plus grands changemens dans la nature. Le physicien attentif en voit par-tout des traces. Des coquillages de toutes les espece, des coraux, des bancs d'huitres, des poissons de mer entiers ou mutilés entassés avec ordre dans toutes les contrées de l'univers, dans les lieux les plus éloignés de la mer, dans les entrailles & sur la superficie des montagnes : l'instabilité du continent qui sujet à toutes les vicissitudes de l'océan dont il est perpétuellement battu, rongé, bouleversé, tandis qu'il perd au loin peut-être des terres immenses, découvre à nos yeux de nouveaux pays, de longues plaines de sable au-tour des cités, qui furent autrefois des ports fameux : la situation horifontale & parallèle des couches de terre & de productions marines, assemblées alternativement de la même façon, composées des mêmes matieres réguliérement cimentées par l'action constante & successive de la même cause : la correspondance entre les côtes séparées par quelque bras la mer, où l'on voit d'un côté des angles saillans opposés à des angles rentrans de l'autre, à droite des lits du même sable ou des mêmes pétrifications placés au niveau de semblables lits qui s'étendent à gauche : la direction des montagnes & des fleuves vers la mer comme à leur

source commune : la formation des collines &
des vallons où ce vaste fluide a pour ainsi dire
laissé l'empreinte éternelle de ses ondulations :
tout nous dit que l'océan a franchi ses bornes
naturelles, ou plutôt qu'il n'en a jamais eu d'insurmontables, & que disposant du globe de la
terre au gré de son inconstance, il en a changé
cent fois la constitution, soit intérieure, soit ex-
térieure. Delà ces déluges successifs & jamais
universels, qui tour à tour ont couvert la face
de la terre, sans la dérober toute entiere à la
fois : car les eaux agissant en même tems dans
les cavités & sur la superficie du globe ne peuvent augmenter la profondeur de leur lit, sans
en diminuer les autres dimensions, ni se dérober
d'une part sans tarir de l'autre ; & l'on ne sauroit
imaginer une altération dans la masse entiere qui
fit tout à coup disparoître les montagnes, ou la
mer s'élever par toute la terre au-dessus des plus
hautes. Quel changement subit d'organisation passeroit tous les rochers & toutes les matieres solides au centre du globe pour exprimer de ses flancs
& de ses veines tous les fluides qui lui donnent la
vie, & noyant un élément dans l'autre ne feroit
plus rouler dans les airs qu'une masse d'eaux &
de germes perdus ? N'est-ce pas assez que chaque
hémisphere soit tour à tour en proie aux ravages
de la mer ? Ce sont des assauts continuels qui
nous ont sans doute dérobé si long-tems le nouveau monde, & qui peut-être ont englouti ce
continent qu'on croit qu'ils n'avoient fait que
séparer du nôtre.

Quelles que soient les causes secretes de ces
révolutions particulieres dont la cause générale est
visiblement dans les loix connues du mouvement
universel, les effets en seront toujours sensibles

pour tout homme qui aura le courage & la sagacité de les voir. Sans le secours des connoissances physiques, un souvenir confus de ces sortes d'innondations s'étoit conservé parmi les sauvages qui habitoient les Antilles. Cet archipel comme celui des Indes orientales, situé presque à la même hauteur, paroît formé par la même cause, le mouvement de la mer d'orient en occident, mouvement imprimé par celui qui pousse la terre d'occident en orient, mouvement plus violent à l'équateur où le globe plus élevé roule un cercle plus grand, une zone plus agitée; où la mer semble vouloir rompre toutes les digues que la terre lui oppose, & s'ouvrant un cours sans interruption, y tracer elle-même la ligne équinoctiale.

La direction des Antilles, en commençant par Tabago, est à peu de chose près nord, & nord, nord-ouest. Cette direction se continue de l'une à l'autre, en formant une ligne arrondie vers le nord-ouest, & se termine à Antigoa. Ici la ligne se courbe tout d'un coup, & se prolongeant en ligne droite à l'ouest, au nord-ouest, rencontre successivement Porto-rico, saint-Domingue, Cuba, connues sous le nom d'isles sous le vent. Ces isles sont séparées par des canaux de différentes largeurs. Quelques-uns ont six lieues, d'autres quinze ou vingt; mais dans tous, on trouve le fonds à cent, cent vingt, cent cinquante brasses. Il y a même entre la Grenade & saint Vincent un petit archipel de trente lieues, où quelquefois le fonds n'est pas à dix brasses.

La direction des montagnes dont les Antilles sont couvertes, suit celles que ces isles gardent entr'elles. Cette direction est si réguliere qu'à ne considérer que les sommets, sans avoir égard à leur bafe, on les jugeroit une chaîne de montagnes dépendantes du continent dont la Martinique feroit le promontaire le plus au nord-eft.

Les fources d'eau, qui aux ifles du vent fe précipitent des montagnes, ont toutes leur cours dans la partie occidentale de ces ifles. Tout le côté oriental, c'eft-à-dire celui qui felon nos conjectures a été mer dans tous les tems, eft privé d'eau courante. Nulles fources n'y coulent des hauteurs. Elles euffent été perdues, parce qu'après avoir parcouru un efpace fort court & très-rapide, elles fe feroient jettées dans la mer.

Porto-rico, faint Domingue, Cuba ont quelques rivieres dont l'embouchure eft à la côte du nord, & la fource dans les montagnes qui regnent de l'eft à l'oueft; c'eft-à-dire dans toute la longueur de ces ifles. Ces rivieres arrofent un plat pays confidérable qui n'a pas été fans doute inondé de la mer. L'autre côté des montagnes qui regarde vers le fud où la mer bat plus furieufement & imprime des traces de fubmerfion, verfe dans les trois ifles plufieurs belles rivieres, quelques-unes même affez confidérables pour recevoir les plus grands vaiffeaux.

Ces obfervations qui démontrent évidemment que la mer a détaché les Antilles du continent font fortifiées par des obfervations d'un autre genre, mais auffi décifives en faveur de cette conjecture. Tabago, la Marguerite, la Trinité, les ifles les plus voifines de la terre ferme produifent comme elle des arbres mous, du cacao fauvage. Ces efpeces ne fe retrouvent plus, du moins en quantité, dans les ifles qui vont au nord. On n'y voit que des bois durs. Cuba fituée à l'autre extrêmité des Antilles produit comme la Floride, dont elle eſt peut-être détachée, du cedre, du cyprès, l'un & l'autre très-propre pour la conſtruction des vaiſſeaux.

Le ſol des Antilles eſt en général une couche d'argile ou de tuf plus ou moins épaiſſe, ſur un noyau de pierre ou de roc vif. Ce tuf & cette argile ont différentes qualités plus propres les unes que les autres à la végétation. Là où l'argile moins humide & plus friable ſe mêle avec les feuilles & les débris des plantes, il ſe forme une couche de terre plus épaiſſe que celle qu'on trouve ſur des argiles graſſes. Le tuf a auſſi les propriétés ſuivant ſes différentes qualités. Là où il eſt moins dur, moins compacte, moins poreux, de petites parties ſe détachent en forme de caiſſons toujours alterés, mais conſervant une fraîcheur utile aux plantes. C'eſt ce qu'on appelle en Amérique un ſol de pierre ponce. Par-tout où l'argile & le tuf ne comportent pas ces modifications, le ſol eſt ſtérile, auſſi-tôt que la couche ſuite de la décompoſition des plantes originaires eſt détruite par la néceſſité des ſarclages qui expoſent trop ſouvent les ſels aux rayons du ſoleil. Delà vient que la culture, qui exige le moins de ſarclage & dont la plante couvre de ſes feuilles les ſels végétaux, en perpétue la fécondité.

Lorſque les Européens aborderent aux Antilles, ils les trouverent couvertes de grands arbres, liés pour ainſi dire les uns aux autres par des plantes rampantes qui s'élevant comme du lierre, embraſſoient toutes les branches & les déroboient à la vue. Cette eſpece paraſite croiſſoit en telle abondance qu'on ne pouvoit pénétrer dans les bois ſans la couper. On lui donna le nom de Lianne analogue à ſa flexibilité. Ces forêts auſſi anciennes que le monde avoient pluſieurs géné-

rations d'arbres qui par une singuliere prédilec-
tion de la nature étoient d'une grande élévation, très-droits, sans excresscence, ni défectuo-
sité. La chûte annuelle des feuilles, leur décomposition, la destruction des troncs pourris par
le tems, formoient sur la surface de la terre un
sédiment gras, qui après le défrichement opéroit
une végétation prodigieuse dans les nouvelles
plantations qu'on substituoit à ces arbres.

Dans quelque terrein qu'ils eussent poussé,
leurs racines avoient tout au plus deux pieds de
profondeur, & communément beaucoup moins;
mais elles s'étendoient en superficie en proportion du poids qu'elles avoient à soutenir. L'extrême sécheresse de la terre où les pluies les
plus abondantes ne pénétrent jamais bien avant,
parce que le soleil les repompe en peu de tems,
& des rosées continuelles qui humectoient sa
surface, leur donnoient une direction horisontale
au lieu de la perpendiculaire que les racines prennent ordinairement en d'autres climats.

Les arbres qui croissoient au sommet des
montagnes & dans des endroits escarpés étoient
très-durs. Ils avoient l'écorce lisse & collée sur
le bois. Le courbari, l'acajou, le machenité, le
barata, le bois de fer & plusieurs autres se
laissoient à peine entamer par l'instrument le plus
tranchant : pour les abattre ou pour les déraciner,
il falloit les brûler. Lorsqu'ils étoient tombés,
la scie ou la hache les façonoient au gré de l'ouvrier. Le plus singulier de ces arbres étoit l'aco-
ma qui mis en terre se pétrifie. On regardoit
comme le plus utile le gommier dont le diametre
ordinaire de cinq pieds, sur une fléche de qua-
rante-cinq à cinquante, servoit à former des canots d'une seule piece.

A 4

Les vallées toujours fertilisées aux dépens des montagnes, étoient remplies de bois mous. Au pied de ces arbres croissoient indistinctement les plantes que la terre libérale produisoit pour la nourriture des naturels du pays. Celles d'un usage plus universel étoient le cauh-coulh, ligname, le choux caraiba & la patate. C'étoient des especes de pommes de terre nées à la racine de plantes qui rampoient, mais forcoient tous les obstacles dont elles sembloient devoir être étouffées. La nature qui paroît avoir mis par-tout un certain rapport entre le caractere des peuples & les denrées destinées à leur subsistance, avoit placé dans les Antilles des légumes qui craignoient les ardeurs du soleil, qui se plaisoient dans les endroits frais, qui n'exigeoient point de culture, & qui se reproduisoient deux ou trois fois l'année. Les insulaires ne traversoient pas le travail libre & spontané de la nature, en détruisant une production pour donner plus de vigueur à une autre. Ils laissoient à la terre le soin de préparer les sels de la végétation, sans lui assigner le lieu & le tems de féconder. Cueillant au hasard & dans leur saison les productions qui s'offroient d'elles-mêmes à leurs besoins, ils avoient observé sans étude que la décomposition de ce que nous appellons mauvaises herbes étoit nécessaire à la réproduction des plantes qui leur étoient utiles.

Les racines de ces plantes n'étoient jamais malsaines ; mais insipides sans préparation, elles avoient peu de goût même cuites, à moins qu'on ne les assaisonnât avec du piment. Quand elles étoient mêlées avec du Gingembre & le fruit acide d'une plante assez semblable à notre oseille, elles donnoient une liqueur forte qui étoit l'unique boisson composée des sauvages. Ils n'y employoient d'autre art que de les faire fermenter quelques jours dans de l'eau commune aux rayons du soleil brûlant.

Outre les racines, les isles offroient à leurs habitans des fruits extrêmement variés. On y trouvoit des oranges, des citrons, des limons, des grénades. Il y en avoit qui ne s'éloignoient pas infiniment de nos pommes, de nos poires, de nos cérises, de nos abricots ; & nous n'avons rien dans nos climats qui puisse nous donner l'idée de la plûpart des fruits des Antilles. Le plus utile étoit la banane. Elle croissoit dans des lieux frais sur une fléche molle, spongieuse & haute d'environ sept pieds. Cette fléche périssoit avec la maturité de son fruit ; mais avant qu'elle tombât, on voyoit sortir de sa souche un rejeton qui un an après donnoit son fruit, périssoit à son tour & se régénéroit successivement de la même maniere.

Une singularité qui mérite d'être observée, c'est que tandis que la plante vorace que nous avons appellée lianne embrassoit tous les arbres stériles, elle s'éloignoit de ceux qui portoient des fruits, quoique confusément mêlés avec les premiers. Il sembloit que la nature lui eût ordonné de respecter ce qu'elle destinoit à la nourriture des hommes.

Les isles n'avoient pas été traitées aussi favorablement en plantes potageres qu'en racines & en fruits. Le pourpier & le cresson formoient en ce genre toutes leurs richesses.

Les autres nourritures y étoient fort bornées. Il n'y avoit point de volailles domestiques. Les quadrupedes tous bons à manger se réduisoient à cinq especes dont la plus grosse ne surpassoit pas nos lapins. Les oiseaux plus brillans & moins variés que dans nos climats n'avoient guere d'autre mérite que leur parure : peu d'entr'eux rendoient de ces sons touchans qui charment les ames tendres, & tous ou presque tous extrêmement maigres avoient fort peu de goût. Le poisson y étoit à peu près aussi commun que dans les autres mers, mais il y étoit ordinairement moins sain & moins délicat.

On ne peut presque pas exagerer l'utilité des plantes que la nature avoit placées dans les isles contre les infirmités peu communes de leurs habitans. Soit qu'on les appliquât extérieurement, soit qu'on les mangeât, soit qu'on en prit le suc par infusion, elles produisoient toujours les plus prompts, les meilleurs effets. Les usurpateurs de ces lieux autrefois paisibles ont adopté ces simples toujours verds, toujours dans leur force, & ils les ont préférés à tous les remedes que l'Asie est en possession de fournir au reste de l'univers.

Pour le commun des hommes, il n'y a que deux saisons aux isles, celle de la secheresse & celle de la pluie. La nature qui travaille sans cesse & qui cache ses opérations secretes sous une verdure continuelle leur paroît toujours uniforme. Les observateurs qui étudient sa marche dans la température du climat, dans toutes les révolutions du tems & dans celles de la végétation, découvrent qu'elle suit les mêmes routes qu'en Europe, quoique d'une maniere moins sensible.

Ces changemens presque imperceptibles ne préservent pas des dangers & des incommodités d'un climat brûlant, tel qu'on doit l'attendre naturellement sous la zone torride. Comme ces isles font toutes situées entre les Tropiques, on y est assujetti avec quelques différences qui naissent des positions & des qualités du terrein à une continuité de chaleur qui augmente communément depuis le lever du soleil jusqu'à une heure après midi, mais qui diminue ensuite à mesure que cet astre baisse. Le thermometre atteste qu'elle monte très-souvent à quarante - quatre dégrés, même jusqu'à quarante-sept & demi au - dessus du terme de la glace. Rien n'est plus rare qu'un tems couvert propre à la tempérer. Quelquefois, à la vérité, le ciel se voile de nuages une heure ou deux, mais on n'est pas quatre jours dans toute l'année sans voir le soleil.

Les variations dans la température de l'air viennent moins des saisons que du vent. Par-tout où il ne souffle pas, on brûle; & tous les vents ne rafraîchissent pas. Il n'y a que les vents de l'est qui tempérent la chaleur. Ceux qui tiennent du sud ou de l'ouest procurent peu de soulagement. Mais ils sont beaucoup plus rares & moins reglés que celui de l'est. Les arbres exposés à son action, sont forcés de porter leurs branches vers l'ouest dans la direction que l'uniformité de son souffle constant semble leur donner. En revanche leurs racines sont plus robustes & plus allongées sous terre du côté de l'est, comme pour former un point d'appui dont la résistance soit égale à la force du vent dominant. Aussi remarque-t-on que lorsque le vent d'ouest souffle avec quelque violence, les arbres sont renversés facilement; de sorte que pour juger de la force d'un ouragan, il ne suffit pas de savoir combien d'arbres sont tombés, mais de quel côté ils ont été déracinés.

Le vent d'est a deux causes permanentes dont

la vraisemblance est frappente. La premiere est
ce mouvement diurne qui fait rouler la terre
d'occident en orient, & qui est nécessairement
plus rapide sous la ligne équinoctiale que sous
les cercles de latitude, parce qu'il a plus d'espace à parcourir dans le même tems. La seconde
vient de la chaleur du soleil qui en paroissant
sur l'horison, rarefie l'air, & l'oblige à fluer
vers l'occident, à mesure que la terre avance vers
l'orient.

Aussi le vent d'est, qui ne se fait guere sentir
aux Antilles que vers les neuf ou dix heures du
matin, augmente à mesure que le soleil monte
sur l'horison. Il diminue à mesure que cet astre
baisse. Il tombe enfin tout-à-fait vers le soir;
mais le long des côtes seulement, & non en
pleine mer. Les raisons de cette différence s'offrent d'elles-mêmes. Après le coucher du soleil,
l'air de la terre qui demeure long-tems rarefié
à cause des exhalaisons qui sortent continuellement du globe échauffé, reflue nécessairement
sur celui de la mer : c'est ce qu'on appelle ordinairement vent de terre. Il se fait sentir la nuit,
& continue jusqu'à ce que l'air de la mer rarefié par la chaleur du soleil reflue à son tour vers
la terre où l'air s'est condensé par la fraîcheur
de la nuit. Enfin on observe que le vent d'est
se trouve plus régulier, plus fort sous la canicule
que dans les autres tems; parce que le soleil agit
alors plus vivement sur l'air. Ainsi la nature fait
servir les ardeurs même de cet astre au rafraî-
chissement des contrées qu'il embrase. Tel dans
les pompes à feu, l'art emploie cet élément à
remplir sans cesse de nouvelle eau les caves d'ai-
rain qu'il en puise continuellement par l'évapo-
ration.

La pluie contribue aussi à tempérer le climat des isles de l'Amérique ; mais non également partout. Où rien ne fait obstacle au vent d'est, il chasse les nuées à mesure qu'elles se forment, & les oblige d'aller crever dans les bois ou sur les montagnes. Mais quand les orages sont trop gros, ou que les vents variables & passagers du sud & de l'ouest viennent troubler l'empire du vent d'est, alors il pleut. Dans les autres positions des Antilles où ce vent ne domine pas, les pluies sont si communes & si abondantes, sur-tout durant l'hyver qui dure depuis la mi-juillet jusqu'à la moitié d'octobre, qu'elles donnent suivant les meilleures observations autant d'eau dans une semaine, qu'il en tombe en nos climats dans l'espace d'un an. Au lieu de ces pluies douces & agréables dont on jouit quelquefois en Europe, ce sont des torrens dont on confondroit le bruit avec celui de la grêle si elle n'étoit pour ainsi dire inconnue sous un ciel brûlant.

A la vérité ces pluies rafraîchissent l'air ; mais elles causent une humidité dont les suites sont également incommodes & funestes. Il faut enterrer les morts peu d'heures après qu'ils ont expiré. La viande s'y conserve au plus vingt-quatre heures. Les fruits se pourrissent, soit qu'on les cueille murs ou avant la maturité. Le pain doit être fait en biscuit pour ne pas moisir. Les vins ordinaires s'aigrissent en fort peu de tems. Le fer se rouille du matin au soir. Ce n'est qu'avec des précautions continuelles qu'on conserve les semences jusqu'à ce que la saison de les confier à la terre soit arrivée. Dans les premiers tems qui suivirent la découverte, le bled qu'on y portoit pour ceux qui ne pouvoient pas se faire à la nourriture des anciens habitans du pays se gâtoit si vîte, qu'il fallut l'envoyer avec ses épis. Cette précaution nécessaire enchérissoit si fort la denrée, que peu de gens étoient en état d'en acheter. On substitua la farine aux grains, ce qui diminuoit les frais, mais abrégeoit la conservation. Un négociant imagina qu'il réuniroit le double avantage de la durée & du bon marché, s'il purgeoit parfaitement la farine du son qui contribue à sa fermentation. Il la fit blutter, en mit la fleur la plus pure dans des tonneaux bien faits, & la comprima couche par couche avec des pilons de fer, de maniere qu'elle formoit un corps dur presqu'impénétrable à l'air. L'expérience confirma une physique si judicieuse ; & cet usage généralement adopté s'est toujours perfectionné de plus en plus. Si une pareille pratique n'assure pas aux farines la durée qu'elles ont dans nos climats secs ou tempérés, elle les conserve du moins six mois, un an & même davantage, selon qu'elles ont été préparées avec plus ou moins de soin. Cet intervalle doit suffire à des métropoles actives pour l'approvisionnement de leurs colonies.

Quelque fâcheux que soient ces effets naturels de la pluie, elle en occasionne de plus redoutables encore : ce sont des tremblemens de terre assez fréquens & quelquefois terribles dans les isles. Comme ils se font sentir le plus souvent dans le cours ou à la fin de la saison pluvieuse, & dans les tems des grandes marées, d'habiles physiciens ont conjecturé que ce phénomene pouvoit provenir de ces deux causes.

Les eaux du ciel & de la mer éboulent, creusent & ravagent la terre de plus d'une maniere. L'Océan sur-tout assaillis ce globe avec une fureur qu'on ne peut ni prévoir , ni éviter. Parmi les affauts que cet élément inquiet & turbulent ne ceffe de lui livrer , il en eft un connu aux Antilles fous le nom de *Raz de marée.* On le voit infailliblement une , deux ou trois fois depuis juillet jufqu'en octobre ; & c'eft toujours fur les côtes occidentales , parce qu'il vient après les vents d'oueft ou du fud , ou même fous leur influence. Les vagues qui de loin paroiffent s'avancer tranquillement jufqu'à la portée de quatre ou cinq cens pas , s'élevent tout à coup près du rivage , comme fi elles étoient preffées obliquement par une force fupérieure , & crevent avec une violence exrême. Les vaiffeaux qui fe trouvent alors fur la côte ou dans des rades foraines , ne pouvant ni gagner le large , ni fe foutenir fur leurs ancres , vont fe brifer contre terre , fans aucun efpoir de falut pour les infortunés matelots qui ont vu approcher pendant plufieurs heures cette mort inévitable.

Un mouvement fi extraordinaire de la mer a été regardé jufqu'ici comme la fuite d'une tempête. Mais une tempête a une direction de vent d'un point à un autre ; & le raz de marée fe fait fentir dans une partie d'une ifle couverte par une autre ifle qui elle-même ne l'éprouve pas. Cette obfervation a déterminé Monfieur Dutafta qui a vu l'Afrique & l'Amérique en phyficien , en négociant & en homme d'état à chercher une caufe plus vraifemblable de ce fingulier phénomene. Il l'a touvée avec d'autres vérités qui enrichiront plus d'une fcience , s'il fe détermine à les donner au public. Nous aurons alors vraifemblablement des lumieres plus fûres fur les ouragans.

L'ouragan eft un vent furieux , le plus fouvent accompagné de pluie, d'éclairs, de tonnerre, quelquefois de tremblemens de terre, & toujours des circonstances les plus terribles, les plus destructives que les vents puissent rassembler. Tout à coup, au jour vif & brillant de la Zone torride succede une nuit universelle & profonde ; à la parure d'un printemps éternel, la nudité des plus tristes hyvers. Des arbres aussi anciens que le monde sont déracinés & disparoissent. Les plus solides édifices n'offrent en un moment que des décombres. Où l'œil se plaisoit à regarder des côteaux riches & verdoyans, il ne voit plus que des plantations boulversées & des cavernes hideuses. Des malheureux dépouillés de tout, pleurent sur des cadavres où cherchent leurs parens sous des ruines. Le bruit des eaux, des bois, de la foudre & des vents qui tombent & se brisent contre les rochers ébranlés & fracassés ; les cris & les hurlemens des hommes & des animaux pêle & mêle emportés dans un tourbillon de sable, de pierres & de débris : tout semble annoncer les dernieres convulsions & l'agonie de la nature.

Cependant ces ouragans amenent des récoltes plus abondantes & hâtent les reproductions de la terre. Soit que de si violentes agitations ne déchirent son sein que pour le préparer à la sécondité, soit que l'ouragan charrie un sel propre à la végétation des plantes, on a remarqué que ce désordre apparent & passager étoit nonseulement une suite de l'ordre constant qui pourvoit à la régénération par la destruction même, mais un moyen de conserver ce tout, qui n'entretient sa vie & sa fraîcheur que par une fermentation intérieure, principe du mal relatif & du bien général.

Les

Les premiers habitans des Antilles croyoient avoir des sûrs pronostics de ce phénomene effrayant. Lorsqu'il doit arriver, disoient-ils, l'air est trouble, le soleil rouge, & cependant le tems calme & le sommet des montagnes clair. On entend sous terre ou dans les citernes un bruit sourd comme s'il y avoit des vents enfermés. Le disque des étoiles paroît obscurci d'une vapeur qui les fait paroître plus grandes. Le ciel est au nord-ouest d'un sombre menaçant. La mer rend une odeur forte, & se souleve même au milieu du calme. Le vent tourne subitement de l'est à l'ouest, & souffle avec violence par des reprises qui durent deux heures chaque fois.

Quoiqu'on n'ose assurer la vérité de toutes ces observations, il semble cependant qu'il y a de l'imprudence ou trop peu de philosophie à négliger les idées & même les préjugés des peuples sauvages sur les tems & sur les saisons. Leur désœuvrement & l'habitude où ils sont de vivre en plein champ, le mer dans l'occasion & la nécessité d'observer les plus petits changemens qui se passent dans l'air & d'acquérir sur ce sujet des connoissances qui échappent à des nations plus éclairées, mais plus occupées & vouées à des travaux plus sédentaires. Peut être est-ce aux sauvages à trouver les faits, aux peuples sçavans à chercher les causes. Démêlons, s'il se peut celle des ouragans, phénomene si commun en Amérique, qu'il auroit suffi seul pour la faire déserter, ou la rendre inhabitable depuis des siecles.

Aucun ouragan ne vient de l'est, c'est-à-dire du plus grand espace de mer qu'on voie aux Antilles. Ce fait bien constaté nous fait pancher à croire qu'ils se forment tous dans le continent de l'Amérique. Le vent d'ouest qui regne constamment, quelquefois avec beaucoup de force dans la partie du sud depuis juillet jusqu'en janvier, & le vent du nord qui souffle en même tems dans la partie septentrionale, doivent, lorsqu'ils se rencontrent se heurter avec une violence proportionnée à leur vélocité naturelle. Si ce choc arrive dans les gorges étroites & longues des montagnes, il en doit sortir avec impétuosité un courant d'air dont la portée s'étendra en raison combinée de sa forte matrice & du diametre de la gorge. Tout corps solide qui se trouvera dans la direction de ce courant d'air, en recevra une impression plus ou moins forte, selon qu'il lui opposera plus ou moins de surface ; ensorte que si sa position coupoit perpendiculairement la direction de l'ouragan, on ne sait ce qui pourroit en résulter pour la masse entiere. Heureusement les divers gissemens des isles, leur forme sphérique ou angulaire présentent à ces effroyables torrens d'air des surfaces plus ou moins obliques qui détournent le courant, divisent ses forces ou les brisent par degrés. L'expérience même autorise à dire que leur activité s'épuise à tel point que dans la direction même où l'ouragan frappe le plus fort, on s'en apperçoit à peine dix lieues plus loin. Les meilleurs observateurs ont remarqué que tous les ouragans qui successivement ont bouleversé les isles venoient du nord-ouest, & par conséquent des gorges formées par les montagnes de Sainte-Marthe. La distance où sont quelques isles de cette direction n'est pas une raison suffisante pour faire rejetter ce sentiment, parce que plusieurs causes peuvent faire décliner vers le sud ou vers l'est un courant d'air. Ainsi nous croyons qu'on s'est mépris, quand on a pensé que la violence d'un ouragan agissoit sous tous les romps de vent. Tels sont les phénomenes destructeurs au prix desquels la nature fait acheter les richesses du nouveau monde ; mais quel obstacle pouvoit arrêter l'audace du hardi navigateur qui l'avoit découvert ?

Cristophe Colomb, après s'être établi à Saint-Domingue une des grandes Antilles, reconnut les petites. Il n'y trouva pas des insulaires aussi foibles, aussi timides que ceux qu'il avoit d'abord subjugués. Les Caraïbes qui se croyoient originaires de la Guyane & de la même nation que les Galibis avoient la taille médiocre, renforcée & nerveuse, telle qu'il l'auroit fallu pour faire des hommes très-robustes, si leur vie & leurs exercices avoient secondé ces dispositions. Leurs jambes pleines & nourries étoient communément bien faites, & leurs yeux noirs, gros & un peu saillans. Leur figure auroit été agréable, s'ils n'avoient déparé l'ouvrage de la nature pour se donner de prétendues beautés qui ne pouvoient plaire que chez eux. A l'exception de leurs sourcils & de leurs cheveux, ils n'avoient pas un seul poil sur-tout le corps. Ils ne portoient aucune espece de vêtement, & n'en étoient pas moins chastes. Seulement pour se garantir de la morsure des insectes, ils se paignoient de la tête aux pieds avec du rocou, ce qui leur donnoit la couleur d'une écrivisse cuite.

Leur religion se bornoit à cette opinion si naturelle à l'homme, qu'on la trouve repandue chez la plupart des nations barbares, & conser-

vée même chez plusieurs des nations civilisées.
Ils croyoient confusément un bon & un mauvais principe. La divinité tutélaire ne les occupoit guere ; mais il redoutoient beaucoup l'être mal-faisant. Leurs autres superstitions étoient plus absurdes que dangereuses, & ils y étoient peu attachés. Cette indifférence ne les rendit pas plus dociles au christianisme, lorsqu'on le leur offrit. Sans contrarier ceux qui leur en prêchoient les dogmes, ils refusoient de les croire, *de peur*, disoient-ils, *que leurs voisins ne se moquassent d'eux.*

Quoique les Caraïbes n'eussent aucune espece de gouvernement, leur tranquillité n'étoit pas troublée. Les infidélités, les trahisons, les parjures, les assassinats si communs chez les peuples policés leur étoient entierement inconnus. La religion, la morale, les loix, les échafauds, ces digues par tout élevées pour garantir les usurpations anciennes contre les usurpations nouvelles, étoient inutiles à des sauvages qui ne suivoient que la nature. Le vol ne fut connu de ces sauvages qu'à l'arrivée des Européens. Lorsqu'il leur manquoit quelque chose, ils disoient que *les chrétiens étoient venus chez eux.*

Ces insulaires connoissoient peu les grands mouvemens de l'ame, sans en excepter celui de l'amour. Ce sentiment n'étoit pour eux qu'un besoin. Jamais il ne leur échappoit aucune attention, aucune démonstration de tendresse pour ce sexe si recherché dans d'autres climats. Ils regardoient leurs femmes plutôt comme leurs esclaves que comme leurs compagnes, ne leur permettoient pas de manger avec eux & avoient usurpé le droit de les répudier, sans leur laisser

celui de changer d'engagement. Elles-mêmes se
sentoient nées pour obéir, & se résignoient à
leur destinée.

Du reste, le goût de la domination n'affec-
toit guere l'ame des Caraïbes. Sans distinction de
rang, ils étoient tous égaux. Leur surprise fut
extrême, lorsqu'ils remarquerent de la subordination entre les Européens. Ce système blessoit si
fort leurs idées qu'ils regardoient comme des
esclaves ceux qui avoient la lâcheté de recevoir
des ordres, de les exécuter. Si les femmes étoient
soumises chez eux, c'étoit une suite naturelle
de la foiblesse de leur sexe. Mais comment,
mais pourquoi les hommes les plus robustes,
seroient ils les moins forts? Comment un seul
commandoit-ils à tous? La guerre, la fourberie
& la superstition ne leur avoient pas encore ré-
solu ce problême.

Un peuple qui ne connoissoit ni l'intérêt, ni
l'orgueil, ni l'ambition ne devoit pas avoir des
mœurs fort compliquées. Chaque famille compo-
soit une espece de république séparée jusqu'à un
certain point du reste de la nation. Elle formoit
un hameau appellé *Carbet*, plus ou moins considérable, selon qu'elle étoit plus ou moins étendue. Au centre logeoit le chef ou le patriarche
de la famille avec ses femmes & ses enfans du
bas âge. Tout autour on voyoit les cases de ceux
de sa postérité qui étoient mariés. Ces cabanes
avoient pour colonnes des pieux, du chaume
pour toit; & pour meubles des armes, des lits
de coton sans art & sans travail, quelques cor-
beilles & des ustensiles de calebasse.

C'est-là que les Caraïbes passoient la plus
grande partie de leur vie à dormir ou à fumer
dans leurs hamacs. S'ils en sortoient, c'étoit pour

rester accroupis dans un coin où ils paroissoient ensevelis dans une profonde méditation. Lorsqu'ils parloient, ce qui étoit rare, on les écoutoit sans les interrompre, sans les contredire, sans leur répondre que par un signe muet d'approbation.

Comme ils mangeoient peu, le soin de leur subsistance ne les occupoit pas beaucoup. Les hommes qui vivent dans les bois font moins de consommation que ceux qui habitent des campagnes découvertes. L'air y est plus condensé, & on peut croire que la transpiration des plantes forme des molécules nourrissantes. Ainsi la sobriété des Caraïbes, qu'on prit d'abord pour une suite de leur paresse, pouvoit bien être attribuée en partie à l'esprit de végétation qu'ils respiroient dans les forêts dont leurs isles étoient couvertes.

C'est au milieu de ces forêts que ce peuple oisif trouvoit, sans être réduit au travail pénible des défrichemens, une nourriture assurée, saine, convenable à son tempérament, & qui ne demandoit point ou qui ne demandoit que peu de préparation. Si quelquefois, il ajoutoit à ces dons d'une nature brute & libérale les produits de sa chasse ou de sa pêche, ce n'étoit guere qu'à l'occasion de quelque festin.

Ces repas d'appareil n'avoient point d'époque fixe. Les conviés y apportoient l'empreinte de leur caractere. Ils n'étoient pas plus vifs dans ces assemblées que dans leur vie ordinaire. L'indolence & l'ennui étoient peints dans tous les yeux. Les danses étoient si graves & si serieuses que les mouvemens du corps se ressentoient de la pesanteur de l'ame. Cependant ces tristes fêtes, semblables à ces tems sombres qui couvent des orages, se terminoient rarement sans effusion de sang. Les sauvages, si sobres dans la vie isolée, s'enivroient assemblés; l'iviesse échauffoit & ranimoit les inimitiés de famille assoupies ou mal éteintes. On finissoit par s'égorger. La haine & la vengeance, les seuls sentimens profonds qui pussent émouvoir ces ames sauvages, se perpétuoient ainsi par les plaisirs même. C'est dans la joie des festins que les parens, les amis s'embrassoient & juroient d'aller porter la guerre dans le continent.

Les Caraïbes ne connoissoient pas le commerce, ne vendoient rien, n'achetoient rien, n'échangoient rien. Ils avoient pourtant des bateaux formés d'un seul arbre qu'on avoit abattu en le brûlant par le pied. On étoit des années entieres à creuser ces canots avec des haches de pierre & par le moyen du feu, qu'on dirigeoit adroitement dans le tronc de l'arbre, pour donner à la pirogue la forme qu'il lui falloit prendre. Ces bâtimens, dont la destination ordinaire étoit d'entretenir la communication entre les isles voisines, servoient encore aux sauvages pour leurs hostilités. Souvent le gros tems les faisoit tourner; mais alors les hommes se sauvoient à la nage, ou retournoient leurs canots, sans perde aucun des effets qu'ils avoient pris la précaution d'y attacher fortement en dedans. Ces guerriers libres & volontaires arrivés aux côtes de la Guyane. En dépit des naufrages, y cherchoient les Arauques qui les en avoient chassés autrefois. Ils attaquoient avec une espece de massue moins longue que le bras & avec leurs fleches empoisonnées. Au retour de l'expédition, d'autant plus promptement finie que l'antipathie la rendoit plus cruelle & plus vive, le chef, dont l'autorité expiroit toujours avec la guerre, rendoit compte à la nation de la conduite des jeunes gens qui l'avoient suivi. Ceux qui s'étoient le plus distingués choisissoient pour épouses celles des jeunes filles qui étoient le plus à leur gré. S'ils faisoient encore de belles actions, ils étoient encore recompensés de la même maniere; de sorte qu'un héros Caraïbe pouvoit se former un serrail. On comptoit ses triomphes par ses femmes.

Les Espagnols, malgré l'avantage de leurs armes, ne firent pas long-tems la guerre à ce peuple, & ne la firent pas toujours avec succès. D'abord ils ne cherchoient que de l'or. Depuis ils chercherent des esclaves; mais n'ayant pas trouvé des mines, & les Caraïbes si fiers & si mélancoliques mourant dans l'esclavage, les Espagnols renoncerent à des conquêtes qu'ils jugeoint de peu de valeur, & qu'ils ne pouvoient ni faire, ni conserver sans des guerres continuelles & sanglantes.

Les Anglois & les François intruits de ce qui se passoit, hasarderent quelques foibles armemens pour intercepter les vaisseaux Espagnols qui passoient dans ces parages. Les succès multiplierent les corsaires. La paix qui regnoit souvent en Europe n'empêchoit pas les expéditions. L'usage où étoit l'Espagne d'arrêter tous les bâtimens qu'elle trouvoit au delà du tropique, justifioit ces pirateries.

Les deux peuples fréquentoient depuis long-tems les isles du vent, sans avoir songé à s'y établir, ou sans en avoir trouvé les moyens. Peut-être craignoient-ils de se brouiller avec les Caraïbes dont ils étoient bien reçus? Peut-être ne jugeoient-ils pas digne de leur attention un sol qui ne produisoit aucune des denrées qui étoient d'usage dans l'ancien monde? Enfin, des Anglois conduits par Warner, des François aux ordres de Denambuc aborderent en 1625, à saint Christophe, le même jour par deux côtés opposés. Des échecs multipliés avoient convaincu les uns & les autres qu'ils ne s'enrichiroient sûrement des dépouilles de l'ennemi commun, que lorsqu'ils auroient une demeure fixe, des ports, un point de ralliment. Comme ils n'avoient nulle idée de commerce, d'agriculture & de conquête, ils partagerent paisiblement les côtes de l'isle où le hasard les avoit réunis. Les naturels du pays s'éloignerent d'eux en leur disant : *il faut que la terre soit bien mauvaise chez vous ou que vous en ayez bien peu, pour en venir chercher si loin à travers tant de périls.*

La cour de Madrid ne prit pas un parti si pacifique. Frederic de Tolede, qu'elle envoyoit en 1630 au Bresil avec une flotte redoutable destinée contre les Hollandois, eut ordre d'exterminer en passant les pirates qui suivant les préjugés de cette puissance avoient usurpé une de ses possessions. Le voisinage de deux nations actives, industrieuses causoit de vives inquiétudes aux Espagnols. Ils sentoient que leurs colonies seroient exposées, si d'autres peuples parvenoient à se fixer dans cette partie de l'Amérique.

Les François & les Anglois réunirent inutilement leurs foibles moyens contre l'ennemi commun. Ils furent battus. Ceux qui ne resterent pas dans l'action, morts ou prisonniers, se refugierent avec précipitation dans les isles voisines. Le danger passé, ils retournerent la plupart à leurs habitations. L'Espagne occupée d'intérêts qu'elle croyoit plus importans, ne les inquiéta plus , &

se reposa peut-être de leur destruction sur leur jalousie.

Les deux nations vaincues, suspendirent leurs rivalités pour le malheur des Caraïbes. Déja, soupçonnés de méditer une trahison à saint Christophe, ils avoient été chassés ou exterminés. On s'étoit approprié leurs femmes, leurs vivres & la terre qu'ils habitoient. L'esprit d'inquiétude qui suit l'usurpation, fit penser aux Européens que les autres peuples sauvages entroient dans la conspiration. On les attaqua dans leurs isles. Inutilement ces hommes simples, qui ne songeoient pas à disputer un terrein où la propriété ne les attachoit pas, reculoient les limites de leurs habitations, à mesure que nos prétentions s'étendoient. On ne les en poursuivoit pas avec moins d'acharnement. Quand ils virent qu'on en vouloit à leur vie ou à leur liberté, ils prirent enfin les armes ; & la vengeance qui va toujours plus loin que l'injure, dut les rendre quelquefois cruels sans être injustes.

Dans les premiers tems, les Anglois & les François faisoient cause commune contre les Caraïbes ; mais cette espece de société fortuite, étoit souvent interrompue. Elle n'emportoit point d'engagement durable, encore moins de garantie des possessions réciproques. Quelquefois les sauvages avoient l'adresse de faire la paix tantôt avec une nation, tantôt avec l'autre, & par-là ils se ménageoient la douceur de n'avoir qu'un ennemi à la fois. Ç'eût été peu pour la sûreté de ces insulaires, si l'Europe qui ne s'occupoit guere d'un petit nombre d'avanturiers dont les causes ne lui avoient encore procuré aucun bien, & qui n'étoit pas d'ailleurs assez éclairée pour lire dans l'avenir, n'eût également négligé le soin de les gouverner, & l'attention de les mettre en état de pousser ou de reprendre leurs avantages. L'indifférences des deux métropoles détermina au mois de janvier 1660 leurs sujets du nouveau monde à faire eux-mêmes une convention qui assuroit à chaque peuple les possessions que les événemens variés de la guerre lui avoient données, & qui n'avoient eu jusqu'alors aucune consistance. Cet acte étoit accompagné d'une ligue offensive & défensive, pour forcer les naturels du pays à accéder à cet arrangement, ce que la crainte leur fit faire la même année.

Par ce traité qui assura la tranquillité de cette partie de l'Amérique, la France conserva la Guadeloupe, la Martinique, la Grenade & quelques autres propriétés moins importantes. L'Angleterre fut maintenue à la Barbade, à Nieves, à Antigoa, à Montserrat, en plusieurs isles de peu de valeur. Saint Christophe resta en commun aux deux puissances. Les Caraïbes furent concentrés à la Dominique & à saint Vincent, où tous les membres épars de cette nation se réunirent. Leur population n'excédoit pas alors six mille hommes.

A cette époque, les établissemens Anglois qui sous un gouvernement supportable quoique vicieux avoit acquis quelque consistance, virent augmenter leur prospérité. Les colonies Françoises au contraire furent abandonnées d'un grand nombre de leurs habitans désespérés d'avoir encore à gémir sous la tyrannie des privileges exclusifs. Ces hommes passionnés pour la liberté se refugierent à la côte septentrionale de saint Domingue qui servoit d'asyle à plusieurs avanturiers de leur nation depuis environ trente ans qu'ils avoient été chassés de saint Christophe.

On les nommoit Boucaniers, parce qu'à la maniere des sauvages, ils faisoient secher à la fumée dans des lieux appellés boucans, les viandes dont ils se nourrissoient. Comme ils étoient sans femmes & sans enfans, ils avoient pris l'usage de s'associer deux à deux, pour se rendre les services qu'on reçoit dans une famille. Les biens étoient communs dans ces sociétés, & demeuroient toujours à celui qui survivoit à son compagnon. On ne connoissoit pas le larcin, quoique rien ne fût fermé; & ce qu'on ne trouvoit pas chez soi, on l'alloit prendre chez ses voisins, sans autre assujetissement que de les en prévenir, s'ils y étoient, ou de les en avertir aprés coup, lorsqu'ils étoient absens. Les différens étoient rares & facilement terminés. Lorsque les parties y mettoient de l'opiniâtreté, elles vuidoient leurs querelles à coups de fusil. Si la bale avoit frappé par-derriere ou trop de côté, on jugeoit qu'il y avoit de la perfidie, & l'on cassoit la tête à l'auteur de l'assassinat. Les loix de l'ancienne patrie étoient comptées pour rien. Ils se prétendoient affranchis par le baptême de mer qu'ils avoient reçu au passage du tropique de toute obligation antérieure. Ils avoient quitté jusqu'à leur nom de famille, pour prendre des noms de guerre dont la plupart ont passé à leurs descendans.

Une chemise teinte du sang des animaux qu'ils tuoient à la chasse; un caleçon encore plus sale fait en tablier de brasseur; pour ceinture une courroye où pendoient un sabre fort court & quelques couteaux; un chapeau sans autre bord qu'un bout abattu sur le devant pour le prendre; des souliers sans bas : tel étoit l'habillement de ces barbares. Leur ambition se bornoit à avoir un fusil qui portât des bales d'un once, & une meute de ving-cinq ou trente chiens.

Les boucaniers n'avoient pas d'autre occupation que de faire la guerre aux bœufs sauvages, extrêmement multipliés dans l'isle, depuis que les Espagnols les y avoient portés. On les écorchoit à mesure qu'on les tuoit, & on ne s'arrêtoit que lorsqu'on en avoit abattu autant qu'il y avoit de chasseurs. On faisoit cuire alors quelques pieces de viande dont le piment & le jus d'orange formoient tout l'assaisonnement. Ils ne connoissoient pas le pain, & n'avoient que de l'eau pour leur boisson. L'occupation d'un jour étoit celle de tous les jours, jusqu'à ce qu'on eût rassemblé le nombre des cuirs qu'on se proposoit de livrer aux navires de différentes nations qui fréquentoient ces mers. On les alloit vendre alors dans quelque rade. Ils y étoient portés par les *engagés*, espece d'hommes qui se vendoient en Europe, pour servir comme esclaves pendant trois ans dans les colonies. Un de ces malheureux osa représenter à son maître qui choisissoit toujours le dimanche pour ce voyage, que Dieu avoit proscrit cet usage quand il avoit dit : *Tu travailleras six jours & le septieme tu te reposeras.* Et moi, reprit le féroce boucanier, je dis : *six jours tu tueras des taureaux pour les écorcher, & le septieme tu en porteras les peaux au bord de la mer.* Il accompagna ce commandement de coups de baton qui tantôt font observer & tantôt font violer les commandemens de Dieu.

Des hommes de ce caractere, livrés à un exercice continuel, nourris tous les jours de viande fraîche, connoissoient peu les infirmités. Leurs courses n'étoient interrompues que par des fiévres éphémeres dont ils ne se ressentoient pas les jours suivans. Le tems devoit cependant les affoiblir sous un ciel trop brûlant pour une vie si dure.

Le climat étoit proprement le seul ennemi que les boucaniers eussent à craindre. La colonie Espagnole d'abord si considérable n'étoit plus rien. Oubliée de sa métropole, elle avoit perdu elle-même le souvenir de sa grandeur passée. Le peu qui lui restoit d'habitans vivoient dans l'oisiveté, passoient leur tems à jouer. Leurs esclaves n'avoient d'autre travail que celui de les bercer dans leurs hamacs. Bornés aux besoins que la nature seule pouvoit satisfaire, la frugalité les faisoit parvenir à une vieillesse rare sous un ciel plus tempéré.

Il est vraisemblable que leur indolence ne se seroit pas réveillée, si une activité trop entreprenante & trop audacieuse ne les eût poursuivis à mesure qu'ils s'éloignoient. Désespérés de voir leur tranquillité continuellement troublée, ils firent venir du continent & des isles voisines des troupes qui coururent sur les Boucaniers dispersés. Elles surprenoient ces barbares en petit nombre dans leurs courses, ou pendant la nuit dans leurs cabanes. Plusieurs furent massacrés. On peut croire que tous ces avanturiers auroient successivement péri, s'ils ne se fussent attroupés pour se défendre. Ils se séparoient nécessairement pendant le jour, mais ils se rassembloient le soir. Si quelqu'un manquoit, on concluoit qu'il avoit été pris ou tué ; & les chasses étoient suspendues jusqu'à ce qu'on l'eût retrouvé ou que sa mort eût été vengée. On imagine le carnage que devoient faire au tour d'eux, des brigands sans patrie & sans loix ; chasseurs & guerriers par besoin, par instinct ; excités au sang & au massacre par l'habitude d'attaquer & la nécessité de se défendre. Aussi dans leur fureur, tout étoit-il immolé, sans distinction d'âge ni de sexe. Enfin les Espagnols désespérant de vaincre des ennemis si féroces & si acharnés, s'aviserent de détruire eux-mêmes par des chasses générales tous les bœufs de l'isle. L'exécution de ce plan en privant les Boucaniers de leurs ressources ordinaires, les réduisit à former des habitations, à les cultiver.

La France qui avoit désavoué jusqu'alors des brigands dont les succès n'avoient aucune stabilité, les reconnut pour ses sujets à cette époque. Elle leur envoya en 1665 un homme vertueux & intelligent pour les gouverner. A sa suite partirent des femmes qui, comme la plupart de celles qu'on a fait passer en différens tems dans le nouveau monde, n'étoient connues que par leurs débauches. Les Boucaniers n'étoient pas blessés de ces mœurs. *Je ne vous demande pas compte du passé*, disoit chacun d'eux à celle que le sort lui destinoit ; *vous n'étiez pas à moi. Répondez-moi seulement de l'avenir, à présent que vous allez m'appartenir ; je vous quitte du reste.* Puis frappant de la main sur le canon de son fusil, il ajoutoit : *voilà qui me vengera de vos infidélités ; si vous me manquez, il ne vous manquera pas.*

Les Anglois n'avoient pas attendu que leurs rivaux fussent solidement établis dans les grandes Antilles, pour y former eux mêmes un établissement. La décadence de l'Espagne affoiblie par ses divisions domestiques, par la révolte de la Catalogne & du Portugal, par les convulsions du royaume de Naples, par la destruction de sa redoutable infanterie aux camps de Rocroi, par ses pertes continuelles dans les Pays-bas , par l'incapacité de ceux qui la gouvernoient, par l'extinction même de cet orgueil national qui après s'être nourri de grandes choses avoit dégénéré en une paresse superbe ; la décadence de l'Espagne ne laissoit pas douter qu'on ne lui fît la guerre avec succès. La France profitoit habilement de tous ces désordres qui étoient en partie son ouvrage ; & Cromwel se joignit à elle en 1655 pour enlever quelques pierres d'un édifice qui s'écrouloit de toutes parts.

Cette conduite révolta les meilleurs officiers Anglois qui n'y appercevoient qu'une conduite injuste, & les détermina à abandonner le service. Ils jugeoient que la volonté de leurs supérieurs ne suffisoit pas pour justifier une entreprise qui blessoit tous les principes de l'équité, & qu'en concourant à son exécution, ils se rendroient coupables d'un crime énorme. L'Europe regarda ces maximes vertueuses comme l'effet de cet esprit moitié fanatique, moitié républicain qui regnoit alors en Angleterre ; mais elle attaqua le protecteur d'un autre côté.

L'Espagne avoit long-tems ménacé de ses fers les autres nations. Il étoit possible que la multitude qui n'est pas faite pour calculer les forces des puissances, pour suivre les variations de la balance, ne fût pas encore revenue de ses préventions anciennes. Une terreur nouvelle avoit saisi ceux des bons esprits qui éludoient la marche des affaires générales. Ils voyoient que si le torrent des prospérités de la France n'étoit arrêté par une cause étrangere, elle dépouilleroit les Espagnols, leur donneroit la loi, les forceroit au mariage de l'infante avec Louis XIV, s'assureroit l'héritage de Charles-quint, & qu'après avoir sauvé la liberté publique de l'ambition de ce

prince,

prince, elle la mettroit sous son propre joug. Cromwel qui venoit de renverser le gouvernement de sa patrie, leur parut fait pour donner un frein à la domination des rois; mais ils le regarderent comme le plus inepte des politiques, lorsqu'ils lui virent former des liaisons que ses intérêts particuliers, ceux de sa nation, ceux de l'Europe entiere lui sembloient hautement interdire.

Ces réflexions ne durent point échapper au génie pénétrant & profond du tyran de l'Angleterre. Mais peut-être vouloit-il soutenir par des conquêtes importantes l'opinion que sa nation avoit de ses talens. L'exécution de ce plan devenoit chimérique, s'il se déclaroit pour l'Espagne, parce qu'il pouvoit tout au plus se promettre de rétablir l'équilibre entre les deux partis. Il crut convenable à ses vues de se lier d'abord avec la France & de la combattre ensuite, lorsqu'il auroit acquis ce qui étoit l'objet de son ambition. Quoiqu'il en soit de ces conjectures qui ne manquent pas de fondement dans l'histoire, & qui conviennent du moins au caractere du politique étonnant auquel on attribue cette maniere de raisonner, les Anglois allerent attaquer dans le nouveau monde l'ennemi qu'ils venoient de se donner.

Leurs premiers efforts furent dirigés contre la ville de Saint-Domingue, dont les habitans à la vue d'une flotte nombreuse commandée par Pen, & de neuf mille hommes de troupes de terre aux ordres de Venables se refugierent dans les bois. Mais les fautes de leur ennemi rendant le courage à ces fugitifs, ils revinrent sur leurs pas, & le forcerent à se rembarquer honteusement. Ce

Tome IV. C

revers étoit l'effet des mesures mal concertées de cette expédition.

Les deux chefs de l'entreprise n'avoient que peu de talent. On les savoit mal ensemble, & ils n'étoient pas affectionnés au protecteur. On leur avoit donné des surveillans qui sous le nom de commissaires gênoient leurs opérations. Les soldats envoyés d'Europe étoient le rebut de l'armée, & ceux qu'on avoit tirés de la Barbade & de Saint-Christophe, n'étoient que des brigands. On leur avoit ôté le seul encouragement convenable à cette espece d'hommes, l'espoir du pillage ; quoique l'expérience de tous les âges eût démontré que c'étoit le plus puissant aiguillon pour faire réussir des entreprises éloignées & difficiles. Tout étoit tellement disposé, que les soldats ne pouvoient pas être d'accord avec leurs généraux, ni les généraux entr'eux, ni les uns & les autres avec les commissaires. On manquoit à la fois, & d'armes convenables, & de vivres propres au climat, & de connoissances pour se bien conduire.

L'exécution fut digne du plan : le débarquement qui pouvoit se faire sans danger dans le port même, fut fait sans guide à quarante mille. Les troupes errerent quatre jours sans eau & sans subsistance. Epuisées par les chaleurs excessives du climat, découragées par la lâcheté, la mésintelligence de leurs officiers, elles ne disputerent seulement pas la victoire aux Espagnols. Elles avoient regagné leurs vaisseaux, & elles se croyoient à peine en sûreté.

Cependant la mauvaise fortune rapprocha les esprits jusqu'alors extrêmement aigris. L'Anglois, qui n'avoit pas contracté l'habitude de l'humi-

liation, ramené par fes fautes même à l'amour
de la patrie, du devoir & de la gloire, prit la
route de la Jamaïque, déterminé à périr ou à en
faire la conquête.

Les habitans de cette ifle foumife à l'Efpagne depuis 1509, ignoroient les événemens qui
venoient de fe pafler à Saint-Domingue, ne
favoient pas même qu'il y eût un ennemi de
leur nation dans leurs parages. Aufli les Anglois
firent-ils leur débarquement fans le moindre
obftacle. Ils marchoient fierement à l'aflaut de
Sant-Lago, le feul pofte fortifié de la colonie,
lorfque le gouverneur rallentit leur ardeur par
un projet de capitulation. La difcuflion des ar-
ticles adroitement prolongée, donna le tems aux
colons de tranfporter dans des lieux cachés ce
qu'ils avoient de plus précieux. Eux-mêmes, ils
fe refugierent dans des montagnes inacceflibles,
n'abandonnant au vainqueur qu'une ville déferte,
fans meubles, fans tréfors & fans provifions.

Cette tromperie jetta les aflaillans dans une
rage extrême. Ils envoyerent des détachemens
de tous les côtés, avec ordre de tout exterminer. Le chagrin de voir revenir ces partis fans
avoir rien découvert ; la privation de toutes les
commodités plus fenfible pour cette nation que
pour les autres ; la mortalité qui augmentoit tous
les jours ; la crainte d'être attaqué par toutes les
forces du nouveau monde : ces caufes réunies
faifoient demander à grands cris de retourner
en Angleterre. On alloit s'expofer aux reproches
flétriflans de la nation pour un lâche abandon
d'une aufli belle proie que la Jamaïque, fi l'on
n'eut trouvé les prairies où les Efpagnols avoient
conduit leurs nombreux troupeaux. Un bonheur
fi inefpéré changea les difpofitions; & les An-

glois prirent la résolution d'achever leur conquête.

L'activité que cette nouvelle détermination avoit inspirée, fit sentir aux assiegés qu'ils ne seroient pas en sûreté dans les forêts & les précipes où ils s'étoient cachés. D'une voix unanime, ils convinrent de s'embarquer pour Cuba. Reçus dans cette isle avec l'ignominie que méritoit la foiblesse de leur défense, on les renvoya dans celles qu'ils avoient quittées, mais avec des secours insuffisans contre les forces qu'il falloit combattre. Par un sentiment de cet honneur qui chez la plupart des hommes est plutôt crainte de la honte qu'amour de la gloire, ils firent une résistance plus opiniâtre qu'on ne devoit l'attendre de leur peu de ressources. Ce ne fut qu'à l'extrêmité qu'ils évacuerent une isle importante qui a fait depuis cette époque une partie très-précieuse des possessions Britaniques dans le nouveau monde.

Avant que les Anglois fussent établis à la Jamaïque & les François à Saint-Domingue, des corsaires des deux nations, si célèbres depuis sous le nom de flibustiers, avoient chassé les Espagnols de la petite isle de la Tortue située à deux lieues de celle de Saint-Domingue, s'y étoient fortifiés, & avoient couru avec une audace extraordinaire sur l'ennemi commun. Ils formoient entr'eux de petites sociétés de cinquante, de cent, de cent cinquante hommes. Une barque plus ou moins grande formoit tout leur armement. C'est-là que nuit & jour exposés à toutes les injures de l'air, il leur restoit à peine assez de place pour se coucher. L'indépendance, le plus grand des biens pour ceux qui n'en ont pas d'autre, les rendant ennemis de cette gêne mutuelle que s'impose toute société pour l'intérêt commun, les uns chantoient quand les autres vouloient dormir. Comme l'autorité qu'ils avoient donnée à leur capitaine se bornoit à commander dans l'action, tout étoit dans une confusion extrême. Semblables aux sauvages, sans crainte de manquer, sans soin de conserver, ils étoient toujours réduits aux plus cruelles extrêmités de la faim & de la soif. Mais tirant de leur détresse un courage incroyable, la vue d'un navire échauffoit leur sang jusqu'au transport. Ils ne délibéroient jamais pour attaquer. Leur méthode étoit de courir à l'abordage. La petitesse de leurs bâtimens & l'art de les manier, les déroboient à l'artillerie du vaisseau ; & ne présentant que la proue chargée de fusiliers qui tiroient sur les sabords avec une justesse qui leur étoient propre, ils déconcertoient les plus habiles canonniers. Dès qu'ils avoient jetté le grappin, il étoit rare que le plus gros navire pût leur échapper.

Dans un besoin extrême, ils attaquoient toutes les nations. Hors de la nécessité, l'Espagnol étoit leur seul ennemi. Ils fondoient la justice de la haine implacable qu'ils lui avoient jurée, sur les cruautés que ce peuple avoit exercées contre les habitans du nouveau monde. Mais cette aversion étoit sur-tout aigrie par un levain de ressentiment personnel de ce qu'ils se voyoient interdire la chasse & la pêche qu'ils croyoient avec raison de droit naturel. Tels étoient leurs principes de justice & de religion, qu'ils ne s'embarquoient jamais sans avoir recommandé au ciel le succès de leur expédition, qu'ils ne revenoient jamais du pillage sans remercier Dieu de leur victoire.

Les vaisseaux qui alloient d'Europe en Amé-

rique , tentoient rarement leur avidité. Ces barbares n'y auroient trouvé que des marchandifes
dont la vente n'étoit ni facile ni avantageufe
dans ces premiers tems. C'étoit au retour qu'ils
les attendoient , parce qu'ils étoient sûrs d'y
trouver de l'or , de l'argent , des pierres pré-
cieufes , toutes les riches productions du nouveau monde. Lorfqu'ils rencontroient un vaiffeau feul , ils ne manquoient jamais de l'attaquer. Pour les flottes , ils les fuivoient jufqu'au
débouquement de Bahama , & dès qu'un bâtiment s'écartoit ou reftoit en arriere , il étoit pris.
L'Efpagnol qui trembloit à l'approche des flibuftiers qu'il appelloit des démons , ne favoit
que fe rendre. On lui faifoit quartier , fi la prife
étoit riche; mais fi elle ne l'étoit pas, on jettoit
les vaincus à la mer.

Pierre le Grand natif de Dieppe n'avoit fur
un bateau que quatre canons & vingt-huit hommes. Cette foibleffe ne l'empêcha pas d'attaquer
le vice - amiral des Galions. Il l'aborda , après
avoir donné fes ordres pour faire cou!.. fon bâtiment à fond , & il étonna fi fort l'équipage
Efpagnol par fon audace qui ne tomba dans la
tête de perfonne de faire le moindre mouvement. Il alla lui-même trouver le capitaine qui
jouoit dans fa chambre , & lui mettant le pif-
tolet fur la gorge , il l'obligea de fe rendre. On
débarqua ce commandant & fon monde au Cap
le plus proche, comme un poids inutile du vaiffeau qu'ils avoient fi mal gardé ; & l'on n'y
conferva que ce qu'il falloit de matelots pour faire
la manœuvre.

Cinquante-cinq flibuftiers qui étoient entrés
dans la mer du fud , poufferent leurs courfes
jufqu'à la Californie. Pour regagner la mer du

nord, il leur fallut faire deux mille lieues contre le vent dans un canot. Ils étoient arrivés au détroit de Magellan, lorsque le dépit de ne rien emporter d'un pays si riche, leur fit reprendre la route du Pérou. Ils apprirent qu'il y avoit dans le port d'Auca un vaisseau chargé de plusieurs millions : ils le prirent & s'y embarquerent.

Le Basque, Jonqué & Laurent le Graff croisoient devant Carthagene avec trois petits bâtimens. Il sortit du port deux vaisseaux de guerre qui avoient ordre de combattre ces flibustiers & de les amener morts ou vifs. Ceux-ci ne les eurent pas plutôt apperçus qui les attaquerent & les enleverent. Tout ce qui n'avoit pas péri dans l'action fut renvoyé à terre, avec une lettre où l'on remercioit le gouvernement d'avoir envoyé ces deux bons navires, en lui donnant avis que s'il en avoit encore quelques-uns de trop, on les attendroit quinze jours ; mais que s'ils ne portoient pas d'argent, il n'y auroit point de quartier pour les hommes.

Les capitaines Michel & Brouage avertis que pour tromper leur vigilance, on vient d'embarquer à Carthagene sous pavillon étranger des richesses considérables, attaquent les deux vaisseaux Hollandois qui portoient ces trésors, & les en dépouillent. Outrés de se voir vaincus par des bâtimens très-inférieurs aux leurs, les Hollandois osent dire en face à Michel que s'il avoit été seul, il n'auroit pas si bien réussi. *recommençons à combattre*, répondit fierement Michel, *& mon compagnon ne sera que spectateur du combat. Si je suis vainqueur, je n'aurai pas seulement l'argent, mais je resterai le maître de vos deux vaisseaux.* Les Hollandois, loin d'accepter le défi, se retirerent bien vîte, dans la crainte que s'ils délibéroient, on ne les laissât pas les maîtres de le refuser.

Le capitaine Laurent fut surpris par deux vaisseaux Espagnols qui avoient chacun soixante pieces de canon & quinze cens hommes d'équipage. *Vous êtes,* dit-il à ses camarades, *trop expérimentés pour ne pas connoître le péril que nous courons & trop braves pour le craindre. Il faut ici tout ménager & tout hasarder, se défendre & attaquer en même-tems. La valeur, la ruse, la témérité, le désespoir même : tout doit être mis en usage dans cette occasion. Redoutons l'ignominie, redoutons la barbarie de nos ennemis ; & pour leur échapper, combattons.*

Après ce discours reçu avec acclamation, il appelle le plus intrépride des flibustiers, & lui ordonne publiquement de mettre le feu aux poudres au premier signal qu'il lui en fera, témoignant par cette résolution qu'il n'y a de salut que dans la mort même ou dans le courage. aussi-tôt il dispose ses combattans des deux côtés de son navire ; puis haussant la voix pour être entendu de tout le monde, & leur montrant de la main les ennemis : *c'est entre leurs bâtimens,* dit-il, *qu'il nous faut passer & tirer à droite & à gauche.* Ce mouvement est exécuté avec une rapidité, une résolution extraordinaires. On ne prend pas à la vérité les Galions ; mais on éclaircit si bien les équipages, qu'ils ne peuvent ou n'osent continuer le combat contre une poignée d'hommes intrépides, qui même en se retirant remportent l'honneur de la victoire. Le commandant Espagnol va payer de sa tête la honte que son ignorance & sa lâtheté impriment à sa nation. Dans tous les combats les flibustiers montrerent la même intrépidité.

Lorsqu'ils avoient fait un butin considérable, ils se rendoient dans les premiers tems à l'isle de la Tortue, dans la suite les françois à Saint-Domingue & les Anglois à la Jamaïque pour faire leur partage. Chacun levant la main protestoit qu'il n'avoit rien détourné de ce qu'il avoit pris. Si quelqu'un, ce qui fut toujours rare, étoit convaincu de faux serment ; à la premiere occasion on le jettoit dans quelque isle déserte, comme un traître indigne de la société. Les braves, qui arrivoient mutilés de leurs courses, étoient les premiers pourvus. Une main, un bras, une jambe, un pié coupés se payoient deux cens écus. Un œil, un doigt, un orteil perdus dans le combat ne valoient que la moitié. On avoit la somme entiere pour une plaie qui obligeoit à porter une canule. Les blessés avoient pendant deux mois un écu par jour pour leur pensement. S'il ne se trouvoit pas de quoi remplir ces obligations qui furent toujours sacrées, l'équipage entier étoit obligé de reprendre la course, de la continuer, jusqu'à ce qu'il y eût des fonds suffisans pour acquitter une dette si respectable.

Après cet acte de justice & d'humanité, on partageoit ce qui restoit en autant de lots qu'il y avoit de flibustiers. Leur commandant n'avoit droit qu'à un seul lot comme les autres ; mais on lui faisoit présent de trois ou quatre, selon qu'on étoit plus ou moins content de lui. Lorsque le bâtiment n'appartenoit pas à l'équipage, l'armateur qui l'avoit fourni avec les munitions de guerre & de bouche, avoit un tiers de toutes les prifes. La faveur n'influa jamais dans le partage. Tout étoit tiré au fort. On trouveroit difficilement l'exemple d'une juftice fi rigoureufe. Elle s'étendoit jufqu'aux morts. On donnoit leur part à celui qu'on favoit être leur camarade, & par conféquent leur héritier. Si le mort n'avoit point de compagnon, fa part étoit envoyée à fes parens lorfqu'ils étoient connus. Au défaut des uns & des autres, elle étoit diftribuée aux pauvres & aux églifes qui devoient prier pour celui au nom duquel fe faifoient ces largeffes, fruit d'un brigandage inhumain mais forcé.

Ces devoirs remplis, on voyoit commencer les profufions de toute efpece. La fureur du jeu, du vin, des femmes ; de toutes les débauches étoit portée à des excès qui ne finiffoient qu'avec l'abondance. La mer revoyoit ruinés, fans habits, fans vivres, des hommes qu'elle venoit d'enrichir de plufieurs millions. Les nouvelles faveurs qu'elle lui prodiguoit, avoient la même deftinée. Si on lui demandoit quel plaifir ils trouvoient à diffiper fi rapidement ce qu'ils avoient acquis avec tant de rifque, ils répondoient ingénument. » Expofés comme nous le fommes à » une infinité de dangers, notre vie eft bien » différente de celle des autres hommes. Au-» jourd'hui vivant, demain morts ; que nous » importe d'amaffer? Nous ne comptons que fur » le jour que nous avons vêcu, jamais fur celui » que nous avons à vivre. Notre foin eft plutôt » de confumer la vie que de la conferver. «

Les colonies Efpagnoles, qui s'étoient flattées que leurs malheurs auroient un terme, défefpérées de fe voir continuellement la proie de ces brigands, fe dégoûterent de la navigation. Elles facrifierent ce que leur liaifon leur procuroit de

force, de commodités, de richeffes, & formerent
prefqu'autant d'états ifolés. Elles ne fe diffimu-
loient pas les inconvéniens de cette conduite ;
mais la crainte de tomber dans des mains avides & féroces, étoit plus forte que l'honneur,
que l'intérêt, que la politique. Telle fut l'époque d'une inaction qui dure encore.

Ce découragement augmenta l'audace des flibuftiers. Ils ne s'étoient montrés jufqu'alors dans
les établiffemens Efpagnols que pour y enlever
quelques vivres, lorfqu'ils en manquoient. Ils ne
virent pas plutôt diminuer leurs prifes, qu'ils
demanderent à la terre ce que la mer leur refu-
foit. Les contrées du continent les plus riches &
les plus peuplées, furent pillées & dévaftées.
La culture tomba comme la navigation, & les
Efpagnols n'oferent pas plus fréquenter leurs chemins que leurs parages.

Parmi les flibuftiers qui fe diftinguerent dans
cette nouvelle carriere, Montbars gentilhomme
languedocien, fe fit un nom fingulier. Le hafard
ayant fait tomber entre fes mains dès l'enfance
une relation détaillée des cruautés commifes dans
la conquête du nouveau monde, il conçut contre la nation qui avoit produit tant de maux
une haine qu'il portoit jufqu'à la frénéfie. On
raconte à ce fujet qu'étant au college, & jouant
dans une piece le rôle d'un François qui avoit
un démêlé avec un Efpagnol, il fe jetta fur fon
interlocuteur avec tant de rage, qu'il l'auroit
étranglé, fi on ne le lui eut arraché des mains.
Son imagination enflammée lui repréfentoit fans
ceffe des peuples innombrables égorgés par les
monftres fortis de l'Efpagne. Il ne refpiroit que
l'ardeur d'expier tant de fang innocent. L'enthoufiafme de l'humanité devient en lui une fu-

reur plus cruelle encore que le fanatisme de religion qui avoit immolé tant de victimes. On eut dit que leurs manes crioient vengeance au fond de son ame. Il entendit parler *des freres de la côte* comme des ennemis les plus implacables du nom Espagnol : il s'embarqua pour les aller joindre.

On rencontra dans la route un vaisseau Espagnol qui fut attaqué, qui fut abordé : c'étoit l'usage de ce tems-là. Montbars fondit le sabre à la main sur les ennemis, se fit jour au milieu d'eux, & se portant deux fois d'un bout du bâtimènt à l'autre, renversa tout ce qui se trouvoit sur son passage. Lorsqu'il eut forcé l'ennemi de se rendre, laissant à ses compagnons toute la joie d'un riche butin, on le vit contempler avec une volupté sanguinaire les cadavres entassés de cette nation à laquelle il avoit juré une haine insatiable du carnage.

Elle eut bientôt de nouvelles occasions de se signaler sans s'assouvir. Le vaisseau qui le portoit arrive à la côte de Saint-Domingue. Les Boucaniers viennent d'abord troquer des viandes contre de l'eau-de-vie. Comme ce qu'ils offroient étoit peu de chose, ils dirent que leurs ennemis avoient battu le pays, ravagé leurs établissemens & tout emporté. » Comment souffrez-» vous cela, dit brusquement Montbars ? Nous » ne le souffrons pas non plus, repliquerent-ils » du même ton, & les Espagnols savent bien » qui nous sommes : aussi ont-ils pris le tems » que nous étions à la chasse ; mais nous allons » joindre quelques-uns de nos camarades qu'ils » ont encore plus maltraités que nous. Alors on » verra beau jeu. Si vous voulez, reprend Mont-» bars, je marcherai à vôtre tête, non pour vous

» commander, mais pour m'expofer le premier. «
Les boucaniers voyant à fon air que c'eft un
homme tel qu'il le leur faut, l'acceptent volontiers. On trouve le même jour les ennemis, & Montbars fond fur eux avec une impétuofité qui étonne les plus intrépides. Il n'échappe prefque pas un Efpagnol à fa fureur. Le refte de fa vie fut digne de cette premiere action. Il fit tant de mal fur terre & fur mer à cette nation, qu'il lui en refta le furnom d'*exterminateur*.

Sa férocité, celle des autres flibuftiers qui fuivoient fes traces, ayant déterminé les Efpagnols à s'enfermer dans leurs places, on prit le parti de les y attaquer. Ce nouveau genre de guerre exigeoit des forces confidérables, & les affociations devinrent plus nombreufes. La premiere qui eut de l'éclat fut formée par l'Olonois qui tiroit fon nom des Sables-d'Olone fa patrie. Du vil état *d'engagé*, il s'étoit élevé par dégrés au commandement de deux canots & de vingt-deux hommes. Avec ces moyens, il parvint à fe rendre maître fur la côte de Cuba d'une frégate Efpagnole. Un efclave ayant vu tuer tous les bleffés après le combat, & craignant pour fa vie, voulut la racheter par un aveu perfide, mais bien digne du rôle qu'on lui avoit deftiné. Le gouverneur de la Havane, dit-il, l'avoit embarqué pour fervir de bourreau à tous les flibuftiers qu'il avoit condamnés d'avance à être pendus, ne doutant pas qu'ils ne fuffent prifonniers. A ces mots le feroce l'Olonois, faifi de rage, fe fit amener les Efpagnols l'un après l'autre, & leur coupa la tête, fuçant à chaque fois le fang qui dégoûtoit de fon fabre. Il fe rendit enfuite au Port-au-prince où étoient quatre bâtimens deftinés à lui donner la chaffe. Il les prit, jetta leurs équipages à la mer, & ne fit

grace qu'à un feul homme qu'il envóya au gouverneur de la Havane avec une lettre dans laquelle
il lui mandoit ce qu'il venoit de faire , & l'aver-
tiffoit qu'il traiteroit de la même maniere tous les
Efpagnols qui lui tomberoient entre les mains ,
lui-même , s'il avoit le bonheur de l'attraper.
Après cette expédition , il échoua fes canots, fes
prifes , & fe rendit avec la frégate feule à la
Tortue.

Il y trouva Michel le Bafque , fameux pour
avoir pris fous le canon même de Porto-belo
un vaiffeau de guerre chargé d'un million de piaftres , & pour d'autres actions toutes auffi hardies.
Les deux avanturiers publierent qu'ils alloient partir enfemble pour l'exécution d'un projet également glorieux & utile, & ils virent accourir quatre cens quarante hommes. Ce corps le plus nombreux qu'euffent encore formé les flibuftiers , fe
porta fur la baye de Venezuela qui s'avance à cinquante lieues dans les terres. Le fort qui en dé-
fendoit l'entrée fut emporté, le canon encloué ,
& la garnifon de deux cens cinquante hommes
paffée au fil de l'épée. On fe rembarque , on arrive à Maracaïbo bâtie fur la rive occidentale du
lac de ce nom, à dix lieues de fon embouchure.
Cette ville enrichie par fon commerce de cuirs ,
de tabac & de cacao étoit abandonnée. Les habitans s'étoient retirés avec leurs effets à l'autre côté
de la baye. Si les flibuftiers n'avoient pas perdu
quinze jours dans la débauche, ils auroient trouvé
à Gibraltar vers l'extrêmité du lac, ce qu'on vouloit fouftraire à leur avidité. Mais ils n'y rencon-
trerent que des retranchemens nouvellement conf-
truits qui leur coûterent beaucoup de fang pour
une victoire inutile. Déja tous les effets précieux
en avoient été tranfportés plus loin. Dans leur dé-

pit, ils brûlent Gibraltar. Maracaïbo auroit subi le même sort, s'il n'eut été racheté. Avec le prix de sa rançon, ils emporterent de cette place les croix, les tableaux, les cloches, dans le dessein, disoient-ils, de bâtir une chapelle à la Tortue, & d'y consacrer cette partie de leur butin ; comme si la religion des hommes féroces se nourrissoit aussi de sang & de pillage.

Tandis que ces brigands dissipoient en extravagances les dépouilles de la côte de Venezuela, Morgan, le plus accrédité des flibustiers Anglois partoit de la Jamaïque pour attaquer Porto-belo. Ses mesures étoient si bien concertées, qu'il surprit la ville, & s'en rendit maître sans combattre. Pour entrer avec la même facilité dans les forts, il fit appliquer les échelles par les femmes & par les prêtres, persuadé que la galanterie & la superstition des Espagnols ne leur permettroient pas de tirer sur ce qu'ils aimoient & respectoient le plus. Mais la garnison ayant résisté à ce piége, il fallut la vaincre de force, & l'on acheta par beaucoup de sang les trésors qu'on emporta de ce port célebre.

Une conquête encore plus importante, c'étoit celle de Panama. Pour la faire réussir, Morgan crut devoir aller sur les parages de Costa Ricca chercher des guides dans l'isle Sainte-Catherine, où les malfaiteurs des Indes Espagnoles étoient confinés. Le poste étoit si bien fortifié, qu'il auroit dû arrêter dix ans entiers une armée considérable. Cependant dès que les pirates parurent, le gouverneur envoya secretement pour savoir comment il pourroit se rendre, sans être accusé de lâcheté. On arrêta que Morgan insulteroit pendant la nuit un fort détaché, que le commandant sortiroit de la citadelle pour aller au secours

d'un ouvrage si important, que les assaillans viendroient ensuite le prendre par derriere, & le feroient prisonnier, ce qui entraîneroit la reddition de la place. Il fut convenu aussi qu'on tireroit avec beaucoup de vivacité de part & d'autre,
mais qu'on ne tueroit personne. Cette comédie
fut jouée admirablement. Les Espagnols, sans
avoir couru de risque eurent l'air d'avoir fait leur
devoir; & les flibustiers après avoir détruit de
fond en comble les fortifications, après avoir embarqué d'immenses munitions de guerre qu'ils
avoient trouvées à Sainte-Catherine, tournerent
leurs voiles vers le Chagre, la seule voie qui leur
fut ouverte pour arriver au terme de leurs espérances.

A l'embouchure de cette riviere importante
étoit un fort construit sur un roc escarpé & battu
des flots de la mer. Ce boulevard d'un accés difficile, étoit défendu par un officier d'une intrépidité,
d'une capacité rares, & par une garnison digne
de son chef. Les flibustiers éprouverent pour la
premiere fois une résistance égale à leur opiniâtreté. L'on pouvoit douter, s'ils vaincroient ou
leveroient le siege, quand un heureux hazard
vint au secours de leur gloire & de leur fortune.
Le commandant fut tué, le feu prit au fort, &
l'assaillant profita de ce double malheur pour emporter la place.

Il laissa ses vaisseaux à l'ancre avec les gens nécessaires pour les garder, & sur ses chaloupes re-
monta l'espace de quarante-trois mille le fleuve
jusqu'à Crucès où il finissoit d'être navigable. Il
continua son chemin par terre jusqu'à Panama
qui n'en est éloigné que de cinq lieues. Sur une
vaste prairie qui est devant la ville, il rencontra des troupes nombreuses qu'il dissipa sans beaucoup

coup d'efforts, & il entra dans la place abandonnée.

On y trouva des tréfors immenfes cachés dans
les puits & dans les caveaux. On arrêta de riches
effets fur des bateaux que la baffe marée avoit
laiffés à fec. Les forêts voifines rendirent des dé-
pôts précieux. Peu contens de ce butin, les partis
de flibuftiers qui couroient les campagnes employerent les plus affreux tourmens, pour faire
avouer aux Efpagnols, aux negres, aux Indiens
qu'ils déterroient, le lieu où ils avoient recelé
leurs richeffes & celles de leurs maîtres. Un men-
diant conduit par le hazard dans un château que
la peur avoit fait abandonner, y trouva des habits dont il fe revêtit. A peine avoit-il changé de
décoration, qu'il fut apperçu par ces pirates qui
lui demanderent où étoit fon or. Ce malheureux
montra les haillons qu'il venoit de quitter. Auffitôt, il fut mis à la queftion; & comme on ne
put en rien tirer, on le livra à des efclaves qui
l'acheverent. C'eft ainfi que les Efpagnols regorgeoient les tréfors du nouveau monde, comme
ils les avoient amaffés, dans le fang & les fupplices.

A milieu de tant d'horreurs, le féroce Morgan
devint amoureux. Son caractere n'étoit pas propre
à infpirer de tendres defirs. Il voulut triompher
par la violence de la belle Efpagnole qui tourmen-
toit fon cœur farouche. *Arrête*, lui cria-t-elle en
s'arrachant de fes bras avec précipitation, *arrête.*
Crois-tu me ravir l'honneur, comme tu m'as ôté
les biens & la liberté? Apprends que je puis
mourir & me venger. A ces mots, elle tire de
deffous fa robe un poignard qu'elle lui auroit
plongé dans le cœur, s'il n'eut évité le coup.

Tome IV. D

Cependant toujours brûlant d'une passion que cette furieuse résistance avoit changée en rage, aux soins employés pour gagner cette captive, il fit succéder des traitemens barbares. Mais l'Espagnole inébranlable irritoit & repoussoit toutes les fureurs de Morgan, lorsque les pirates témoignant leur indignation de se voir retenus un mois entier dans l'inaction par un caprice qu'ils trouvoient extravagant, il fallut céder à leurs murmures. Panama fut brûlé. On se mit en route avec un grand nombre de prisonniers dont on reçut la rançon quelques jours après, & on arriva à l'embouchure du Chagre avec un butin immense.

Avant le point du jour fixé pour le partage, tandis que tout étoit enseveli dans un sommeil profond, Morgan avec les principaux flibustiers de sa nation fit voile pour la Jamaïque sur un navire où il avoit embarqué les plus riches dépouilles d'une ville qui servoit d'entrepôt au commerce de l'ancien & du nouveau monde. Cette infidélité, dont il n'y avoit pas d'exemple, causa une rage inexprimable. Les Anglois suivirent le voleur dans l'espérance d'arracher de ses mains la proie dont il avoit frustré leurs droits & leur avidité. Pour les François associés à la même perte, ils se retirerent à la Tortue, d'où ils firent diverses expéditions. Mais elles furent médiocres jusqu'en 1683 qu'ils en tenterent une de la plus grande importance.

Le projet en fut formé par Vand-Horn natif d'Ostende, mais qui toute sa vie avoit servi avec les François. Son intrépidité ne lui permit jamais de souffrir une marque de foiblesse parmi ceux qui s'associoient à lui. Dans l'ardeur du combat, il parcouroit son vaisseau, observoit ses gens l'un après l'autre, & tuoit sur le champ ceux qui baissoient la tête, au bruit imprévu des coups de pistolet, de fusil, de canon. Cette étrange discipline l'avoit rendu la terreur des lâches & l'idole des braves. Du reste, il partageoit volontiers avec les gens de cœur ses immenses richesses, fruit d'un courage si bien aguerri. Pour l'ordinaire, il faisoit la course avec une seule frégate qui lui appartenoit. Ses nouveaux projets exigeant de plus grandes forces, il appella à lui Granmont, Godefroy, Jonqué, trois François fameux par leurs exploits, & le Hollandois Laurent de Graff encore plus célebre qu'eux. Douze cens flibustiers se joignirent à ces chefs si renommés, & l'on partit sur six bâtimens pour la Vera-cruz.

Le débarquement se fit à la faveur des ténebres à trois lieues de la place, où on arriva sans avoir été découvert. Le gouverneur, le fort, les casernes, les postes importans, tout ce qui étoit capable de faire quelque résistance étoit pris, lorsque le jour parut. Tous les citoyens, hommes, femmes, enfans furent enfermés dans les églises où ils s'étoient réfugiés. A la porte de chaque temple, on avoit roulé des barils de poudre, pour faire sauter l'édifice. Un flibustier, la mêche allumée, devoit y mettre le feu au moindre signal de soulevement.

Pendant qu'on tenoit ainsi la ville dans la consternation, elle fut pillée à loisir; & après avoir embarqué ce qu'elle avoit de plus riche, on proposa aux citoyens qu'on tenoit en prison dans l'asyle des temples, de racheter leur vie & leur liberté par une contribution de deux millions de piastres. Ces malheureux qui n'avoient, ni bu, ni mangé depuis trois jours accepterent avec joie la proposition. La moitié de la somme fut payée

le jour même. On attendoit le reste de l'intérieur
des terres , lorsqu'on apperçut sur les hauteurs un
corps considérable de troupes , & près du port
une flotte de dix sept vaisseaux qui arrivoit d'Europe. A la vue de ces forces , les flibustiers , sans
s'étonner , se retirerent tranquillement avec quinze
cens esclaves qu'ils emmenerent comme un foible dédommagement du reste de la somme qu'ils
attendoient , & dont ils renvoyerent la liquida-
tion à un tems plus convenable. Ces brigands
croyoient de bonne foi, que tout ce qu'ils pil-
loient , ou exigeoient à main armée , sur les côtes où ils étoient descendus, leur appartenoit ; &
que Dieu & leur épée leur donnoient un droit
acquis non-seulement sur les capitaux des contri-
butions dont ils se faisoient signer l'engagement,
mais sur l'intérêt même de ces fonds à recouvrer.

Leur retraite fut brillante & audacieuse. Ils
passerent fierement au milieu de la flotte Espagnole qui n'osa pas tirer un coup de canon. Elle
craignoit même d'être attaquée & battue. Il est
vraisemblable qu'on n'en auroit pas été quitte pour
la peur , si les bâtimens flibustiers n'avoient pas
été chargés d'argent , ou si la flotte ennemie avoit
eu sur son bord d'autres richesses que des marchandises dont ces corsaires faisoient peu de
cas.

Il n'y avoit pas un an qu'ils étoient revenus
du golfe du Mexique , lorsque la fureur d'aller
piller le Pérou s'empara de tous les esprits. Il est
à présumer qu'on espéra trouver plus de trésors
sur une mer pour ainsi dire intacte & neuve que
dans celle qui étoit au pillage depuis si long-tems.
Ce qu'il y a de surprenant , c'est que les Anglois
& les François , les bandes même particulieres des

deux nations, ayent eu la même vue à la même époque, quoiqu'elles n'agissent pas de concert, & qu'elles ne se fussent rien communiqué. Près de quatre mille hommes se trouverent engagés dans cette expédition. Les uns se rendirent par la terre ferme, les autres par le détroit de Magellan au terme de leurs espérances. Si leur intrépide férocité avoit été dirigée par un homme habile & d'autorité vers un but unique, il n'est pas douteux qu'on n'eut enlevé à l'Espagne cette importante colonie. Leur caractere s'opposoit invinciblement à une union si rare. Ils formerent toujours plusieurs corps séparés, & quelquefois jusqu'à dix ou douze qui se quittoient & se rapprochoient au moindre caprice. Grognien, Lecuyer, Picard, le Sage étoient les capitaines les plus accrédités parmi les François ; & chez les Anglois, David, Suams, Pitre, Wilner & Touflé.

Ceux de ces avanturiers qui étoient passés dans la mer du sud par le détroit de Darien se jetterent en arrivant dans les premiers bateaux qu'ils trouverent sur la côte. Leurs camarades venus sur leurs propres bâtimens n'étoient guere mieux équipés. Dans cet état de foiblesse, ils ne laisserent pas de battre plusieurs fois toutes les escadres qu'on arma contr'eux. Ces victoires leur furent préjudiciables, parce qu'elles interrompirent la navigation. Dès qu'il n'y eut plus de vaisseaux à prendre, il fallut recourir à des descentes continuelles pour avoir des vivres ; il fallut marcher au pillage des villes où le butin étoit enfermé. On attaqua successivement Seppa, Plueblo - nuevo, Leon, Realeguo, Pueblo - viego, Chiriquita, Lesparso, Grenade, Villia, Nicoya, Tecoanteque, Mucmeluna, Chiloteca, la nouvelle Segovie, & Guayaquil plus confidérable que toutes les autres.

Plufieurs de ces places furent furprifes ; & la plupart abandonnées de leurs habitans qui s'enfuirent à l'approche de l'ennemi, avec la précaution d'emporter leurs plus riches effets. Les Efpagnols ne fe déterminoient point à fe défendre ; fans être au moins vingt contre un, encore éroient-ils battus. Ils avoient fi fort dégénéré qu'il ne leur reftoit aucune idée de l'art de la guerre. Ils ne connoiffoient pas même les armes à feu. On les trouvoit plus ignorans, plus lâches que les Américains dont ils fouloient les cendres. Cette poltronnerie s'étoit accrue par la frayeur qu'ils éprouvoient au nom feul des flibuftiers. Les moines les avoient peints avec toutes les couleurs qu'ils prêtent aux démons, comme des Antropophages, des êtres qui n'avoient rien d'humain, des efpeces de finges plus méchans que des hommes. Ce portrait d'une imagination effarouchée, imprimoit dans les ames la haine avec la terreur. Toujours fugitifs devant ces monftres, les Efpagnols ne favoient fe venger qu'en brûlant ou en coupant en morceaux un flibuftier. Dès que ces avanturiers étoient partis d'un endroit qu'ils avoient pillé, fi quelqu'un d'eux avoit péri dans l'attaque, on déterroit fon cadavre, on le mutiloit, on le faifoit paffer par tous les genres de fupplice qu'on eût voulu raffembler fur l'homme vivant. L'horreur qu'on avoit pour les flibuftiers s'étendoit fur les endroits même qu'ils avoient fouillé de carnage. On excommunioit les villes qu'ils avoient prifes ; on dévouoit à l'anathême les murailles & le fol des places dévaftées, & les habitans les abandonnoient pour toujours.

Cette rage impuissante & puérile ne pouvoit qu'enhardir celle de leurs ennemis. Lorsqu'ils prenoient une ville, elle étoit livrée aux flammes, a moins qu'on ne leur payât une contribution proportionnée à sa magnificence. Les prisonniers qu'ils faisoient étoient massacrés sans pitié, si le gouvernement ou les particuliers ne les rachetoient. Ils n'acceptoient pour rançon que de l'or, des perles ou des pierreries. L'argent trop commun, trop pesant pour sa valeur, les auroit embarassés. On ne daignoit pas même en prendre quand il s'offroit pour rien. Enfin le sort, rarement ingrat en fait de maux & d'injures, expia la conquête du nouveau monde, & les Indiens furent pleinement vengés des Espagnols.

Mais ces calamités eurent leur effet ordinaire, d'être perdues pour leurs auteurs. Plusieurs périrent dans le cours de ce brigandage, par le climat, par la misere ou par la débauche. Il y en eut qui firent naufrage au détroit de Magellan & au cap de Horn. La plupart de ceux qui tenterent de gagner par terre la mer du nord, laisserent la vie ou les dépouilles dont ils étoient chargés dans les ambuscades qu'on leur dressa. Les colonies Angloises & Françoises furent trèspeu enrichies par une expédition qui avoit duré quatre ans, & se trouverent avoir perdu les plus intrépides de leurs habitans.

Dans le tems qu'on ravageoit la mer du sud, celle du nord étoit encore menacée par Granmont. Granmont étoit un gentilhomme parisien qui avoit servi avec quelque distinction en Europe ; & que sa fureur pour le vin, pour le jeu, pour les femmes avoit conduit parmi les corsaires. Il avoit de la grace, de la politesse, de la générosité, de l'éloquence, un sens très-droit, trop de vertus pour tant de vices. Elles étoient jointes à une valeur distinguée qui l'avoit bientôt fait regarder comme le premier des flibustiers François. Dès qu'on sut qu'il alloit armer, mille braves se rangerent autour de lui. Le gouverneur de Saint-Domingue qui avoit fait enfin goûter à sa cour le projet si sage & si juste de fixer les forbans & de les rendre cultivateurs, voulut empêcher l'expédition projettée, & la défendit de la part du roi. Granmont, qui avec plus d'esprit que ses pareils n'en étoit pas plus docile, répondit avec fierté : *comment Louis peut - il désaprouver un dessein qu'il ignore, & dont la résolution n'est formée que depuis peu de jours ?* Cette réponse charma tous les flibustiers qui s'embarquerent sans délai en 1685 pour aller attaquer Campeche.

Le débarquement se fit sans résistance. On fut assailli à quelque distance du rivage par huit cens Espagnols qu'on battit & qu'on poursuivit jusqu'à la ville. On y entra avec eux. Le canon qui s'y trouva fut tourné contre la citadelle. Comme il ne faisoit que très - peu d'effet, on cherchoit quelque stratagême pour se rendre maître de la place, lorsqu'on fut averti qu'elle étoit abandonnée. Il n'y étoit resté qu'un canonier, un Anglois, & un officier plein d'honneur qui avoit mieux aimé s'exposer à tout que de fuir lâchement comme les autres. Le général flibustier le reçut avec distinction, le renvoya généreusement, lui fit rendre tout ce qui lui appartenoit, & y joignit de fort beaux présens : tant l'honneur, le courage & la fidélité conservent d'ascendant sur ceux même qui semblent violer tous les droits de la société ! Mais c'est que ces vertus tiennent à la probité qui est la première loi de la nature, tandis que la plupart des autres loix ne font que des conventions factices & fouvént injuftes, ouvrages de la violence & de la fraude qui fe maintiennent dans leurs ufurpations par le mépris des droits qu'elles font refpecter.

Oui les transfuges & les bandits qui s'emparerent à force ouverte du fol où ils bâtirent Rome, qui enleverent les Sabines, qui pillerent le Latium, & fe firent un territoire acheté de leur fang; oui ces brigands valoient mieux que ce fénat qui fous prétexte de proteger les opprimés foumit les vainqueurs & les vaincus, qui poliça des barbares avec fes armes, qui détruifit Carthage pour regner fur les mers, qui pacifia la grace pour la mieux fubjuguer, qui mit enfin le monde aux fers, & fit place à des empereurs, à des monftres heurèufement détrônés par des barbares. Faut-il le dire ? Les fondateurs & les deftructeurs de Rome ne font pas le déshonneur de fon hiftoire. Les boucaniers & les flibuftiers font peut-être l'élite des Européens que le nouveau monde ait vu inonder fes côtes & fes terres.

Les vainqueurs de Campeche employerent deux mois à fouiller tous les environs de la ville à douze ou quinze lieues; enlevant tout ce que les fuyards avoient cru fauver. Lorfqu'on eut embarqué toutes les richeffes trouvées, foit au-dedans, foit au-dehors de la place, on propofa au gouverneur de la province qui tenoit la campagne avec neuf cens hommes de racheter fa capitale. Son refus décida l'incendie de la ville, la deftruction de la fortereffe. Mais des feux de joie furent encore plus funeftes que ceux de la guerre. Les François voulurent célébrer la fête

de leur roi, le jour de saint Louis. Dans les
transports du patriotisme, de l'ivresse, de l'amour
national pour le prince, ils brûlerent pour un
million de bois de Campeche qui faisoit une
riche portion de leur butin. Après cette folie
éclatante, insigne, mais dont il n'appartient qu'à
des François d'oser se glorifier, ils reprirent la
route de Saint-Domingue.

Le peu d'utilité que les flibustiers Anglois &
François avoient retiré de leurs dernieres expéditions dans le continent, les avoit ramenés insensiblement à leurs brigandages ordinaires. Les
uns & les autres ne s'occupoient plus qu'à faire
la guerre aux navigateurs, lorsque les François se
virent rengagés par les circonstances dans une
carriere dont tout les dégoûtoit. On les détermina
par les puissans mots de gloire, de patrie & d'or
à suivre au nombre de douze cens hommes sept
vaisseaux de guerre partis d'Europe en 1697 sous
les ordres de Pointis, pour attaquer la célébre
ville de Carthagene. C'étoit la plus difficile entreprise qu'il fût possible de former dans le nouveau monde. La situation du port, la force de
la place, le vice du climat opposoient des obstacles qui paroissoient insurmontables pour d'autres
hommes que les flibustiers. Aussi l'honneur du
succès leur fût-il décerné par toutes les nations;
mais le fruit leur en fut lâchement dérobé ?
L'avide général qui avoit embarqué un butin estimé quarante millions ne craignit pas, dès qu'on
eût mis à la voile, d'offrir quarante mille écus
pour leur part à ceux qui avoient fait tomber dans
ses mains tant de richesses.

Les flibustiers indignés de ce traitement ré-
solurent sur le champ d'aborder le *sceptre* que
montoit de Pointis, trop éloigné dans ce mo-

ment des autres vaisseaux pour en être secouru à
tems. Cet avare commandant alloit être massa-
cré, quand un des mécontans s'écria : *freres,
pourquoi nous en prendre à ce chien? Il n'emporte rien à nous. Il a laissé notre part à Carthagene ; c'est-là qu'il la faut aller chercher.*
Cette proposition fut reçue avec acclamation.
Une joie féroce succéda tout-à-coup au noir chagrin qui dévoroit ces brigands; & sans délibé-
rer davantage, tous leurs bâtimens firent voile
vers la ville.

La premiere chose qu'ils firent, après y être
entrés sans opposition, ce fut d'enfermer tous
les hommes dans la grande église, & de leur
parler en ces termes. ›› Nous n'ignorons pas que
›› vous nous regardez comme des gens sans foi
›› & sans religion, comme des diables plutôt
›› que comme des hommes. Les termes injurieux
›› dont vous affectez de vous servir en pailant
›› de nous, & le refus que vous avez fait de
›› traiter avec nous de la reddition de votre place,
›› sont des preuves manifestes de vos sentimens.
›› Nous voici les armes à la main, en état de
›› nous venger. La pâleur qu'on voit rependue
›› sur vos visages prouve que vous vous attendez
›› aux plus cruels supplices, & votre conscience
›› vous dit sans doute que vous les méritez. Nous
›› allons vous désabuser, & vous faire connoître
›› que les titres odieux dont vous nous chargez
›› ne nous conviennent point, mais au général
›› sous les ordres duquel vous nous avez vu com-
›› battre. Le perfide nous a trompés. Quoiqu'il
›› n'ait dû qu'à notre valeur la conquête de votre
›› ville, il a réfusé d'en partager avec nous les
›› dépouilles, & nous a réduits par cette injus-
›› tice à vous visiter une seconde fois. Ce n'est

» pas fans regret que nous nous y voyons for-
» cés, & notre modération vous en convaincra.
» Nous vous donnons parole de nous retirer,
» au moment que vous nous aurez compté un
» million de piaftres. C'est à quoi nous nous
» bornons ; mais fi vous vous refufez à une de-
» mande fi raifonnable, il n'eft point de mal-
» heur que vous ne deviez craindre, fans en
» pouvoir accufer que vous-même, & l'infame
» de Pointis que nous vous permettons de char-
» ger de toutes les maledictions poffibles. «

Après ce difcours, le religieux le plus ref-
pecté de la ville monta en chaire, & employa
l'éloquence de fes mœurs, de fon autorité & de
la parole pour convaincre fes auditeurs de la néceffité de livrer fans réferve tout ce qu'il lui
reftoit d'or, d'argent & de bijoux. La quête qui
fuivit le fermon n'ayant pas produit ce qu'on
exigeoit, le pillage fut ordonné. Il s'étendit fans
grand fuccès des maifons & des temples jufqu'aux tombeaux, & fe termina par les tortures qu'on fit fubir aux principaux bourgeois.

On faifit deux citoyens des plus diftingués,
& on leur demanda féparément où étoient les
richeffes du fifc & des particuliers. Ils répondi-
rent qu'ils n'en favoient rien ; mais avec tant de
franchife & de fermeté qu'on ne voulut pas les
maltraiter. Cependant on fit femblant de les
paffer par les armes, en tirant plufieurs coups
de fufil. Deux autres citoyens furent appellés.
Leur conduite, exactement la même que celle
des premieres, fut fuivie des mêmes démonf-
trations. On publia que tous les quatre avoient
eu la tête caffée, & qu'une pareille deftinée attendoit tous ceux qui s'opiniâtreroient à garder le
filence. Cette déclaration produifit le plus grand

effet. Dès le jour même on apporta plus de deux cens mille piastres. Les jours suivans rendirent encore quelque chose. Enfin les avanturiers désespérant de rien ajouter à ce qu'ils avoient deja amassé, se rembarquerent. Le malheur voulut qu'ils rencontrassent une flotte d'Anglois & de Hollandois, alliés des Espagnols. Plusieurs furent pris ou coulés à fonds avec leur butin. Le reste se sauva à Saint-Domingue.

Tel fut le dernier événement mémorable de l'histoire des flibustiers. La séparation des Anglois & des François, lorsque la guerre du prince d'Orange divisa les deux nations; les heureux effets de l'un & l'autre gouvernement pour accélérer la culture de leurs colonies par le travail de ces hommes entreprenans; la sagesse qu'on eut de fixer les plus accrédités d'entr'eux, en leur conférant des postes civils ou militaires; la protection qu'ils furent obligés de donner successivement aux possessions Espagnoles qu'ils avoient ravagées jusqu'alors; l'impossibilité de remplacer tant d'hommes extraordinaires qui périssoient tous les jours : toutes ces causes, & cent autres se réunirent pour anéantir la société la plus singuliere qui eut jamais existé. Sans systêmes, sans loix, sans subordination, sans moyens, elle devint l'étonnement de son siecle, comme elle le sera de la postérité. Elle auroit subjugué l'Amérique entiere, si elle avoit eu plutôt l'esprit de conquête que de brigandage.

L'Angleterre, la France, la Hollande firent passer à divers reprises de nombreuses flottes dans le nouveau monde. L'intempérie du climat, le défaut de subsistances, le découragement des troupes; ruinerent les projets les mieux concertés. Aucune de ces nations n'y acquit de la gloire;

ni fit des progrès confidérables. Sur le théâtre même de leur déshonneur, dans les lieux même où elles étoient honteufement repouffées, un petit nombre d'avanturiers dont l'intrépidité & l'intelligence étoient tout à la fois la commiffion, le magafin, le tréfor, & qui n'avoient de ref-fource pour faire la guerre que la guerre même, réuffiffoient dans les entreprifes les plus difficiles. Ils fuppléoient, à ce qui leur manquoit du côté du nombre & de la puiffance, par leur activité, leur vigilance & leur audace. Une paffion démefurée pour l'indépendance & la liberté, produifoit & nourriffoit en eux cette énergie capable de tout entreprendre, de tout exécuter ; cette vigueur & cette fupériorité que la meilleure tactique, les plus fortes combinaifons, le gouvernement le mieux ordonné, les récompenfes les plus brillantes, les diftinctions les plus marquées ne donneront jamais.

Le principe qui mettoit en activité ces hommes, pour ainfi dire, romanefques, n'eft pas facile à démêler. On ne peut pas dire que ce fut le befoin : ils fouloient une terre qui leur offroit d'immenfes richeffes, recueillies fous leurs yeux, par des gens moins habiles qu'eux. Etoit-ce l'avarice ? Ils n'auroient pas diffipé en un jour le butin d'une campagne. Comme ils n'avoient pas proprement de patrie, ce n'étoit point à fa défenfe, à fon agrandiffement, à fes vengeances qu'ils fe dévouoient. L'amour de la gloire les auroit préfervés de cette foule d'attrocité & de crimes qui offufquoient l'éclat de leurs plus grandes actions. L'efpoir du repos ne précipita jamais dans des travaux continuels, dans des dangers inexprimables.

Quelles furent donc les caufes morales qui

donnerent aux flibustiers une existence si extraordinaire ? Cette terre où la nature sembloit
avoir condamné toutes les passions turbulentes &
bruyantes à un silence éternel ; où les hommes
avoient besoin de se réveiller, par l'ivresse &
l'intempérance des festins d'une léthargie habi-
tuelle ; où ils vivoient contens de leurs repos &
de leur ennui : cette terre se trouve tout à
coup habitée par un peuple bouillant & impétueux qui semble respirer avec l'air d'un ath-
mosphere brûlant l'excès de tous les sentimens,
le délire de toutes les passions. Tandis qu'un
ciel de feu énervoit les anciens conquérans du
nouveau monde, que les Espagnols, alors si
remuans dans leur patrie, partageoient avec les
Américains vaincus, l'habitude de l'abattement
& de l'indolence, des hommes sortis des climats les plus tempérés de l'Europe, alloient
puiser sous l'équateur des forces inconnues à la
nature.

Mais si l'on remonte aux sources de cette révolution, on verra que les flibustiers avoient
vécu dans les entraves des gouvernemens Européens. Le ressort de la liberté comprimé
dans les ames depuis des siecles, éclata aux
premieres fermentations de l'indépendance, &
produisit les plus terribles phénomenes qu'on ait
encore vus en morale. Les hommes inquiets &
enthousiastes de toutes les nations, se joignirent
à ces avanturiers, au premier bruit de leurs succès. L'attrait de la nouveauté ; l'idée & le desir
des choses éloignées ; le besoin d'un changement de situation ; l'espérance d'une meilleure
fortune ; l'instinct qui porte l'imagination aux
grandes entreprises ; l'admiration qui mene
promptement à l'imitation ; la nécessité de sur-

monter les obstacles où l'imprudence a précipité ; l'encouragement de l'exemple ; l'égalité des biens & des maux entre des compagnons libres : en un mot cette fermentation passagere que le ciel, la mer, la terre, la nature & la fortune avoient excité dans des hommes tour-à-tour couvers d'or & de haillons, plongés dans le sang & dans la volupté, fit des flibustiers un peuple isolé dans l'histoire, mais un peuple éphémere qui ne brilla qu'un moment.

Cependant on est accoutumé à regarder ces brigands avec une sorte d'exécration. Elle est juste, parce que la fidélité, la probité, le désintéressement, la générosité même qu'ils pratiquoient entr'eux n'empêchoient pas les outrages qu'ils faisoient tous les jours à l'humanité. Mais comment ne pas admirer au milieu de ces forfaits une foule d'actions héroïques qui auroient fait honneur aux peuples les plus vertueux.

Des flibustiers s'étoient chargés pour une somme d'escorter un vaisseau Espagnol très-richement chargé. Un d'entr'eux osa proposer à ses camarades de faire tout d'un coup leur fortune en s'emparant de ce bâtiment. Le célébre Montauban qui commandoit la troupe, n'eut pas plutôt entendu ce discours, qu'il voulut abdiquer sa place, & demanda d'être mis à terre. Quoi nous quitter, lui dirent ces hommes intrépides ? Y a-t-il quelqu'un ici qui approuve la perfidie qui vous fait horreur ? on délibéra sur le champ. On arrêta que le coupable seroit jetté sur la premiere côte qui se présenteroit. On jura que cet homme sans bonne foi ne seroit jamais reçu dans aucun armement où se trouveroit un seul des braves gens que sa société déshonnoroit. Si ce n'est pas là de l'héroïsme, sera-ce dans un

siecle

fiecle où tout ce qu'il y a de grand eft tourné en ridicule fous le nom d'enthoufiafme qu'il faudra chercher des héros ?

L'Amérique refpiroit à peine. A peine on commençoit à jouir de l'induftrie des flibuftiers dévenus citoyens & cultivateurs, que l'ancien monde offrit le fpectacle d'une révolution qui fit trembler le nouveau. Charles II roi d'Efpagne avoit difparu dans la nuit du tombeau. Ses fujets convaincus qu'un Bourbon feul étoit en état de conferver la monarchie fans démmebrement, l'avoient preffé fur la fin de fa vie d'appeller à fa fucceffion le duc d'Anjou. L'idée de voir vingt-deux couronnes tranfportées dans une maifon rivale & ennemie de la fienne, l'avoit plongé dans des noirs chagrins. Cependant après des combats & des irréfolutions fans nombre, il feroit déterminé à ces efforts de juftice & de magnanimité qu'il n'étoit pas naturel d'attendre de la foibleffe de fon caractere.

L'Europe fatiguée depuis un demi-fiecle des hauteurs, de l'ambition, de la tyrannie de Louis XIV, réunit fes forces pour empêcher l'accroiffement d'une puiffance déja trop rédoutable. L'anéantiffement où la plus mauvaife adminiftration avoit plongé l'Efpagne ; l'efprit de bigoterie, & par conféquent de foibleffe qui dominoit alors en France, procurerent à la ligue des fuccès dont on voit peu d'exemple dans l'union de plufieurs puiffances contre une feule. Cette ligue prit un afcendant que des victoires également glorieufes & utiles augmentoient à chaque campagne. Bientôt il ne refta aux deux couronnes ni force, ni réputation. Pour comble de malheur, leurs défaftres étoient l'objet de la joie univerfelle. Tous les cœurs étoient fermés à la compaffion.

L'Angleterre & la Hollande, après avoir prodigué leur fang & leurs tréfors pour l'empereur, devoient enfin s'occuper de leurs intérêts qui les appelloient en Amérique. Elle leur offroit des conquêtes riches & faciles. L'Efpagne depuis la deftruction de fes galions à Vigo n'avoit pas un vaiffeau ; & la France, avant même d'avoir éprouvé ces terribles revers qui la conduifirent fur les bords du précipice, avoit laiffé tomber fa marine. Cette conduite vicieufe avoit un principe éloigné.

Louis XIV avide dans fa jeuneffe de toutes les efpeces de gloire, penfa qu'il manqueroit quelque chofe à l'éclat de fon regne, s'il n'avoit pas des vaiffeaux. On eft fondé à croire qu'il ne les envifagea que comme un des moyens dont il vouloit fe fervir pour fixer fur lui l'admiration des nations, pour châtier Gênes & Alger, pour porter la terreur de fon nom aux extrêmités du monde. S'il avoit fait entrer des forces navales dans la combinaifon de la puiffance qu'il vouloit élever, il auroit comme Cromwel, favorifé la navigation qui nourrit la marine par le commerce. De fauffes vues l'égarerent. A mefure que fon inquiétude lui fufcita de nouveaux ennemis, qu'il fe vit obligé d'avoir fur pied un plus grand nombre de troupes, que les frontieres de la monarchie s'étendirent & que les citadelles fe multiplierent, on vit diminuer le nombre de fes vaiffeaux. Il n'attendit pas même la néceffité de ces dépenfes pour fupprimer une partie des fonds qui devoient être deftinés à lui former une puiffance maritime. Les voyages de la cour, des édifices inutiles ou trop magnifiques, des objets d'ostentation ou de pur agrément, beaucoup d'autres causes aussi frivoles absorberent l'argent qu'exigeoit l'entretien de la marine. Dès-lors cette branche de la force Françoise s'affoiblit. Elle tomba insensiblement & se perdit enfin tout-à-fait dans les malheurs de la guerre élevée pour la succession d'Espagne.

A cette époque les possessions des deux couronnes dans les Indes Occidentales se trouverent sans défense. Elles s'attendoient à chaque instant à devenir la proie de la Grande-Bretagne & des Provinces-unies, les seuls peuples modernes qui eussent établi leur force politique sur le commerce. D'immenses découvertes avoient mis, il est vrai, dans les mains des Castillans & des Portugais la possession exclusive de trésors & de productions qui sembloient leur promettre l'empire de l'univers, si les richesses pouvoient le donner; mais ces nations ivres d'or & de sang n'avoient pas seulement soupçonné qu'un monde nouveau dut fonder leur puissance dans l'ancien. L'excès & l'abus d'un système fondé sur l'influence que l'Amérique pouvoit donner en Europe, emporterent les Anglois & les Hollandois dans une extrêmité tout-à-fait opposée.

Ces deux nations, dont l'une n'avoit nuls avantages naturels & l'autre en avoit que de médiocres, avoient saisi de bonne heure les vrais principes du commerce, & les avoient suivis avec plus de persévérance que les différentes situations où elles s'étoient trouvées, ne paroissoient le leur permettre. Le hasard des circonstances ayant d'abord excité l'industrie de la plus pauvre, elle s'étoit vue rapidement égalée par sa rivale dont le génie étoit plus ardent & les ressources plus

conſidérables. La guerre d'induſtrie excitée par
la jalouſie dégénéra bientôt en combats vifs,
opiniâtres & ſanglans. Ce n'étoient pas ſeulement des hoſtilités entre un peuple & un peuple ; c'étoit une haine, c'étoit une vengeance de
particulier à particulier. La néceſſité de ſe réunir pour contenir, pour réprimer la France, ſuſ-
pendit ces hoſtilités. Des ſuccès peut-être trop
répétés, trop déciſifs réveillerent leur animoſité.
Dans la crainte de travailler à l'agrandiſſement
l'une de l'autre, elles renoncerent à toute in-
vaſion en Amérique. Enfin la reine Anne ayant
ſaiſi le moment propice pour une paix particuliere, elle ſe fit accorder des avantages qui laiſ-
ſerent la nation rivale de la ſienne, fort en arriere. Dès-lors l'Angleterre fut tout, & la Hollande ne fut rien.

Les années qui ſuivirent la pacification d'U-
trecht rappellerent le ſiecle d'or à l'univers, toujours aſſez tranquille, lorſque les Européens qui
ont porté leurs armes & leurs haines dans les
quatre parties du monde n'en troublent pas l'harmonie. Les champs ne furent plus jonchés de
cadavres. On ne ravagea point la moiſſon du la-
boureur. Le navigateur oſa montrer ſon pavillon
dans toutes les mers, ſans crainte des pirates. Les
meres ne virent plus leurs enfans arrachés de leurs
foyers, pour aller prodiguer leur ſang aux caprices d'un roi imbécille ou d'un miniſtre ambitieux. Les nations ne s'aſſocierent plus pour ſervir leurs paſſions mutuelles. Les hommes vécu-
rent quelque tems en freres, autant que l'orgueil
des monarques & l'avarice des peuples peuvent le
permettre.

Quoique ce bonheur général fut l'ouvrage de
ceux qui tenoient les rênes des empires, les pro-

grès de la raison universelle y avoient quelque part. La philosophie commençoit à parler de l'*humanité* que l'imposture ne cesse d'appeller un cri de révolte contre la religion. Les écrits de quelques sages étoient passés de leur cabinet dans les mains de la multitude : ils avoient adouci les mœurs. Cette modération avoit tourné les esprits à l'amour des arts utiles ou agréables, & diminué du moins l'attrait que les hommes avoient eu jusqu'alors à s'égorger. La soif du sang paroissoit appaisée ; & tous les peuples s'occupoient avec une grande ardeur & des lumieres nouvelles de leur population, de leur culture, de leur industrie.

Cette activité se faisoit sur-tout remarquer dans les Antilles. Les états du continent peuvent se soutenir & même prospérer, lorsque le feu de la guerre est allumé dans le voisinage & sur leurs frontieres, parce qu'ils ont pour but principal le travail des terres & des manufactures, la subsistance & les consommations intérieures. Il n'en est pas ainsi des établissemens que plusieurs nations ont formés dans le grand archipel de l'Amérique. La vie & les richesses y sont également précaires. On n'y recueille rien de ce qui est nécessaire à la nourriture. Les vêtemens & les instrumens du labourage n'y sont pas fabriqués. Toutes les cultures sont destinées à être exportées. Il n'y a qu'une communication sûre & facile avec l'Afrique, avec les côtes septentrionales du nouveau monde, & sur-tout avec l'Europe, qui puisse procurer à ces isles cette circulation libre, du nécessaire qu'elles reçoivent, & du superflu qu'elles donnent. Plus ces colonies avoient souffert du long & terrible embrasement qui avoit tout consumé, plus elles se hâtoient de réparer les breches faites à leur fortune. L'espoir même qu'on avoit que l'épuisement universel rendroit la tranquillité durable, enhardissoit les négocians les moins confians à faire aux colons des avances, sans lesquelles malgré tant de soins, les progrès auroient été nécessairement fort lents. Ces secours assuroient & augmentoient la prospérité des isles, lorsqu'on vit crever en 1739 un nuage qui se formoit depuis long-tems, & qui troubla le repos de la terre de la maniere que nous l'allons dire.

Les colonies Angloises, sur-tout la Jamaïque, avoient ouvert avec les possessions Espagnoles du nouveau monde un commerce immense qu'une longue habitude les avoit accoutumées à regarder comme licite. La cour de Madrid devenue plus éclairée sur ses intérêts fit des arrangemens pour arrêter, pour diminuer du moins cette communication. Le projet pouvoit être sage, mais il falloit que l'exécution en fut juste. Si les vaisseaux destinés à empêcher la fraude, se fussent bornés à arrêter les bâtimens qui la faisoient, ils auroient mérité des louanges. L'abus inséparable de tout moyen violent, l'apreté du gain, peut-être l'esprit de vengeance, firent que sous prétexte de contrebande, on arrêta loin des côtes suspectes des navires qui avoient une destination légitime.

La nation Angloise, qui mettant sa sûreté, sa puissance & sa gloire dans le commerce, avoit souffert impatiemment de voir réprimer ses usurpations, fut révoltée des vexations qui passoient les bornes du droit des gens. On n'entendit dans Londres, dans le parlement que plaintes contre l'étranger qui les exerçoit, qu'invectives contre le ministere qui les souffroit. Robert Walpole qui gouvernoit depuis long-tems la Grande-Bretagne avec un caractere & des talens plus propres pour la paix que pour la guerre, & le conseil d'Espagne qui à mesure que l'orage approchoit montroit moins de vigueur, chercherent de concert des voies de conciliation. Celles qui furent imaginées & signées au Pardo, ne furent pas du goût d'un peuple également échauffé par ses intérêts, par son ressentiment, par l'esprit de parti, & singuliérement par des écrits politiques qui se succédoient avec rapidité.

L'Angleterre voit éclore tous les jours une foule de brochures où tout ce qui touche la nation est traité avec liberté. Parmi ces écrits, il en est de solides, composés par de bons esprits, par des citoyens instruits & zélés. Leurs avis servent à éclairer le public sur ses intérêts, & à diriger le gouvernement dans ses opérations. On connoît dans l'état peu de réglemens utiles d'économie intérieure qui n'ayent été indiqués, préparés ou perfectionnés par quelqu'un de ces écrits. Malheur à tout peuple qui se prive de cet avantage. Mais pour un homme sage qui répand la lumiere, il se trouve des écrivains sans nombre qui, soit par mécontentement des gens en place, soit pour flatter le goût de la nation, soit pour des raisons personnelles, se plaisent à émouvoir les esprits. Le moyen qu'ils employent le plus ordinairement est de porter les prétentions de leur pays au-delà de leurs justes bornes, de lui faire envisager comme des usurpations manifestes les moindres précautions que prennent les autres puissances pour conserver leurs possessions. Les exagérations remplies de partialité & de fausseté, répandent des opinions, établissent des préjugés dont l'effet ordinaire est d'entretenir la nation dans un état de guerre perpétuelle avec ses voisins. Si le gouvernement qui voudroit tenir une balance de justice entre ses sujets & les étrangers refuse de se conduire par des erreurs populaires, il s'y voit forcé.

La populace de Londres, la plus vile populace de l'univers, comme le peuple Anglois est le premier peuple du monde, soutenue de vingt mille jeunes gens de famille élevés dans le négoce, assiege par des cris & par des menaces le sénat de la nation, & regle ses délibérations. Souvent ces clameurs sont excitées par une faction du parlement lui-même. Ces hommes méprisables une fois émus, insultent le meilleur citoyen qu'on a réussi à leur rendre suspect, incendient sa maison, & baffouent scandaleusement l'image des têtes les plus sacrées. Ils ne s'arrêtent qu'après avoir fait adopter par le ministere toute leur fureur. Cette influence indirecte mais suivie du commerce sur les résolutions publiques, ne fut peut-être jamais aussi marquée que l'époque qui nous occupe.

L'Angleterre commençoit la guerre avec la plus grande supériorité. Elle avoit un grand nombre de matelots. Ses arsenaux regorgeoient de munitions, & ses chantiers étoient animés. Ses escadres toutes armées, & commandées par des officiers expérimentés, n'attendoient que des ordres pour porter la terreur & la gloire de son pavillon aux extrêmités du monde. On ne blâmera pas Walpole d'avoir trahi sa patrie, en négligeant de si grands avantages. Il doit être au dessus de tout soupçon, puisqu'il ne fut pas accusé de corruption dans un pays, où l'on a souvent formé ces accusations sans y croire. Sa conduite ne fut pas cependant exempte de blâme. La crainte de se précipiter dans des embarras qui mettroient en danger son administration ; l'obligation d'appliquer à des armemens militaires les trésors destinés jusqu'alors à lui acheter des partisans ; la nécessité d'exiger de nouvelles taxes qui devoient porter au dernier période l'horreur qu'on avoit pour sa personne & pour ses principes : toutes ces considérations & quelques autres le jetterent dans des irrésolutions funestes. Il perdit un tems toujours précieux, décisif sur-tout dans les opérations maritimes.

La flotte de Vernon, après avoir détruit Porto-belo, alla échouer devant Carthagene, plutôt par l'intempérie du climat, par la mésintelligence & l'incapacité des chefs, que par la valeur de la garnison. Anson vit ruiner son armement au cap de Horn, que quelques mois plutôt il auroit doublé sans risque ; à juger de ce qu'il auroit pu faire avec une escadre par ce qu'il fit avec un vaisseau, on peut penser qu'il auroit au moins ébranlé l'empire Espagnol dans la mer du sud. Un établissement entrepris dans l'isle de Cuba, eut une issue funeste. Ceux qui vouloient y fonder une ville, n'y trouverent que leur cimetiere. Le général Oglethorpe fut obligé après trente-huit jours de tranchée ouverte de lever le siege du fort Saint-Augustin dans la Floride, vaillamment défendu par Manuel Montiano à qui on avoit laissé le loisir de se préparer.

Quoique les premiers efforts des Anglois contre l'Amérique Espagnole eussent été vains, on n'y étoit pas tranquille. Il leur restoit leur marine, leur caractere, leur gouvernement, trois grands moyens qui faisoient trembler. Inutilement la cour de Versailles joignit ses forces navales à celles que la cour de Madrid pouvoit faire agir. Cette confédération ne diminuoit pas l'audace de l'ennemi commun, & ne rassuroit pas des esprits trop abattus par la crainte. Heureusement pour les deux nations & pour cette partie du monde, la mort de l'Empereur Charles VI avoit allumé en Europe une guerre vive, qui y retenoit pour des intérêts fort équivoques les forces Britanniques. Les hostilités qui avoient commencé dans les climats éloignés avec tant d'appareil, se réduisirent insensiblement de part & d'autre à quelques pirateries. Il n'y eut d'événement important que la prise de l'Isle Royale qui exposoit aux plus grands dangers la pêche, le commerce & les colonies de la France. Cette puissance recouvra à la paix une possession si précieuse ; mais le traité qui la lui rendit, ne fut pas moins généralement blâmé.

Les François toujours imbus de cet esprit de chevalerie qui a été si long-tems la brillante folie de toute l'Europe, regardent leur sang comme payé, lorsqu'il a reculé les frontieres de leur patrie, c'est-à-dire, lorsqu'ils ont mis leur prince dans la nécessité de les gouverner plus mal ; & ils croyent leur honneur perdu, si leurs possessions sont restées ce qu'elles étoient. Cette fureur de conquêtes qu'il faut pardonner à des tems barbares, mais dont les siecles éclairés ne devroient pas avoir à rougir, fit reprouver le traité d'Aix-la-Chapelle qui restituoit à l'Autriche tout ce qu'on lui avoit pris. La nation, trop frivole, trop legere pour être politique, ne voulut pas voir, qu'en formant en Italie un établissement quel qu'il fût à l'infant dom Philippe, on s'assuroit de l'alliance de l'Espagne à qui on devoit de grands intérêts à discuter avec la cour de Vienne : qu'en garantissant au roi de Prusse la Silésie, on établissoit en Allemagne deux puissances rivales, fruit précieux de deux siecles de méditation & de travaux : qu'en rendant Fribourg & les places de Flandre détruites, on se procuroit des conquêtes aisées si les fureurs de la guerre recommençoient, & la facilité de diminuer dans tous les tems de cinquante mille hommes les troupes de terre, économie qui pouvoit & devoit être portée à la marine.

Ainsi quand la France n'auroit pas eu besoin de s'occuper de son intérieur dont le dépérissement étoit extrême. Quand son credit & son commerce n'auroient pas été ruinés. Quand quelques-unes de ses plus importantes provinces n'auroient pas été reduites à manquer de pain. Quand elle n'auroit pas perdu la porte du Canada. Quand ses colonies n'auroient pas été menacées d'une invasion infaillible & prochaine. Quand sa marine n'auroit pas été détruite au point de n'avoir pas un seul vaisseau à envoyer dans le nouveau monde. Quand l'Espagne n'auroit pas été à la veille d'un accommodement particulier avec l'Angleterre : la pacification auroit encore mérité l'approbation des esprits les plus refléchis.

La facilité qu'avoit le maréchal de Saxe de pénétrer dans l'intérieur des Provinces - unies, étoit ce qui frappoit le plus les François. On conviendra sans peine que rien ne paroissoit impossible aux armes victorieuses de Louis XV ; mais seroit-ce un paradoxe de dire que les Anglois éclairés ne desiroient rien tant que cet événement ? Si la république qui étoit dans l'impossibilité de se détacher de ses alliés avoit été conquise, ses habitans qui avoient des préjugés anciens & nouveaux contre le gouvernement, les loix, les mœurs, la religion de leur vainqueur, auroient-ils voulu vivre sous sa domination ? N'auroient-ils pas infailliblement porté leur population, leurs capitaux, leur industrie dans la Grande-Bretagne ? Et qui peut douter que de si grands avantages n'euffent été infiniment plus précieux pour les Anglois que l'alliance de la Hollande ?

A cette obfervation nous oferons en ajouter une autre, qui pour être auffi nouvelle, ne paroîtra peut-être pas d'une vérité moins frappante. On a trouvé la cour de Vienne fort heureufe ou fort habile d'avoir par la négociation arraché des mains des François ce que les malheurs de la guerre lui avoient fait perdre. N'auroit-elle pas été plus habile ou plus heureufe, fi elle eût laiffé à fon ennemi une partie de fes conquêtes ? Il eft paffé ce tems encore peu éloigné, où la maifon d'Autriche égaloit, furpaffoit peut-être les forces de la maifon de Bourbon. Sa politique eft donc d'intéreffer les autres puiffances à fon fort, même par fes pertes. Elle le pouvoit en faifant des facrifices apparens à la France. L'Europe allarmée de l'agrandiffement de cette monarchie qu'on eft porté à hair, à envier, à redouter, auroit repris pour elle les fentimens qu'on avoit voués à Louis XIV ; & des ligues plus redoutables que jamais devenoient la fuite néceffaire de ces inquiétudes. Cette difpofition univerfelle des efprits étoit plus propre à relever la grandeur de la nouvelle maifon d'Autriche que le recouvrement d'un territoire éloigné, borné & toujours ouvert.

On doit, il eft vrai, avoir affez bonne opinion du plénipotentiaire François qui conduifoit la négociation & du miniftre qui la dirigeoit, pour penfer qu'ils auroient demêlé le piége. Nous ne balancerons pas même à affurer que ces deux hommes d'état n'avoient aucune vue d'agrandiffement. Mais auroient-ils trouvé la même profondeur de politique dans le confeil auquel ils devoient compte de leurs opérations ? C'eft ce qu'on n'ose décider. En général tous les gouvernemens du monde sont portés à s'étendre, & celui de France est de nature à le desirer.

Quoiqu'il en soit de ces réflexions, il faut avouer que l'espérance des deux ministres François qui avoient décidé la paix fut trompée. Le principal objet de leurs démarches avoit été la conservation des colonies menacées, & l'on perdit de vue cette source d'une opulence sans bornes aussi-tôt que le danger fut passé. La France garda des troupes sans nombre, négocia des ligues dans le nord & dans le midi de l'Europe, soudoya une partie de l'Allemagne, se conduisit comme si un nouveau Charles-quint eût menacé ses frontieres, ou si un autre Philippe II eût pu bouleverser l'intérieur de son pays par ses intrigues. Elle ne vit pas qu'elle avoit une prépondérance décidée dans le continent, qu'il n'y avoit point de puissance qui seule put oser l'attaquer ; & que les événemens de la derniere guerre, les arrangemens de la derniere paix avoient rendu la réunion de plusieurs puissances impossible. Mille petites craintes toutes frivoles la fatiguoient. Ses préjugés l'empêcherent de sentir qu'il n'y avoit qu'un ennemi réellement digne de son attention, & que cet ennemi ne pouvoit être contenu que par de nombreuses flottes.

Les Anglois plus portés à s'affliger de la prospérité d'autrui qu'à jouir de la leur ne veulent pas seulement être riches : ils veulent être les seuls riches. Leur ambition est d'acquérir, comme celle de Rome étoit de commander. Ils ne cherchent pas proprement à étendre leur domination, mais leurs colonies. Toutes leurs guerres ont pour but leur commerce ; & le desir de le rendre exclusif leur a fait faire de grandes choses

& de grandes injuftices. Cette paffion eft fi forte
qu'elle a fubjugué jufqu'à leurs philofophes. Le
célébre Boyle difoit qu'il falloit prêcher l'évangile aux fauvages, parce que, dût-on ne leur
apprendre qu'autant de chriftianifme qu'il leur
en faut pour marcher habillés, ce feroit un grand
bien pour les manufactures Angloifes.

Un tel fyftême que la nation n'a guere perdu
de vue, fe manifefta en 1755 avec moins de
précaution qu'il ne l'avoit fait jufqu'alors. La
culture des colonies Françoifes, dont l'accroiffement rapide étonnoit tous les efprits attentifs,
réveilla la jaloufie Angloife. Cependant cette
paffion honteufe de fe montrer, fe couvrit quelque-tems des ombres du myftere, & un peuple
affez fier ou affez modefte pour appeller les négociations *l'artillerie de fes ennemis*, ne dédai-
gna pas d'employer tous les détours, toutes les
rufes de la politique la plus infidieufe.

La France effrayée du défordre de fes finances,
intimidée par le petit nombre de fes vaiffeaux &
l'inexpérience de fes amiraux, féduite par l'amour
de l'oifiveté, du plaifir & de la paix, fécondoit
les efforts qu'on faifoit pour l'amufer. Envain
quelques hommes éclairés répétoient fans ceffe
que la Grande-Bretagne vouloit la guerre, qu'elle
devoit la vouloir, qu'elle étoit forcée de la faire,
avant que la marine militaire de fa rivale n'eût
fait les mêmes progrès que fa marine marchan-
de : ces inquiétudes paroiffoient abfurdes dans
un pays, où l'on n'avoit fait jufqu'alors le négoce que par imitation, où on lui avoit mis des
entraves de toutes les efpeces, où on l'avoit continuellement facrifié à la finance, où on ne lui
avoit jamais accordé une protection férieufe, où
l'on ignoroit peut-être qu'on eût le plus riche

commerce de l'univers. La nation qui devoit à la nature un sol excellent; au hasard de riches colonies; à sa sensibilité vive & souple, le goût de tous les arts qui varient & multiplient les jouissances; à ses conquêtes, à sa gloire littéraire, à la dispersion même des protestans qu'elle avoit eu le malheur de perdre, le desir qu'on avoit de l'imiter : cette nation trop heureuse, si on lui permettoit de l'être, ne vouloit pas voir qu'elle pouvoit perdre quelque chose de ses avantages, & se prêtoit sans réflexion aux séductions qu'on employoit pour l'endormir. Lorsque l'Angleterre crut que la dissimulation ne lui étoit plus nécessaire, elle commença les hostilités, sans les faire précéder d'aucune de ces formalités qui sont en usage chez les peuples civilisés.

Quand même la déclaration de guerre ne seroit qu'une vaine cérémonie entre des nations qui peut-être ne se doivent rien dès qu'elles veulent s'égorger, on ne peut s'empêcher de voir que le ministere Britannique faisoit plus que soupçonner le vice de sa conduite. La timidité de ses démarches, l'embarras de ses opérations, les variations de ses défenses justificatives, l'intérêt qu'il mit inutilement à faire approuver sa conduite par le parlement : cent autres choses déceloient une conscience coupable. Si dans ces foibles administrateurs d'une grande puissance, l'audace à commettre le crime eût égalé l'éloignement pour la vertu, ils auroient formé un grand plan. En faisant illégalement attaquer les vaisseaux François sur les côtes de l'Amérique septentrionale, ils auroient donné le même ordre pour toutes les mers du monde. La destruction du seul pouvoir en état de faire quelque résistance, étoit la suite nécessaire d'une combinaifon fi forte. Sa chûte auroit effrayé les autres nations ; & le pavillon Anglois n'auroit eu qu'à fe montrer pour donner des loix par-tout , en auroit même donné fans paroître. Un fuccès brillant & décifif auroit dérobé l'infidélité à l'aveugle multitude, l'auroit juftifiée aux yeux de la politique ; & les cris de l'ignorance & de l'ambition auroient étouffé la voix des fages.

Une conduite foible , mais toujours injufte, produifit des effets contraires. Le confeil de George II fut hai & méprifé de toute l'Europe. Les événemens juftifierent ces fentimens. La France, quoique furprife , fut victorieufe dans le Canada, remporta fur mer un avantage confidérable , conquit Minorque, menaça Londres même. Son ennemi fentit alors ce que les bons efprits difoient depuis long-tems que les François avoient trouvé l'art de faire toucher les extrêmes : qu'ils réuniffoient des vertus & des vices, des traits de foibleffe & de force qui avoient toujours été jugés incompatibles : qu'ils étoient efféminés , mais braves ; également amoureux du plaifir & de l'honneur ; férieux dans la bagatelle & anjoués dans les chofes graves ; toujours prêts à la guerre & prompts dans l'attaque : en un mot des enfans comme les Athéniens, fe laiffant agiter & paffionner pour des intérêts vrais ou faux ; aimant à entreprendre & à marcher, quels que foient leurs guides, & fe confolant de toutes leurs difgraces par le moindre fuccès. L'efprit Anglois qui , fuivant le mot fi trivial & fi énergique de Swif *eft toujours à la cave ou au grénier* , & qui n'a jamais connu de milieu, commença alors à trop craindre une nation qu'il avoit injuftement méprifée. Le découragement prit la place de la préfomption.

La

La nation corrompue par la trop grande confiance qu'elle avoit mife dans fon opulence; abaiffée par l'introduction des troupes étrangeres, par le caractere moral & l'incapacité de ceux qui la gouvernoient; affoiblie même par le choc des factions qui chez un peuple libre exercent fes forces dans la paix, mais les lui ôtent dans la guerre: la nation flétrie, étonnée, incertaine, gémiffoit également des malheurs qu'elle venoit d'éprouver & de ceux qu'elle prévoyoit, fans s'occuper du foin de venger les uns, ni d'écarter les autres. Tout le zele pour la défenfe commune fe bornoit à des fubfides immenfes. On paroiffoit ignorer que le lâche eft plutôt prêt que le brave à ouvrir fa bourfe pour éloigner le péril; & que dans la crife où l'on fe trouvoit, il ne s'agiffoit pas de favoir qui payeroit mais qui combattroit.

Les François de leur côté furent éblouis de quelques fuccès qui ne décidoient rien. Prenant l'étourdiffement de leur ennemi pour une démonftration de fa foibleffe, ils s'engagerent plus que leur fituation ne le permettoit dans les troubles qui commençoient à divifer l'Allemagne.

Un fyftême qui devoit les couvrir de honte s'il ne réuffiffoit pas, & ruiner leur puiffance s'il réuffiffoit, leur tourna la tête. Leur frivolité leur fit oublier que quelques mois auparavant, ils avoient applaudi au politique lumineux & ferme qui, pour écarter une guerre de terre que quelques miniftres vouloient commencer en défefpérant de foutenir la guerre de mer, avoit dit avec la chaleur & l'affurance du génie: *Meffieurs, partons tous tant que nous fommes dans le confeil, & la torche à la main allons brûler nos vaiffeaux; s'ils ne fervent qu'à nous faire infulter & non à*

Tome IV.   F

nous défendre. Cet aveuglement politique les jetta dans des précipices. Aux erreurs du cabinet, ils ajouterent des fautes militaires. Les intrigues de Cour présiderent à la conduite des armées. Un changement continuel de généraux entraîna une suite de disgraces. Ce peuple leger & superficiel ne vit pas qu'en supposant, ce qui étoit impossible, que tous ceux qu'il chargeoit successivement de diriger ses opérations guerrieres eussent du talent, ils ne pouvoient pas lutter avec avantage contre un homme de génie éclairé par un homme supérieur. Ses malheurs ne changerent rien à sa conduite. Les révolutions de généraux ne finirent point.

Pendant que les François prenoient ainsi le change, le peuple Anglois passant du découragement à la fureur, proscrivoit un ministre justement décrié, & plaçoit à la tête des affaires un homme également ennemi des révolutions foibles, de la prérogative royale & de la France. Quoique ce choix fût l'ouvrage de cet esprit de parti qui fait tout dans la Grande-Bretagne, il se trouva tel que les circonstances l'exigeoient. Guillaume Pitt respecté depuis sa jeunesse dans les trois royaumes pour son intégrité, pour son désintéressement, pour son zele contre la corruption, pour son attachement inviolable à l'intérêt public, avoit la passion des grandes choses, une éloquence sûre d'entraîner, le caractere entreprenant & ferme. Il avoit l'ambition d'élever sa patrie au dessus de tout, & de s'élever avec elle. Son enthousiasme transporta une nation, qu'au défaut de son climat, sa liberté passionnera toujours. On saisit un amiral qui avoit laissé prendre l'isle de Minorque ; on le jette dans les fers ; on l'accuse ; on le juge ; on le condamne. Ni fon rang, ni les talens, ni fa famille, ni fes amis ne peuvent le fauver de la févérité de la loi. Le mât de fon vaiffeau lui fert d'échaffaut. L'Europe entiere à cet événement tragique fut frappée d'un étonnement mêlé d'admiration & d'effroi. On fe crut ramené au tems des républiques anciennes. La mort de Bing, coupable ou non, annonçoit d'une maniere terrible à ceux qui fervoient la nation, le fort qui les attendoit, s'ils trahiffoient la confiance qu'on avoit en eux. Il n'y en eût aucun qui ne fe dit au fond de fon cœur dans le moment du combat : c'eft ici qu'il faut périr plutôt que dans l'infâmie du fupplice. Ainfi le fang d'un homme accufé de lâcheté, devint un germe d'héroifme.

A ce reffort de crainte fait pour vaincre la peur, fe joignit un encouragement qui annonçoit le rétabliffement de l'efprit public. La diffipation, le plaifir, le défœuvrement, fouvent le crime & la corruption des mœurs forment des liaifons vives & fréquentes dans la plupart des états de l'Europe. Les Anglois fe communiquent moins, vivent moins enfemble, ont moins, fi l'on veut, le goût de la fociété que les autres peuples ; mais l'idée d'un projet utile à leur pays les raffemble. Ils n'ont alors qu'une ame. Toutes les conditions, tous les partis, toutes les fectes concourent à fon fuccès avec une générofité qui n'a point d'exemple dans les contrées où l'on n'a point de patrie à foi. Cette ardeur eft fur-tout remarquable, lorfque la nation a une confiance entiere dans le miniftre qui eft à la tête des affaires. Dès que M. Pitt eût pris les rênes du gouvernement, il fe forma une fociété de marine qui ne voyant pas affez d'empreffement pour fervir fur la flotte, & n'approuvant pas l'ufage d'y forcer les citoyens, invita dans la claſſe indigente du peuple, les enfans des trois royaumes à ſe faire mouſſes, & les peres à embraſſer la profeſſion de matelot. Elle ſe chargea de payer leur voyage, de les faire traiter s'ils étoient malades, de les nourrir, de les habiller, de leur fournir tout ce qui étoit néceſſaire pour naviguer ſainement. Le roi touché de ce trait de patriotiſme, donna mille livres ſterlings ; le prince de Galles, quatre cens ; la princeſſe ſa mere, deux cens. Les acteurs des différens ſpectacles, dont cette nation philoſophe n'a pas eu la cruauté d'avilir le talent, jouerent leurs meilleures pieces, pour augmenter les fonds reſpectables. Jamais on n'avoit vu un ſi grand concours au théâtre. Plus de cent de ces garçons, plus de cent de ces hommes habillés par un zele vraiement ſacré ornoient l'enceinte de la ſcêne ; & cette décoration valoit bien celle des luſtrines, des dentelles & des diamans.

Ce dévouement public au ſervice de la patrie, échauffa les eſprits. Tous les Anglois ſe crurent, & devinrent dès-lors d'autres hommes. Ils porterent le ravage ſur les côtes de leur ennemi. Ils le battirent ſur toutes les mers. Ils intercepterent ſa navigation. Ils tinrent toutes ſes forces en echec dans la Weſtphalie. Ils le chaſſerent de l'Amérique ſeptentrionale, de l'Afrique & des grandes Indes. Juſques à l'époque du miniſtere de M. Pitt, toutes les entrepriſes de ſa nation dans les contrées éloignées, avoient eu & dû avoir une iſſue funeſte, parce qu'elles avoient été mal combinées. Pour lui, il forma des projets ſi ſages & ſi utiles ; il fit ſes préparatifs avec tant de prévoyance & de célérité ; il combina ſi juſte la fin avec les moyens ; il choiſit ſi bien les dépoſitaires de sa confiance; il établit une telle harmonie entre les troupes de terre & de mer; il éleva si haut le cœur Anglois, que son administration ne fut qu'une chaîne de conquêtes. Son ame plus haute encore, lui fit mépriser les vains discours des esprits timides qui blâmoient ses dissipations. Il répétoit après Philippe pere d'Alexandre, *que l'on devoit acheter la victoire par l'argent, & non conserver l'argent aux dépens de la victoire.*

Avec cette conduite & ces maximes, M. Pitt avoit toujours & par-tout triomphé des François. Il les poursuivit jusques dans leurs isles les plus cheres, jusques dans leurs colonies à sucre. Ces possessions justement vantées pour leurs richesses, n'en étoient pas mieux gardées. On n'y voyoit que des fortifications élevées sans génie & tombant en ruine. Ces masures manquoient également de défenseurs, d'armes & de munitions. Depuis le commencement des hostilités, toute communication étoit interrompue entre ces grands établissemens & leur métropole. Ils ne pouvoient en recevoir des subsistances, ni l'enrichir de leurs productions. Les bâtimens nécessaires à l'exploitation des terres, n'étoient qu'un amas de décombres. Les maîtres & les esclaves, également dépourvus de tout, immoloient à leur conservation les bestiaux destinés aux travaux de l'agriculture. Si quelques avides navigateurs arrivoient jusqu'à eux, c'étoit à travers de si grands périls, qu'il falloit payer au prix de l'or ce qu'ils importoient, & leur ceder comme pour rien, ce qu'ils vouloient bien exporter. C'étoit beaucoup que le colon n'appellât pas un libérateur. On ne devoit pas présumer que sa vertu iroit jusqu'à se défendre opiniâtrement contre un ennemi qui pouvoit mettre fin à ses calamités.

C'est dans ces circonstances que dix vaisseaux de ligne, des galiotes à bombes, des frégates, cinq mille hommes de débarquement partis d'Angleterre, se présenterent devant la Guadeloupe. Ils parurent le 22 janvier 1759. Le lendemain, ils écraserent de bombes la ville de Basse-terre. Si les assaillans avoient su profiter de la terreur qu'ils avoient répandue, la résistance de l'isle eût été fort courte. La lenteur, la timidité, l'incertitude de leurs mouvemens, donnerent le tems à la garnison & aux habitans de se fortifier dans un défilé qui n'est éloigné que de deux lieues de la place. Delà ils tinrent en échec leur ennemi qui souffroit également, & de la chaleur du climat, & du défaut de raffraîchissemens. Les Anglois désespérant de réduire la colonie par ce côté, l'allerent attaquer par la partie connue sous le nom de Grande-terre. Elle étoit défendue par le fort Louis qui fit encore moins de résistance que celui de Basse-terre qui n'avoit pas tenu vingt-quatre heures. Les conquérans retomberent là dans leur premiere faute, & ils en furent punis de la même maniere. Le succès de leur expédition devenoit douteux, lorsque Barington que la mort d'Hopson venoit de placer à la tête des troupes, changea de systême. Abandonnant le projet de pénétrer dans l'intérieur des terres, il embarqua ses soldats qui fondirent successivement sur les habitations & les bourgs situés autour des côtes. Les ravages qu'ils y exerçoient, firent tomber les armes des mains des colons. L'isle entiere se soumit ; mais à des conditions très-honorables, mais après trois mois de défense. Ce fut le 21 avril.

Les forces qui venoient de faire cette conquête, ne s'y étoient portées qu'après avoir tâté vainement la Martinique. Trois ans après, la Grande-

Bretagne reprit un projet trop légérement aban-donné; mais elle y destina de plus grands moyens & de meilleurs instrumens. Le 16 janvier 1762, dix-huit bataillons aux ordres du général Monck-kton & autant de vaisseaux de ligne commandés par l'amiral Rodney, les uns partis d'Europe, & les autres de l'Amérique septentrionale, parurent à la vue de la capitale de l'isle. La descente qui se fit le lendemain ne fut, ni longue, ni meur-triere, ni difficile. Il paroissoit moins aisé de s'emparer des hauteurs fortifiées & défendues qui dominoient le fort Royal. Ces obstacles furent sur-montés après quelques combats assez vifs; & la place, qui se voyoit à la veille d'être écrasée par des bombes capitula le 9 de février. La colonie entiere suivit cet exemple le 13. On doit présu-mer que la prospérité de la Guadeloupe sous la domination Angloise, influa beaucoup dans une résolution qui pouvoit & devoit être plus tar-dive. La Grenade & les autres isles du vent, ou Françoises, ou quoique neutres peuplées de Fran-çois; ne firent pas acheter leur soumission d'un coup de canon.

Saint-Domingue même, la seule possession qui restât à la France dans le grand archipel de l'A-mérique, étoit menacé du joug Anglois. Sa perte ne paroissoit pas même éloignée. Quand il n'au-roit pas été public que c'étoit la premiere proie que la Grande-Bretagne vouloit dévorer, pou-voit-on douter qu'elle dut échapper à son avidité? Une puissance si ambitieuse auroit - elle borné. d'elle-même le cours de ses prospérités, jusqu'à renoncer à une conquête qui devoit y mettre le comble? Cet événement n'étoit pas un problême. Tout le monde savoit que la colonie sans défense au dedans & au dehors, étoit hors d'état de faire

la moindre réſiſtance. Elle-même étoit ſi convain-
cue de ſon impuiſſance, qu'elle paroiſſoit diſpo-
ſée à ſe ſoumettre à la premiere ſommation qui
lui ſeroit faire.

La cour de Verſailles fut également étonnée &
conſternée des pertes qu'elle venoit de faire, de
celles qu'elle prévoyoit. Elle s'étoit attendue à
une réſiſtance opiniâtre, inſurmontable même.
Les deſcendans des braves avanturiers qui avoient
formé ces colonies, lui paroiſſoient un roc contre lequel toutes les forces Britanniques devoient
ſe briſer. Il s'en falloit peu qu'elle n'eut une joie
ſecrette·de ce que les Anglois dirigeoient leurs
efforts de ce côté-là. Le miniſtere avoit inſpiré ſa
confiance à la nation ; & c'étoit être mauvais citoyen que d'oſer montrer quelques inquiétudes.

Il doit être permis aujourd'hui de dire que ce
qui eſt arrivé, arrivera toujours. Un peuple dont
toute la fortune conſiſte dans des champs & des
pâturages, défendra, s'il y a de l'honneur, ſes
poſſeſſions avec courage. Il ne haſarde tout au plus
que la récolte d'une année ; & un revers, quel
qu'il ſoit ne le ruine pas. Il n'en eſt pas ainſi
des cultivateurs de ces colonies opulentes. Comme
en prenant les armes, ils riſquent de voir les travaux de toute leur vie détruits, les eſpérances
même de leur poſtérité anéanties par le feu ou
par la dévaſtation, ils ſe ſoumettront toujours à
l'ennemi ; parce que, quand même ils ſeroient
contens du gouvernement ſous lequel ils vivent,
ils ſont moins attachés à leur pays qu'à leurs richeſſes.

L'exemple des premiers colons, dont les attaques les plus vives n'ébranlerent jamais la conſ-
tance, n'affoiblit pas ce principe. Livrés à la culture peu précieuſe du tabac par où toutes les co-

Ionies ont commencé, ces hommes intrépides ne courroient aucun des risques qui peuvent affoi-blir le courage. Le sol étoit tout ce qu'on vouloit ou pouvoit leur ravir. En le défendant, ils com-battoient pour leur vie, & c'est ce qui donne l'o-piniâtreté dans la résistance. L'une de ces situations n'offre qu'un péril momentané que la bravoure peut seule repousser; l'autre est un risque de plu-sieurs années qu'on augmente par la défense, & qui cesse par la soumission. Mais peut-être est-ce le sujet d'une discussion philosophique trop pro-fonde pour être suivie ici.

C'étoit M. Pitt qui avoit formé le projet d'en-vahir la Martinique; mais il ne conduisoit plus les affaires dans le tems qu'elle fut conquise. La retraite de cet homme célebre fixa l'attention de l'Europe, & mérite d'occuper quiconque cher-che les causes & les effets des révolutions poli-tiques. Sans doute un historien qui ose écrire les événemens de son siecle a rarement des lumieres sûres. Les conseils des rois sont un sanctuaire dont le tems seul ouvre le voile d'une main lente. Leurs ministres fideles au secret, ou intéressés à le cacher, ne parlent que pour égarer dans ses recherches la curiosité de celui qui s'etudie à les pénétrer. Quel-que sagacité qu'il ait pour découvrir l'origine & la liaison des événemens, il est réduit à deviner. Lors même qu'il frappe au but, c'est sans le savoir ou sans oser l'assurer; & cette incertitude ne satis-fait guere plus qu'une ignorance entiere. Il faut donc attendre que la prudence & l'intérêt dispen-sés du silence, laissent éclore la vérité; que la mort lui rende pour ainsi dire le jour & la voix, en ôtant leur pouvoir à ceux qui la tenoient cap-tive; & que des mémoires précieux & originaux

devenus publics, dévoilent enfin le jeu des refforts qui ont fait la deftinée des nations.

Ces confidérations doivent arrêter celui qui ne
voudroit que fuivre le fil des intrigues politiques.
Mais c'eft dans l'ame d'un des plus importans per-
fonnages du fiecle que nous cherchons à lire; &
c'en eft peut-être le vrai moment. La poftérité,
qui ne reçoit guere que les grands traits, fera pri-
vée de mille détails fimples & naïfs qui portent
la lumiere dans l'efprit d'un obfervateur contem-
porain.

M. Pitt, après avoir tiré l'Angleterre de l'efpece d'opprobre où les commencemens de la
guerre l'avoient plongée, arriva à des fuccès qui
confondirent l'univers. Qu'il les eut prévus ou
non, il n'en parut pas embarraffé; & fe détermina à les pouffer auffi loin qu'ils pourroient aller. La modération que tant de politiques avoient
affectée avant lui, ne lui parut qu'un mot inventé
pour dérober la foibleffe ou l'indolence. Il crut
que les empires devoient vouloir tout ce qu'ils
pouvoient; & qu'il étoit fans exemple qu'un état
eut pu acquérir la fupériorité fur un autre, & ne
l'eut pas fait. Le parallele de l'Angleterre & de
la France l'affermiffoit dans fes principes. Il voyoit
avec douleur que la grandeur de fa patrie qui étoit
fondée fur le fable, fur un commerce qu'elle pouvoit & devoit perdre, étoit peu de chofe en com-
paraifon de la puiffance de fa rivale que la nature, l'art, les événemes avoient élevée à un
dégré de force, qui bien adminiftrée avoit fait
trembler l'Europe entiere. Il le fentit. Dès-lors,
il réfolut de dépouiller les François de leurs colonies, & d'en faire un peuple ordinaire en le
bornant au continent.

Les moyens pour finir une entreprise si avancée, lui paroissoient assurés. Tandis que l'imagination des ames timides prenoit de grandes ombres pour des montagnes, les montagnes s'abais-
soient devant lui. Quoique la nation dont il étoit
l'idole parut quelquefois effrayée de l'énormité de
ses engagemens, il n'en étoit pas embarrassé ; parce qu'à ses yeux l'esprit de la multitude n'étoit
qu'un torrent auquel il sauroit donner le cours qu'il
voudroit.

Sans inquiétude pour l'argent, il étoit encore
plus tranquille pour l'autorité. Ses succès avoient
rendu son administration absolue. Républicain
avec le peuple, il étoit despote avec les grands
& avec le monarque. C'étoit être ennemi de la
cause commune, que d'oser montrer des sentimens différens des siens.

Il se servoit utilement de cet ascendant pour
échauffer les esprits. Peu touché de cette philosophie, qui s'élevant au dessus des préjugés de gloire
nationale pour embrasser dans ses vues le bonheur
du genre humain, ramene tout aux principes de
la raison universelle, il nourrissoit un fanatisme
ardent & farouche, qu'il appelloit, qu'il croyoit
peut-être amour de la patrie, & qui n'étoit au
fond qu'une violente haine contre la nation qu'il
vouloit opprimer.

Celle-ci n'étoit peut-être pas moins découragée
par cet acharnement auquel on ne voyoit point de
terme, que par les revers qu'elle avoit éprouvés.
La diminution, l'épuisement, disons mieux, l'a-
néantissement de ses forces navales, ne lui laissoit
entrevoir qu'un avenir funeste. Ces espérances
qu'on peut avoir sur terre de changer la situation
des affaires par une action heureuse, auroient été
des chimeres. Quand une de ses escadres auroit

détruit une ou plusieurs escadres , l'Angleterre n'auroit rien rabattu de ses prétentions. Regle générale. Une puissance qui a acquis sur mer une supériorité bien décidée ne la peut jamais perdre dans le cours de la guerre qui la lui a donnée, à plus forte raison si la supériorité vient de plus loin, & sur-tout si elle tient en partie au génie des nations. Autre regle générale. La prépondérance sur un continent dépend toute entiere du talent d'un seul homme : elle peut passer en un moment. La puissance sur mer fondée au contraire sur l'intérêt toujours actif de chacun des sujets de l'état , doit aller sans cesse en augmentant, principalement lorsqu'elle est favorisée par la constitution nationale ; elle ne peut cesser que par une invasion subite.

Il n'y avoit qu'une confédération générale qui put rétablir l'équilibre ; mais M. Pitt en sentoit l'impossibilité. Il connoissoit les chaînes de la Hollande ; la pauvreté de la Suede & du Danemarck ; l'inexpérience des Russes ; l'indifférence de plusieurs de ces puissances pour les intérêts de la France ; la terreur que les forces de l'Angleterre avoient inspiré à toutes ; la défiance où elles étoient les unes des autres , & la crainte que chacune en particulier devoit avoir d'être opprimée avant d'être secourue.

L'Espagne étoit dans une position particuliere. Le feu qui dévoroit les colonies Françoises & qui s'étendoit tous les jours , pouvoit aisément gagner les siennes. Soit que cette couronne ne vit pas le danger qui la menaçoit, soit qu'elle ne le voulut pas voir , elle porta son indolence ordinaire sur ces grands événemens. Enfin, elle changea de maître , & en changeant de maître , elle changea de systême.

Dom Carlos voulut travailler à éteindre l'incendie, il arrivoit trop tard. Ses démarches furent reçues avec une fierté dédaigneuse. M. Pitt qui avoit mûrement pesé ce qu'il pouvoit, répondit à toutes les propositions qu'on lui faisoit : *je les écouterai, quand vous aurez emporté l'épée à la main la tour de Londres.* Ce ton pouvoit révolter, mais il imposoit.

Telle étoit la situation des affaires, lorsque la cour de France crut devoir faire des ouvertures de paix à celle d'Angleterre. Dans l'une & l'autre cour, on craignoit les répugnances de M. Pitt, & l'on ne se trompoit pas. Il consentit à ouvrir une négociation ; mais l'événement prouva, comme les vrais politiques l'avoient prévu, que c'étoit sans intention de la suivre. Ses vues étoient d'acquérir assez de preuves des engagemens des deux branches de la maison de Bourbon contre la Grande-Bretagne pour en convaincre sa nation. Dès qu'il eut fait les découvertes dont il croyoit avoir besoin, il rompit les conférences, & proposa de déclarer la guerre à l'Espagne. La supériorité des forces maritimes de l'Angleterre sur celles des deux couronnes, & la certitude qu'elles seroient infiniment mieux dirigées, lui donnoient cette confiance.

Le systême de M. Pitt parut à de grands politiques le seul élevé, le seul même raisonnable. Sa nation avoit contracté une si prodigieuse masse de dettes, qu'elle ne pouvoit, ni s'en libérer, ni même en soutenir le poids, qu'en s'ouvrant de nouvelles sources d'opulence. L'Europe fatiguée des vexations qu'elle éprouvoit, attendoit avec impatience l'occasion de mettre son oppresseur dans l'impossibilité de les continuer. Il n'étoit pas possible que la maison de Bourbon ne conservât un vif ressentiment des ouvrages qu'elle avoit reçus, des pertes qu'elle avoit essuyées; & qu'elle ne préparât en secret, qu'elle ne mûrît à loisir une vengeance, dont elle pourroit s'assurer par une bonne combinaison de ses forces. Toutes ces raisons faisoient que l'Angleterre, quoique commerçante, étoit forcée pour se maintenir de s'agrandir sans cesse. Cette nécessité cruelle ne fut pas sentie par le conseil de George III aussi vivement que M. Pitt le souhaitoit. L'esprit de modération lui parut une foiblesse, ou un aveuglement, peut-être une trahison; & il abandonna le soin des affaires, parce qu'il ne lui étoit pas permis d'être l'ennemi de l'Espagne.

Oserons-nous hasarder une conjecture ? Les ministres Anglois voyoient tous l'impossibilité d'éviter une nouvelle guerre; mais également fatigués & avilis de l'empire de M. Pitt, ils cherchoient à rétablir cet esprit d'égalité qui est l'ame du gouvernement républicain. Le désespoir de s'élever à la hauteur d'un homme si accrédité ou de le faire descendre jusqu'à eux, les réunit pour le perdre. Les voies directes auroient tourné contr'eux; ils s'attacherent à des moyens plus adroits. On chercha à l'aigrir; son caractere ardent s'offroit à ce piege : il y tomba. Si M. Pitt quitta sa place par humeur; il est blâmable de ne l'avoir pas étouffée ou maîtrisée. Si ce fut dans l'espérance de mettre ses ennemis à ses pieds, il montra qu'il avoit plus de connoissance des affaires que des hommes. Si, comme il l'a dit, il se retira, parce qu'il ne vouloit pas répondre des opérations qu'il n'étoit pas le maître de diriger, il est permis de croire qu'il tenoit plus à sa gloire personnelle qu'aux intérêts de son pays. Mais qu'elle que fut la cause de sa retraite, il n'y a que la haine la plus aveugle, la plus injuste, la plus violente qui ait pu prononcer que la fortune lui avoit tenu lieu de vertu & de talens.

Quoiqu'il en soit, la premiere démarche du nouveau ministere, fut dans les principes de M. Pitt, & une sorte d'hommage qu'on fut forcé de lui rendre. Il fallut déclarer la guerre à l'Espagne ; & les Indes Occidentales furent le théâtre de ces nouvelles hostilités. L'expérience du passé avoit dégoûté du continent de l'Amérique, & toutes les vues se tournerent vers Cuba. Une raison éclairée fit sentir qu'en prenant cette isle, on n'auroit pas à craindre la vengeance des autres colonies ; on s'assuroit l'empire du golphe du Mexique ; on couperoit toutes les ressources à l'ennemi principalement riche du produit de ses douanes ; on envahiroit tout le commerce du continent, dont les habitans aimeroient mieux livrer leur or au vainqueur de leur patrie, que de renoncer aux commodités qu'ils étoient accoutumés à voir arriver d'Europe ; on réduiroit enfin la puissance qui auroit fait une si grande perte à recevoir la loi qu'on voudroit lui imposer.

D'après cette réflexions, une flotte composée de dix-neuf vaisseaux de ligne, de dix-huit frégates, d'environ cent cinquante bâtimens de transport, ayant abord dix mille soldats qui devoient être joints par quatre mille hommes de l'Amérique Septentrionale, fut expédiée pour la Havane. On choisit pour se rendre devant cette redoutable place l'ancien canal de Bahama, moins long, mais plus dangereux que le nouveau. Les obstacles que présentoit cette navigation peu connue & trop négligée, furent surmontés avec un succès digne de la réputation de l'amiral Pockok. Il arriva le 6 juillet 1762 à sa destination ; & le débarquement se fit sans opposition six lieues à l'est des ouvrages effrayans qu'il falloit réduire.

Les opérations de terre ne furent pas aussi bien conduites que celles de mer. Si Albemarle qui commendoit l'armée, eût eu les talens qu'exigeoit la commission dont il étoit chargé, il auroit commencé par attaquer la ville. La simple muraille seche qui la couvroit, ne pouvoit pas résister vingt-quatre heure. On peut conjecturer que les généraux, les conseils, la regence que ce succès facile mettoit dans ses mains, auroient décidé la capitulation du Moro. A tout événement, il privoit cette citadelle de tous les secours, de tous les rafraîchissemens qu'elle reçut de la ville durant le siege ; & il s'assuroit les plus grands moyens pour la réduire en fort peu de tems.

Le parti qu'il prit de débuter par l'attaque du Moro, l'exposoit à de grands malheurs. L'eau qui étoit à sa portée étoit mal-saine, & il se vit réduit à en envoyer chercher à trois lieues de son camp. Comme les chaloupes chargées de cet approvisionnement pouvoient être inquiétées, il fallut porter pour les soutenir un corps de quinze cens hommes sur la hauteur d'Arostigny à un quart de lieue de la ville. Ces troupes absolument détachées de l'armée, & qu'on ne pouvoit ni retirer ni soutenir que par mer, étoient exposées continuellement à être détruites.

Albemarle

Albemarle pouvant juger du caractere de l'ennemi par la tranquillité dont on laiffoit jouir le corps pofté à Aroftigny, auroit dû placer un autre corps fur le grand chemin de la ville. Par ce moyen, il l'eut comme inveftie, très-certainement affamée, empéché tout tranfport d'effets dans les terres, & commtlniqué avec Aroftigny moins dangereufement que par les détachemens qu'il étoit continuellement obligé de faire pour foutenir ce corps avancé.

Le fiege du Moro fut fait fans tranchée. Le foldat cheminoit vers le foffé couvert feulement par des barriques de cailloutage qui furent à la fin remplacées par des facs de coton qu'on tira de quelques bâtimens marchands qui venoient de la Jamaïque. Ce défaut de précaution coûta la vie à un grand nombre d'hommes précieux par tout, ineftimables dans un climat où les maladies & les fatigues en font une confomma-tion prodigieufe.

Le général Anglois ayant perdu la plus grande partie de fon armée, & fe voyant obligé faute de forces de fe rembarquer dans peu de jours, réfolut de tenter l'affaut ; mais il falloit paffer un large & profond foffé taillé dans le roc ; & il n'avoit rien préparé pour le combler.

Si les fautes des Anglois furent énormes ; celles des Efpagnols le furent encore davantage. Avertis depuis plus d'un mois que la guerre étoit commencée entre les deux nations, ils n'étoient pas fortis de leur léthargie. L'ennemi paroiffoit à la côte ; & il n'y avoit pas une bale de calibre, pas une cartouche faite, pas un canon ni même un fufil en état.

Le grand nombre de généraux de terre & de mer qui fe trouvoient à la Havane, mit du rant les premiers jours du siege une incertude dans les conseils qui ne pouvoit pas manquer d'être favorable aux assaillans.

Trois vaisseaux de guerre furent coulés à fond pour fermer l'entrée du port que l'ennemi ne pouvoit pas forcer. On gâta la passe par cette manœuvre, & on perdit inutilement trois grands bâtimens.

Il étoit dans les regles de la prudence la plus ordinaire de faire appareiller douze vaisseaux de guerre qui étoient à la Havane, qui n'étoient d'aucune utilité pour la defense de la place, & qu'il étoit important de sauver. On ne le fit pas. On n'eut pas même la précaution de les brûler. Lorsqu'il n'y avoit plus que ce moyen d'empêcher qu'ils ne tombassent dans les mains de l'ennemi.

La destruction du corps Anglois placé à Arostigny, où il ne pouvoit pas être secouru, étoit très-facile. Le succès auroit gêné les assiégeans dans leur approvisionnement d'eau, leur auroit coûté du monde, leur auroit donné de la crainte, auroit retardé leurs opérations, & auroit inspiré de la confiance aux troupes Espagnoles. Bien loin de tenter une chose si aisée, on n'attaqua pas même en plaine un seul de leurs détachemens tout composés d'infanterie ; quoiqu'on eut à leur opposer un régiment de dragons & beaucoup de milices à cheval.

La communication de la ville avec l'intérieur du pays fut presque toujours libre ; & cependant il ne tomba dans l'esprit d'aucun de ceux qui avoient part à l'administration, de faire passer le trésor du prince dans les terres, pour les soustraire à l'ennemi.

La derniere négligence mit le comble à tous

res les autres. On avoit laissé au milieu du fossé un bloc de rocher pointu & isolé. Les Anglois mirent dessus des planches tremblantes, qui appuyoient d'une part à la breche & de l'autre à la contrescarpe. Un sergent & quinze hommes y passerent à une heure après midi. Ils s'accroupirent dans des pierres éboulées. Une compagnie de grenadiers & quelques autres soldats les suivirent. Lorsqu'ils se virent à peu près cent au bout d'une heure, ils monterent sur la breche, assurés de n'être pas découverts, & ils n'y trouverent personne pour la défendre. Il est vrai que Valasco averti de ce qui s'y passoit, accourut pour sauver sa place ; mais il fut tué en arrivant, & sa mort troublant l'esprit aux troupes qui le suivoient, elles se rendirent à une poignée de monde. L'oubli de mettre un sentinelle pour observer les mouvemens d'un ennemi logé sur le fossé, décida sur ce grand événement. Quelques jours après, on capitula pour la ville, pour toutes les places de la colonie, & pour l'isle entiere. Indépendamment de l'importance de cette conquête en elle-même, le vainqueur trouva dans la Havane pour environ deux millions sterlings d'argent ou d'autres effets précieux qui le dédommagerent amplement des frais de son expédition.

La perte de Cuba, ce pivot de la grandeur Espagnole dans le nouveau monde, rendoit la paix aussi nécessaire à la cour de Madrid, qu'elle pouvoit l'être à celle de Versailles, dont les malheurs étoient portés au dernier période. Les ministres qui gouvernoient alors l'Angleterre consentoient à l'accorder ; mais les conditions paroissoient difficiles à regler. La Grande-Bretagne avoit eu des succès prodigieux dans le nord & dans le midi

de l'Amérique. Quelle que fut son ambition,
elle ne pouvoit pas se flatter de tout retenir. On
soupçonnoit avec fondement qu'elle abandonne-
roit ses conquêtes septentrionales qui ne lui donnoient que des espérances éloignées, médiocres,
incertaines ; & qu'elle s'en tiendroit aux riches
colonies, aux colonies à sucre qui venoient de
tomber entre ses mains , comme la situation de
ses finances paroissoit l'exiger. L'augmentation de
ses douanes qui étoit une suite nécessaire de ce
systême , devenoit la meilleure caisse d'amortis-
sement qu'on put imaginer ; & elle devoit être
d'autant plus agréable pour la nation, qu'elle auroit été formée aux dépens de la France. Cet
avantage eût été suivi de trois autres fort considérables. Le premier de dépouiller une puissance
rivale, & redoutable malgré ses fautes , de la
plus riche branche de son commerce. Le second
de la consumer à la défense du Canada, colonie
ruineuse par sa situation pour une nation accou-
tumée à négliger sa marine. Le troisieme de tenir dans une dépendance plus étroite & plus assurée de la métropole, la nouvelle Angleterre qui
auroit toujours eu besoin d'appui, contre un voisin inquiet, actif & guerrier.

Quand le conseil de George III auroit cru devoir rendre à ses ennemis un mauvais pays du
continent, & garder des isles opulentes, il n'auroit peut-être osé suivre un plan si judicieux.
Dans les autres gouvernemens, les fautes des ministres ne sont que leurs fautes, ou celles des
rois qui les en punissent. En Angleterre, les fautes du gouvernement sont presque toujours celles
de la nation qui veut qu'on suive ses volontés.
ne fussent-elles que ses caprices.

Le peuple Anglois , qui s'est plaint des condi-

tions de la derniere paix, lorſqu'on lui a fait voir
le vuide des avantages qu'il croyoit en avoir
retirés, les avoit en quelque façon dictées par le
ſujet de ſes murmures, ſoit avant, ſoit durant la
guerre. Les Canadiens avoient fait quelques ravages, & les ſauvages beaucoup d'actes de férocité dans les colonies Angloiſes. Les paiſibles
cultivateurs qui les habitent, conſternés des
maux qu'ils ſouffroient, plus encore de ceux
qu'ils craignoient, avoient fait retentir leurs cris
juſqu'en Europe. Leurs correſpondans intéreſſés
à leur faire envoyer des ſecours prompts & conſidérables avoient exagéré leurs plaintes. Les écrivains qui ſaiſiſſent avidemment tout ce qui peut
rendre les François odieux, n'avoient ceſſé de
les accabler d'invectives. Le peuple échauffé par
le bruit des ſpectacles effrayans qu'on offroit ſans
ceſſe à ſon imagination, deſiroit de voir finir ces
barbaries.

D'un autre côté, les habitans des colonies à
ſucre, contens de faire leur commerce & une
partie de celui des ennemis, étoient fort tran-
quilles. Loin de deſirer la conquête des établiſſemens de leurs voiſins, ils la craignoient ; parce
qu'ils la regardoient, quoiqu'avantageuſe à la nation, comme la ruine de leurs propres affaires.
Les terres des François ont tant de ſupériorité ſur
celles des Anglois, qu'il étoit impoſſible de ſoutenir la concurrence. Leurs aſſociés penſoient comme
eux, & imitoient leur modération.

Il réſulta d'une conduite ſi oppoſée que la nation froide ſur les colonies à ſucre, deſira vivement l'acquiſition de ce qui lui manquoit dans
l'Amérique ſeptentrionale. Les miniſtres, qui en
Angleterre ne peuvent pas ſe ſoutenir contre le
peuple, ou qui du moins ne luttent pas long-tems

avec succès contre sa haine, tournerent toutes leurs vues de ce côté-là; & trouverent la France & l'Espagne disposées à adopter ce système. Les cours de Madrid & de Versailles céderent à celle de Londres tout ce qu'elles avoient possédé depuis la riviere Saint-Laurent jusqu'au fleuve Mississipi. La France abandonna de plus la Grenade & Tabago; elle consentit aussi que les Anglois gardassent les isles réputées neutres de Saint-Vincent & de la Dominique, pourvu qu'elle put de son côté s'approprier Sainte-Lucie. A ces conditions, le vainqueur restitua aux deux couronnes alliées toutes les conquêtes qu'il avoit faites sur elles en Amérique.

Dès ce moment, il perdit une occasion qui ne reviendra peut-être jamais, de s'emparer des portes & des sources de toutes les richesses du nouveau monde. Il tenoit le Mexique par le golfe dont il avoit seul l'entrée. Un si beau continent tomboit de lui-même entre ses mains. On pouvoit l'attirer, ou par les offres d'une dépendance plus douce, ou par l'image & l'espérance de la liberté; inviter les Espagnols à secouer le joug d'une métropole qui n'avoit des armes que pour opprimer ses colonies & non pour les défendre, ou tenter les Indiens à briser les fers d'une nation tyrannique. Peut-être l'Amérique entiere eût changé de face; & les Anglois plus libres & plus justes que des peuples monarchistes, ne pouvoient que gagner à venger le genre humain de l'oppression que l'esclavage du nouveau monde fait éprouver à toute l'Europe.

Tous les sujets de nos gouvernemens, durs, exacteurs, violens & fourbes. Toutes les familles ruinées par la levée des soldats, par le dégât des armées, par les emprunts de la guerre, par les infidélités de la paix. Tous les hommes nés pour vivre & penser en hommes, au lieu d'obéir & servir en brutes. Une multitude d'ouvriers sans travail ; de cultivateurs sans terre ; d'hommes éclairés sans emploi ; des milliers de malheureux, auroient volé dans ces régions qui ne demandent que des habitans justes & policés, pour les rendre heureux. On y auroit sur-tout appellé de ces paysans du nord esclaves de la noblesse qui ne fait que les fouler, de ces russes qu'on emploie comme le fer à mutiler le genre humain, au lieu de bêcher & féconder la terre. Il en auroit péri sans doute un grand nombre dans ces transmigrations par de vastes mers en des climats nouveaux ; mais c'eût été sans comparaison un moindre fléau que celui d'une tyrannie lente & rafinée qui sacrifie tant de peuples à si peu d'hommes. Enfin les Anglois seroient bien plus glorieusement occupés à soutenir & favoriser une si heureuse révolution, qu'à se tourmenter eux-mêmes pour une liberté que tous les rois leur envient & tâchent de sapper au dedans & au dehors.

O souhait vainement juste & humain, qui ne laisse que des regrets à l'ame qui l'a formé ! Faut-il que les soupirs de l'homme vertueux pour la prospérité du monde, périssent, tandis que ceux de l'ambitieux, de l'insensé sont si souvent exaucés ou secondés par la fatalité ?

Quand la guerre a fait tant de mal, que ne parcourt-elle toute la carriere des calamités, pour arriver enfin aux limites du bien ? Mais qu'a produit le dernier embrasement, l'un de ceux qui ayent le plus affligé l'espece humaine ? Il a ravagé les quatre parties du monde à la fois. Il a coûté à l'Europe seule plus d'un million de ses habitans. Les hommes qui n'en furent pas la victime gémiſſent, & leur poſtérité gémira long-tems ſous le poids des impôts énormes dont il fut la ſource. La nation, que la victoire ſuivit par-tout, voit encore ſaigner les bleſſures dont elle acheta ſes triomphes. Sa dette publique qui au commencement des troubles ne paſſoit pas 71, 870, 536 livres ſterlings, s'éleve aujourd'hui à 147, 974, 564 livres, pour leſquelles il faut payer un intérêt de 5, 992, 617 livres.

Mais c'eſt aſſez parler de guerre. Il eſt tems de voir par quels moyens, les nations qui ſe ſont partagé le grand archipel de l'Amérique, ſource de tant de querelles, de négociations & de réflexions, ſont parvenues à l'élever à un dégré d'opulence qu'on peut regarder ſans exagération comme le premier mobile des grands événemens qui agitent aujourd'hui le globe.

Fin du Livre dixieme.

HISTOIRE

PHILOSOPHIQUE

ET

POLITIQUE,

Des établissemens & du commerce des Européens dans les deux Indes.

LIVRE ONZIEME.

QUELQUES vagabonds inquiets, la plupart flétris par les loix ou ruinés par leurs débauches, imaginent dans leur défespoir de courir fur des vaiffeaux Efpagnols ou Portugais richement chargés des dépouilles du nouveau monde. Des ifles fauvages qui par leur fituation affurent le fuccès de ces pirateries, fervent de repaire à ces brigands, & deviennent bientôt leur patrie. Accoutumés au meurtre, ils méditent la deftruction du peuple fimple qui les avoit accueillis avec humanité; & les nations policées, dont les flibuftiers étoient le rebut, adoptent fans balancer ce projet exécrable. Il eſt exécuté ; mais il s'agiſſoit de rendre utiles tant de crimes. L'or & l'argent qu'on n'avoit pas encore ceſſé de regarder comme les ſeules productions précieuſes qu'on put tirer de l'Amérique, n'avoient jamais exiſté dans pluſieurs de ces acquiſitions, ou n'y exiſtoient plus en aſſez grande abondance , pour qu'il y eût de l'avantage à les extraire. Quelques ſpéculateurs , moins aveuglés par les préjugés que la multitude , penſerent qu'un ſol & un climat ſi différens des nôtres , pourroient nous fournir des denrées qui manquoient à notre bonheur, ou que nous étions obligés de payer trop cher , & ils propoſerent d'y en établir la culture. Des obſtacles en apparence invincibles s'oppoſoient à l'exécution de ce plan. Les anciens habitans du pays n'étoient plus ; & quand ils n'auroient pas été exterminés, la foibleſſe de leur tempérament, l'habitude du repos , une averſion inſurmontable pour le travail, n'euſſent guere permis d'en faire des inſtrumens propres à ſervir l'avidité de leurs oppreſſeurs. Ces barbares eux-mêmes , nés dans un climat tempéré , ne pouvoient ſoutenir les travaux pénibles d'un défrichement ſous un ciel brûlant & malſain. L'intérêt fertile en expédiens , imagina d'aller demander des cultivateurs à l'Afrique qui a toujours été dans l'uſage vil & inhumain de vendre ſes habitans.

L'Afrique eſt une région immenſe qui ne tient à l'Aſie que par une langue de terre de vingt lieues qu'on nomme l'iſthme de Suez, lien phyſique & barriere politique que la mer doit rompre tôt ou tard , par cette pente qu'elle a de faire des golphes & des détroits à l'orient. Cette preſqu'iſle, coupée par l'équateur en deux parties inégales , forme un triangle irrégulier dont un des côtés regarde l'orient, l'autre le nord, & le troisieme l'occident.

Le côté oriental, qui s'étend depuis Suez jusqu'auprès du cap de Bonne-espérance, est baigné par la mer rouge & par l'océan. L'intérieur du pays est peu connu ; & ce qu'on en sait n'excite pas l'avidité du négociant, la curiosité du voyageur, l'humanité du philosophe. Les missionnaires même qui avoient fait quelques progrès dans ces contrées, sur-tout dans l'Abissinie, rebutés par les traitemens qu'ils éprouvoient, ont abandonnés ces peuples à leur legereté, à leur perfidie. Les côtes ne sont le plus souvent que des rochers affreux, un amas de sable brûlant & aride. Celles qui sont susceptibles de quelque culture sont partagées entre les naturels du pays, les Arabes, les Portugais & les Hollandois. Leur commerce, qui ne consiste qu'en un peu d'ivoire ou d'or & en quelques esclaves, est lié avec celui des Indes orientales.

Le côté septentrional qui va depuis l'isthme de Suez jusqu'au détroit de Gibraltar, est borné par la méditerranée. Il y a neuf cens lieues de côtes occupées par l'Egypte & par le pays connu depuis plusieurs siecles sous le nom de Barbarie.

L'Egypte qui fût le berceau des arts, des sciences, du commerce, du gouvernement, n'a rien conservé qui rappelle à l'esprit des savans le souvenir de sa grandeur passée. Courbée sous le joug du despotisme, que l'ignorance & la superstition des Turcs lui ont imposé, elle ne paroît avoir quelque communication avec les nations étrangeres par les ports de Damiette & d'Alexandrie, que pour les rendre témoins de sa décadence entiere.

La destinée de l'ancienne Lybie, habitée au-

jourd'hui par les Barbaresques, n'est pas moins
étrange. Rien n'est plus ténébreux que les premiers âges de cette immense contrée. Le cahos
commence à se débrouiller à l'arrivée des Car-
thaginois. Ces négocians d'origine Phénicienne
bâtirent cent trente-sept ans avant la fondation
de Rome, une ville, dont le territoire d'abord
très-borné, s'étend avec le tems à tout le pays
connu de nos jours sous le nom de royaume de
Tunis, & plus loin ensuite. L'Espagne, la plupart
des isles de la méditerranée, tombent sous sa domination. Beaucoup d'autres états paroissoient
devoir encore grossir la masse de cette puissance
énorme, lorsque son ambition se heurta contre
celle des Romains. A l'époque de ce terrible choc,
il s'établit entre les deux nations une guerre sur
des principes si sanglans, qu'il fût aisé de prévoir qu'elle ne finiroit que par la destruction de
l'une ou de l'autre. Celle qui étoit dans la force
de ses mœurs, prit, après les combats les plus
savans, les plus opiniâtres, une supériorité décidée sur celle qui étoit corrompue par ses richesses. Le peuple commerçant devint l'esclave du
peuple guerrier.

Le vainqueur resta en possession de sa conquête jusques vers le milieu du cinquieme siecle.
Les Vandales poussés par leur premiere impétuosité au-delà de l'Espagne dont ils s'étoient emparés, passerent les colones d'Hercule, & se répen-
dirent dans la Lybie comme un torrent. Sans
doute ces barbares y auroient maintenu les avantages de leur irruption, s'ils eussent conservé
l'esprit militaire que leur roi Genseric leur avoit
donné. Leur relâchement de la discipline, qui
suivit la mort de cet homme extraordinaire,
rompit les ressorts d'un gouvernement qui ne

portoit que fur cette bafe. Belizaire furprit ces peuples dans cette confufion, les extermina, & retablit l'empire dans fes anciens droits; mais ce ne fut que pour un moment. Les grands hommes qui peuvent former & mûrir une nation naiffante, ne fauroient rajeunir une nation vieillie & tombée. C'eft que dans l'une ils font des branches nouvelles d'un tronc vivant & vigoureux, & que dans l'autre ils ne font que des fleurs d'un arbre épuifé.

Dans le feptieme fiecle, les Sarrafins redoutables par leurs inftitutions & par leurs fuccès, armés du glaive & de l'alcoran, obligerent les Romains affoiblis par leurs divifions à repaffer les mers, & groffirent de l'Afrique feptentrionale la vafte domination que Mahomet venoit de fonder avec tant de gloire. Les lieutenans du Calife arracherent dans la fuite ces riches dépouilles à leur maître : ils érigerent en états indépendans les provinces commifes à leur vigilance.

Cet ordre de chofes fubfiftoit au commencement du feizieme fiecle, lorfque les Mahometans d'Alger qui craignoient de tomber fous le joug de l'Efpagne, appellerent les Turcs à leur fecours. La porte leur envoya Barberouffe, qui, après avoir commencé par les defendre, finit par les afservir. Les bachas qui lui fuccederent, ceux qui gouvernoient Tunis & Tripoli, villes également fubjuguées & opprimées, exercerent une tyrannie heureufement affez cruelle, pour devoir expirer dans fes excès. On s'en délivra par la violence qui la foutenoit; & ce qui merite peut-être d'être remarqué, le même gouvernement fut adopté par les trois états. C'eft une efpece d'ariftocratie. Le chef, qui fous le nom de Dey conduit la république, eft choifi par la milice qui eſt toujours Turque, & qui compoſe ſeule la nobleſſe du pays. Il eſt rare que ces élections ſe faſſent entre des ſoldats ſans effuſion de ſang, & il eſt ordinaire qu'un homme élu dans le carnage ſoit maſſacré dans la ſuite par des gens inquiets qui veulent s'emparer de ſa place ou la vendre pour s'avancer. L'empire de Maroc, qui a englouti ſucceſſivement les royaumes de Fez, de Tafilet & de Sus, parce qu'il eſt héréditaire dans une famille nationale, eſt cependant ſujet aux mêmes révolutions. L'atrocité des ſouverains & des peuples eſt la ſource de cette inſtabilité.

L'intérieur de la Barbarie eſt rempli d'Arabes qui ſont ce que devoient être les hommes des premiers âges, paſteurs errans ſans domicile. Des uſages choquans pour notre délicateſſe efféminée, n'ont pour eux rien que de noble ou de ſimple comme la nature qui les leur dicte. Lorſque les plus conſidérables de ces Arabes veulent recevoir un étranger avec diſtinction, ils vont chercher eux-mêmes le meilleur agneau de leur bergerie, l'égorgent de leurs propres mains ; & comme les patriarches de Moïſe ou les héros d'Homere, ils le coupent par morceaux, tandis que leurs femmes s'occupent des autres préparatifs du feſtin. Les enfans des perſonnes les plus qualifiées, ceux même des Scheiks & des Emirs, gardent les troupeaux de leur famille : les garçons & les filles n'ont pas d'autre occupation dans leur jeuneſſe.

Ces heureuſes mœurs ne ſont pas celles des peuples qui habitent les côtes & les villes. Une égale averſion pour les travaux champêtres & pour les arts ſédentaires, en a fait des pirates. D'abord ils ſe contentoient de ravager les plaines vastes & fécondes de l'Espagne. Ils surprenoient dans leur lit les habitans paresseux des riches campagnes de Valence, de Grenade, d'Andalousie, & les emmenoient esclaves. Dédaignant dans la suite le butin qu'ils faisoient sur des terres qu'ils avoient autrefois cultivées, ils construisirent de gros vaisseaux & insulterent le pavillon de toutes les nations. Cette marine qui s'est élevée successivement jusqu'à former de petites escadres, s'accroît tous les ans par l'avidité d'un grand nombre de chrétiens qui fournissent aux Barbaresques les matériaux de leurs armemens, qui s'intéressent dans leurs courses, qui osent même quelquefois diriger leur opérations. Déja ces pirates ont réduit les plus grandes puissances de l'Europe à l'avilissement de leur faire des présens annuels qui sous quelque nom qu'on les déguise, sont un vrai tribut. De l'hommage, à la dépendance, à la soumission, il n'y a qu'un pas. Pour peu que leurs forces augmentent, on ne pourra plus naviguer sans leur passe-port; & peut-être un jour auront-ils l'ambition de s'établir de nouveau sur notre continent, ou d'aller nous disputer la possession de l'Amérique. Si le mahométisme entroit dans le nouveau monde, il y feroit bien d'autres progrès que le christianisme. Une religion née sous la zone torride, doit l'occuper toute entiere avec le tems.

Charles-quint, qui toujours occupé à troubler le siecle où il vécut, savoit cependant quelquefois par cette prévoyance qui rachete les défauts d'un esprit inquiet, pénétrer dans l'avenir, entrevit ce que les Barbaresques pourroient un jour devenir. Dédaignant d'entrer dans aucune espece de négociation avec eux, il forma le généreux projet de leur destruction. La rivalité de François premier le fit échouer ; & l'hiftoire ne loue aucun prince d'avoir repris depuis l'idée d'une entreprife fi glorieufe. L'exécution en feroit pourtant facile.

Les peuples qui habitent la Barbarie gémiffent fous un joug qu'ils font impatiens de rompre. Le tyran de Maroc fe joue infolemment de la liberté, de la vie de fes fujets. Ce defpote, bourreau dans toute la rigueur du terme, expofe tous les jours aux murs de fon palais ou de fa capitale, les têtes innocentes ou criminelles qu'il n'a pas frémi d'abattre de fon propre bras. Alger, Tunis, Tripoli, quoiqu'à l'abri d'une femblable férocité, ne laiffent pas de traîner des chaînes très-péfantes. Efclaves de quinze ou vingt mille Turcs ramaffés dans les boues de l'empire Ottoman, ils font de cent manieres différentes, la victime de cette audacieufe foldatefque. Leur conftitution qui les partageoit en plufieurs tribus dont les intérêts étoient oppofés, fut la caufe de cet afferviffement, & depuis elle a perpétué leur fujettion. Le gouvernement attentif à la fermentation de ces fociétés particulieres, ne ceffe d'irriter leur méfintelligence, & fait naître de tems en tems entr'elles de nouveaux fujets de divifion. Il a finguliérement recours à cette politique, quand il veut détourner le mécontentement de la nation par des querelles inteftines. C'eft alors qu'il fouleve contre la peuplade qu'il a aigrie, une peuplade voifine qu'il fait toujours triompher par les fecours, dont il la renforce. Une autorité qui porte fur une bafe auffi mouvante, ne peut avoir jetté des racines bien profondes ; & rien ne feroit plus aifé que de la renverfer.

Nul fecours étranger ne retarderoit d'un inftant fa chûte. La feule puiffance qu'on pourroit foupçonner d'en defirer la confervation, l'empire Ot-

toman

roman n'eft pas aſſez content du vain titre de protecteur qu'on lui accorde, pour y prendre un vif
intérêt. Il lui feroit inutilement infpiré par les dé-
férences que les circonſtances arracheroient vraifemblablement à ces brigands. Ce defir ne donneroit point des forces. Depuis deux fiecles, la Porte
n'a point de marine, & fa milice fe précipite
vers le même anéantiſſement.

Mais à quel peuple eſt-il réfervé de brifer les
fers que l'Afrique nous forge lentement, & d'arracher ces épouvantails qui glacent d'effroi nos navigateurs? Aucune nation ne peut le tenter feule;
& fi elle l'ofoit, peut-être la jaloufie de toutes les
autres y mettroit-elle des obftacles fecrets. Ce doit
donc être l'ouvrage d'une ligue univerfelle. Il faut
que toutes les puiffances maritimes concourent à
l'exécution d'un deſſein qui les intéreſſe toutes également. Ces états, que tout invite à s'allier, à s'aimer, à fe défendre, doivent être fatigués des malheurs qu'ils fe caufent réciproquement. Qu'après
s'être fi fouvent unis pour leur deſtruction mutuelle, ils prennent les armes pour leur confervation-
tion. La guerre aura été du moins une fois utile
& jufte.

On ofe préfumer qu'elle ne feroit pas longue,
fi elle étoit conduite avec l'intelligence & l'harmonie convenables. Chaque membre de la confédération, attaquant dans le même tems l'ennemi
qu'il auroit à réduire, n'éprouveroit qu'une foible
réfiftance. Qui fait même, s'il en trouveroit aucune. Les Barbarefques mis tout-à-coup hors d'é-
tat de défenfe, abandonneroient fans doute à leur
fatale deſtinée des maîtres & des gouvernemens
dont ils n'ont encore fenti que l'oppreſſion. Peut-
être la plus noble, la plus grande des entreprifes, coûteroit-elle moins de fang & de tréfors à

l'Europe que la moindre des querelles dont elle
eft continuellement déchirée ?

On ne fera pas aux politiques qui formeroient
ce plan, l'injure de foupçonner qu'ils borneroient
leur ambition à combler des rades, à démolir des
forts, à ravager des côtes. Des idées fi étroites feroient trop au-deffous des progrès de la raifon humaine. Les pays fubjugués refteroient aux conquérans, & chacun des alliés auroit des poffeffions
proportionnées aux moyens qu'il auroit fournis à
la caufe commune. Ces conquêtes deviendroient
d'autant plus sûres, que le bonheur des vaincus
en devroit être la fuite. Ce peuple de pirates, ces
monftres de la mer, feroient changés en hommes
avec de bonnes loix & des exemples d'humanité.
Elevés infenfiblement jufqu'à nous par la communication de nos lumieres, ils abjureroient avec
le tems un fanatifme que l'ignorance & la mifere
ont nourri dans leurs ames; ils fe fouviendroient
toujours avec attendriffement de l'époque mémorable qui nous auroit amenés fur leurs rivages.

On ne les verroit plus laiffer en friche, une
terre autrefois fi fertile. Des grains & des fruits
variés couvriroient cette plage immenfe. Ces productions feroient échangées contre les ouvrages
de notre induftrie & de nos manufactures. Les
négocians d'Europe établis en Afrique, deviendroient les agens de ce commerce réciproquement
utile aux deux contrées. Une communication fi
naturelle entre des côtes qui fe regardent, & des
peuples qui fe rencontrent néceffairement, recu-
leroit pour ainfi dire les barrieres du monde. Ce
nouveau genre de conquête qui s'offre à nos premiers regards, deviendroit un dédommagement
précieux de celles qui depuis tant de fiecles font
le malheur de l'humanité.

Le plus grand obstacle à une révolution si inté-
ressante a toujours été la jalousie des grandes puissances maritimes, qui se sont opiniâtrement re-
fusées aux moyens de rétablir sur nos mers la
tranquillité. L'espérance d'arrêter l'industrie de
toute nation qui n'a pas des forces, leur a fait
habituellement desirer, favoriser même les entreprises des Barbaresques. C'est une atrocité dont
elles se seroient épargné l'ignominie, si leurs lumieres avoient égalé leur avidité. Sans doute que
toutes les nations profiteroient de cet heureux
changement; mais ses fruits les plus abondans seroient infailliblement pour les états maritimes dans
les proportions de leur pouvoir. Leur situation,
la sûreté de leur navigation, l'abondance de leurs
capitaux, cent autres moyens leur assureroient
cette supériorité. Ils se plaignent tous les jours des
entraves que l'envie nationale, la manie des in-
terdictions & des prohibitions, les petites spéculations de négoce exclusif, ne cessent de mettre à
leur activité. Les peuples deviennent par dégrés
aussi étrangers les uns aux autres qu'ils l'étoient
dans des tems barbares. Le vuide que forme nécessairement ce défaut de communication seroit
rempli, si on réduisoit l'Afrique à avoir des besoins & des ressources pour les satisfaire. Le commerce verroit alors une nouvelle carriere ouverte
à son ambition.

Cependant si la réduction & le désarmement
des Barbaresques ne devoient pas être une source
de bonheur pour eux comme pour nous; si nous
ne voulons pas les traiter en freres; si nous n'as-
pirons pas à les rendre nos amis; si nous devons
entretenir & perpétuer chez eux l'esclavage & la
pauvreté; si le fanatisme peut encore renouveller
ces odieuses croisades que la philosophie a vouées

trop tard à l'indignation de tous les siecles ; si l'Afrique enfin alloit devenir le théâtre de notre barbarie, comme l'Asie & l'Amérique l'ont été, le sont encore : tombe dans un éternel oubli le projet que le cœur vient de nous dicter ici pour le bien de nos semblables ! Restons dans nos ports. Il est indifférent que ce soient les Chrétiens ou les Musulmans qui souffrent. Il n'y a que l'homme qui soit digne d'intéresser l'homme.

Espere-t-on accoutumer les Afriquains au commerce par les voies lentes & douces des traités qu'il faut renouveller souvent, quand on est obligé de les acheter chaque fois ? Pour être assuré du contraire, il suffit de jetter un coup d'œil sur la situation actuelle des Européens avec ces peuples.

Les François n'ont jamais négocié avec Maroc, avec lequel ils ont toujours été dans un état de guerre ; & les Anglois, les Hollandois, les Suedois, rebutés par des avanies multipliées, ne s'y montrent que par intervalle. Presque toutes les affaires sont entre les mains du Dannemarck qui les a remises à une compagnie formée par cinq cens actions de cinq cens écus chacune. Sa création est de 1755, & sa durée doit être de quarante ans. Elle porte des draps d'Angleterre, des étoffes d'argent & de soie, quelques toiles, des planches, du fer, du gaudron, du soufre ; & elle tire du cuivre, des gommes, des laines, de la cire, & des cuirs. C'est à Salé, à Tetuan, à Mogador, à Safy, à Sainte-Croix que se font ces échanges. On jugera de l'étendue de ce commerce par le produit des douanes qui est affermé cinquante & un mille piastres.

Celui d'Alger est moins considérable. Les Anglois, les François, & les juifs de Livourne, le font en concurrence. Les deux premieres nations envoient par leurs vaisseaux, & la derniere sous pavillon neutre, des draps, des épiceries, du papier, des clincailleries, du caffé, du sucre, des toiles, de l'alun, de l'indigo, de la cochenille; & reçoivent en payement des laines, de la cire, des plumes, des cuirs, des huiles, plusieurs marchandises provenant des prises. Les retours, quoique d'un quart plus forts que les expéditions, ne passent pas annuellement un million de livres. La moitié est pour la France; & ses rivaux se partagent à peu près le reste.

Indépendamment de ce commerce qui appartient tout entier à la capitale, il se fait quelques affaires à la Calle, à Bonne & à Collou trois autres ports de la république. On auroit vu ce commerce s'étendre & s'améliorer, s'il n'avoit pas été soumis au monopole & à un monopole étranger. D'anciennes stipulations qui ont été assez communément observées, ont livré cette vaste côte à une compagnie exclusive établie à Marseille. Ses fonds sont de douze cens mille francs, & son commerce annuel qui peut monter à huit ou neuf cens mille, occupe trente ou quarante bâtimens. Elle fait ses achats de grain, de laine, de corail & de cuirs avec de l'argent. On peut prédire que ses opérations diminueront à mesure que l'exportation du bled actuellement permise en France, rendra l'approvisionnement de la Provence plus facile.

Tunis peut recevoir pour deux millions de marchandises étrangeres, & vendre des siennes pour deux millions cinq cens mille livres. Les François entrent pour les deux tiers dans ces opérations, & les Toscans pour le reste. La base en est à peu près la même que celle de toutes les combinai-

sons qui se font dans tous les autres états Barbaresques.

Les affaires qui se traitent à Tripoli sont les
plus bornées. Le pays est si misérable, qu'on n'y
peut porter que quelques clincailleries de peu
de valeur. Ce qu'on en tire de laine, de
sené, de cendres, de cire & de légumes, n'est
d'aucune considération. Mais si cette côte n'est
guere profitable au commerce par l'espece qu'elle
y fournit, & si elle lui est nuisible par les pirateries dont elle l'infeste, la côte occidentale de
l'Afrique dédommage de ces pertes par l'utilité
dont elle est aux colonies d'Amérique.

La côte de cette contrée immense s'étend depuis le détroit de Gibraltar jusqu'au cap de Bonne-espérance. Tous les habitans en sont noirs. La
cause de cette couleur a enfanté bien des systêmes. La théologie qui a voulu s'emparer de l'esprit humain par l'opinion, au lieu d'expliquer les
choses inconnues par les connues en suivant la
marche naturelle de la raison, a soumis la théo-
rie de la nature à celle de la superstition. Prenant
l'homme dans l'enfance, elle a profité de ses premieres frayeurs pour lui en inspirer d'éternelles;
& dès qu'une fois elle s'est fait écouter, elle lui
a fermé les yeux & les oreilles sur ce qui pouvoit
l'instruire & l'éclairer. La philosophie s'éleve aux
causes par les effets; la théologie a forgé la cause
pour interpreter les effets. C'est ainsi qu'elle a tout
dénaturé; géographie, astronomie, physique,
histoire: tout a changé de face & de forme en
ses mains. Les merveilles de la nature ont été
des prodiges surnaturels, & ses variétés des mi-
racles faits exprès. Après avoir rendu tous les hommes coupables & malheureux par la faute d'un

feul, les théologiens ont fait une race d'hommes noirs pour le fratricide d'un fils de ce premier homme. De ce Caïn font descendus les negres. Si leur pere étoit affaffin, il faut convenir que fon crime eft cruellement expié par fes enfans ; & que les defcendans du pacifique Abel ont bien vengé le fang innocent de leur pere. Grand Dieu, quelle rage, quelles atrocités, quelles abominations, quelles extravagances on accumule fur ton être jufte, bon, fage & faint ! Ce ne font pas les démons qui blafphêment ton nom ; ce font plutôt les hommes qui ofent fe dire tes miniftres. Prête-leur ta lumiere pour leur faire connoître que les negres font des êtres peut-être maltraités de la nature, & non maudits de ta juftice.

Mais tiennent-ils leur couleur du climat qu'ils habitent ? Des philofophes, des naturaliftes célebres le penfent. Il n'exifte des negres, dit-on, que dans les pays les plus chauds. Leur couleur devient plus foncée, à mefure qu'ils approchent de l'équateur. Elle s'adoucit ou s'éclaircit aux extrêmités de la zone torride. Toute l'efpece humaine en général blanchit à la neige, & fe hâle au foleil. On voit les nuances du blanc au noir & celles du noir au blanc, marquées, pour ainfi dire, par les dégrés paralleles qui coupent la terre de l'équateur aux deux poles. Si les zones imaginées par les inventeurs de la fphere étoient repréfentées avec de vraies ceintures, on verroit le noir d'ébene fe dégrader infenfiblement à droite & à gauche jufqu'aux deux tropiques ; delà le brun pâlir & s'éclaircir jufqu'aux cercles polaires, par des nuances de blancheur toujours plus éclatantes. Mais il eft fingulier que la nature qui a répandu l'émail des plus belles couleurs fur le poil

& la plume des animaux, sur les végétaux & les métaux, ait laissé proprement l'homme sans couleur ; puisque le noir & le blanc ne sont, l'un que la génération, & l'autre que l'extinction des couleurs.

Quelle que soit la cause primitive & radicale des variétés du coloris dans l'espece humaine, on convient que la couleur du teint & de la peau, vient d'une substance gelatineuse qui se trouve entre l'épiderme & la peau. Cette substance est noirâtre dans les negres, brune dans les peuples olivâtres ou basanées, blanche dans les Européens, parsemée de taches rougeâtres chez les peuples extrêmement blonds ou roux.

L'anatomie a découvert dans les negres, la substance du cerveau noirâtre, la glande pineale comme toute noire, & le sang d'un rouge plus foncé que dans les blancs. Leur peau est toujours plus échauffée, & leur pouls plus vif. Aussi la crainte & l'amour sont ils excessifs chez ce peuple ; & c'est ce qui le rend plus efféminé, plus paresseux, plus foible, & malheureusement plus propre à l'esclavage. D'ailleurs ses facultés intellectuelles étant presque épuisées par les prodigalités de l'amour physique, il n'a ni mémoire ni intelligence, pour suppléer par la ruse à la force qui lui manque. Leur poil, dit-on est frisé, parce qu'ayant à traverser un rezeau d'une substance plus tenace & plus épaisse, il s'entortille & ne peut s'allonger. La sueur des negres répand une odeur forte & désagréable, parce qu'elle est empreinte de cette graisse épaisse & rance qui séjourne long-tems & suinte lentement entre l'épiderme & la peau. Cette substance est si sensible qu'on y distingue au microscope un sediment formé en petits grains noirâtres. Aussi la transpiration d'un negre, quand elle eſt abondante, noircit-elle le linge blanc dont il s'eſſuie. Un des inconvéniens de cette couleur noire, image de la nuit qui confond tous les objets, c'eſt que les negres ont été obligés pour être reconnus de loin, de ſe ciſeler, de ſe marqueter la peau de différentes couleurs. Cet uſage eſt commun ſur-tout parmi les tribus errantes de cette race. Cependant, comme on le voit établi chez les peuples ſauvages de la Tartarie & du Canada, l'on peut douter s'il n'appartient pas plutôt à leur genre de vie vagabond & diſperſé, qu'à la couleur du teint.

Enfin l'anatomie a trouvé l'origine de la noirceur des negres dans les germes de la génération. Il n'en faut pas davantage, ce ſemble, pour prouver que les negres ſont une eſpece particuliere d'hommes. Car ſi quelque choſe différencie les eſpeces, ou les claſſes dans chaque eſpece, c'eſt aſſurément la différence des ſpermes. C'eſt donc ſans fondement qu'on attribue au climat la couleur des negres, puiſqu'en Afrique ſous les mêmes paralleles, la côte orientale n'a point de negres, ou qu'elle produit des blancs ; puiſque dans toute l'Amérique, le ſoleil & le ſol n'ont point fait éclore de negres.

Quand on conviendroit que la côte occidentale de l'Afrique eſt le pays le plus brûlant de tout le globe, il s'en ſuivroit uniquement qu'il y a des climats qui ne ſont propres qu'à certaines eſpeces, ou des eſpeces affectionnées à certains climats ; mais non que la différence des climats change la même eſpece du blanc au noir. Le ſoleil ne va point juſqu'à altérer & modifier les germes de la reproduction. Les blancs ne deviennent point negres en Afrique, ni les negres ne deviennent blancs en Amérique. L'union sexuelle de ces deux especes produit des metis qui participent également de la couleur, des traits, du caractere de l'une & de l'autre. Si l'homme étoit originairement blanc, il faudroit supposer qu'ayant été créé plus près des zones glaciales que de la zone torride, il a peuplé la terre successivement, des poles à l'équateur ; tandis qu'au contraire la fécondite du globe entre les tropiques fait présumer qu'elle s'est peuplée de l'équateur aux poles.

Le climat habité par les negres, n'offre des variations sensibles que celles dont les sables ou les marais peuvent être la cause. A la chaleur presqu'insupportable du jour succedent des nuits très-fraîches ; avec cette différence, qu'elles le sont moins dans la saison des pluies que dans le tems de la sécheresse. La rosée moins abondante sous un ciel nébuleux que dans un horison serein, est sans doute la cause de cette singularité.

Depuis les frontieres de l'empire de Maroc jusqu'au Senegal, la terre est tout-à-fait stérile. Quelques Arabes descendus de ceux qui conquirent la Barbarie, quelques maures anciens habitans du pays, errent misérablement dans des sables brûlans & arides qui vont se perdre dans les vastes solitudes du Sahara.

Les bords du Niger, de la Gambie, de Sierra-leona, ceux des rivieres moins considérables qui coulent dans le long espace qui sépare ces principaux fleuves, sont d'une abondance extrême. Le mays, ainsi que tous les fruits naturels à l'Amérique y croisent sans beaucoup de soin ; & l'éducation des troupeaux fait presque l'unique occupation des habitans. Ils se nourrissent par goût du lait de jument, & voyagent peu, parce que nul besoin ne les fait sortir de leur patrie.

Ceux du Cap de Monté enveloppés de tous côtés par des sables, forment une nation entierement isolée du reste de l'Afrique. C'est dans le ris de leurs marais que consiste toute leur nourriture, & leur unique production. Ils en vendent aux Européens une petite quantité qui leur est payée avec de l'eau-de-vie & des clincalleries.

Depuis le Cap de Palme jusqu'à la riviere de Volte, les habitans sont marchands & cultivateurs. Ils sont cultivateurs, parce que leur terre, quoique pierreuse, paye largement les peines & les avances nécessaires pour la défricher. Ils sont marchands, parce qu'ils ont derriere eux des nations qui leur fournissent de l'or, du cuivre, de l'ivoire, des esclaves, & que rien ne s'oppose à une communication suivie entre les peuples des terres & ceux de la côte. C'est la seule contrée de l'Afrique, où dans un long espace, on ne soit arrêté, ni par des vastes déserts, ni par des rivieres profonfondes ; & où l'on trouve de l'eau & des subsistances.

Entre la riviere de Volte & celle de Calbary, la côte est platte, fertile, bien peuplée, bien cultivée. Il n'en est pas ainsi du pays qui s'étend depuis Calbary jusqu'au Gabon. Presqu'entierement couvert d'épaisses forêts, produisant peu de fruits sans grains d'aucune espece, il est plus habité par des bêtes féroces que par des hommes. Quoique les pluies y soient abondantes, comme elles doivent l'être sous l'équateur, la terre est si sabloneuse, qu'un instant après qu'elles sont tombées, il ne reste aucune trace d'humidité.

Au sud de la ligne & jusqu'au Zaïre, la

côte offre un aspect riant. Basse dans sa naissance, elle étale, en s'élevant par une croupe insensible, des champs cultivés, mêlés de bois toujours verds & des prairies couvertes de palmiers.

Du Zaire au Coanza, & plus loin encore, la côte est ordinairement haute & escarpée. On trouve dans l'intérieur une plaine en montagne, dont le sol est composé d'un gros sable fertile.

Un peu au delà du Coanza, commence un pays stérile qui a plus de deux cens lieues d'étendue, & qui se termine aux Hottentots. Dans ce long espace, on ne connoît d'habitans que les Cimbebas, avec lesquels on n'a aucune communication.

Les variétés qu'on observe dans les rives de l'Afrique occidentale, n'empêchent pas qu'elles ne jouissent toutes d'un avantage bien rare, peut-être unique. Nulle part sur cette côte immense, on ne voit de ces rochers affreux, dont l'aspect repousse le navigateur & le détermine à s'éloigner. Par-tout la mer est tranquille, le vent régulier, l'ancrage sûr. Par-tout on trouve des ports excellens où l'on peut se livrer sans inquiétude au travail qu'exige le radoub des plus grands vaisseaux.

Les vents & les courans ont à peu près la même direction, pendant six mois de l'année, depuis avril jusqu'en novembre. Au sud de la ligne, le vent regne sud-est, & la direction des courans est vers le nord : au nord de la ligne, le vent regne à l'est, & la direction des courans est vers le nord-est. Dans les six autres mois, les orages changent par intervalles la direction du vent; mais il ne souffle plus avec la même force : le ressort de l'air semble s'être relâché. La cause de ce changement paroît influer sur la direction des courans : au nord de la ligne, ils vont au sud-ouest ; au delà de la ligne, ils vont au sud.

On ne peut former que des conjectures vagues sur-tout ce qui regarde l'intérieur de l'Afrique ; mais il est bien connu que sur toute la côte, le gouvernement est arbitraire. Que le despote soit appellé au trône par les droits de sa naissance, ou qu'il le soit par election, les peuples n'ont d'autre loi que sa volonté.

Mais ce qu'on peut trouver singulier en Europe, où le grand nombre des monarchies héréditaires, s'oppose à la tranquillité des gouvernemens electifs & à la prospérité de tous les états libres ; c'est qu'en Afrique, les contrées où il y a le moins de révolutions, sont celles qui ont conservé le droit de choisir leurs chefs. Pour l'ordinaire, c'est un vieillard dont la sagesse est généralement connue. La maniere dont se fait ce choix est simple, mais ne peut convenir qu'à de très-petits états. Le peuple se rend à son grè dans trois jours chez les citoyens qui lui paroît les plus propre au commandement. Si les voix se trouvent partagées, celui qui en a réuni un plus grand nombre, nomme le quatrieme jour un de ceux qui ont eu moins de voix que lui. Tout homme libre a droit de suffrage. Il y a même quelques tribus où les femmes jouissent de ce privilege.

Telle est, à l'exception des royaumes héréditaires de Benin & de Juda, la formation de cette foule de petits états qui sont au nord de la ligne. Au sud on trouve le Mayombé & le

Quilingo, dont les chefs font pris parmi les miniftres de la religion; les empires de Loango & de Congo, où la couronne fe perpétue dans la ligne mafculine du côté des femmes : c'eft-à-dire, que le premier fils de la fœur ainée du roi hérite du trône devenu vacant. Ces peuples croyent qu'un enfant eft bien plus fûrement le fils de fa mere que de l'homme qu'elle a époufé : ils s'en rapportent plus au moment de la parturition qu'ils voient, qu'à celui de la conception qu'ils ne voient pas.

Ces nations vivent dans une ignorance entiere de cet art fi révéré parmi nous fous le nom de politique. Cependant, ils ne laiffent pas d'en obferver les formalités & certaines bienféances. L'ufage des ambaffades leur eft familier. C'eft, ou pour folliciter des fecours contre un ennemi puiffant, ou pour reclamer une médiation dans les différens, ou pour faire compliment fur des fuccès, fur une naiffance, fur une pluie après une grande féchereffe. L'envoyé ne doit jamais s'arrêter plus d'un jour au terme de fa miffion, ni voyager pendant la nuit dans les états d'un prince étranger. Il marche précédé d'un tambour qui annonce au loin fon caractere, & accompagné de cinq ou fix de fes amis. Dans les lieux où il s'arrête pour prendre du repos, il eft reçu avec refpect ; mais il n'en peut partir avant le lever du foleil, & fans que fon hôte ait affemblé quelques perfonnes qui puiffent témoigner qu'il ne lui eft arrivé aucun accident. Au refte, on ne connoît aucune de ces négociations qui ait un objet un peu compliqué. Jamais on ne ftipule rien pour le paffé ; jamais rien pour l'avenir : tout eft pour le préfent. D'où l'on peut conclure que ces nations ne peuvent avoir aucun rapport fuivi avec les autres parties du globe.

La guerre n'eft pas plus combinée que la politique. Nul gouvernement n'a de troupes à fa folde. L'état militaire eft l'état de tout homme libre. Tous prennent les armes pour couvrir leurs frontieres, ou pour aller chercher du butin. Les généraux font choifis par les foldats & confirmés par le prince. L'armée marche; & le plus fouvent, les hoftilités commencées le matin, font terminées le foir. Son incurfion du moins n'eft jamais longue; parce que n'ayant point de magafins, le défaut de fubfiftance l'oblige de fe retirer. Ce feroit un grand malheur pour ces peuples qu'on leur enfeignât l'art de tenir la campagne quinze jours de fuite.

Le defir de s'agrandir donne rarement naiffance aux troubles qui déchirent affez fouvent ces contrées. Une infulte faite dans une cérémonie, un vol furtif ou violent, le rapt d'une fille : voilà les fujets ordinaires de la guerre. Dès le lendemain d'une bataille, le rachat des prifonniers fe fait de part & d'autre. On les échange avec des marchandifes, ou avec des efclaves. Jamais on ne céde aucune portion du territoire : il appartient tout entier à la commune dont le chef fixe l'étendue que chacun doit cultiver, & dont il doit recueillir les fruits.

Cette maniere de terminer les différens, n'eft pas feulement celles des petits états qui ont des chefs trop fages pour chercher à s'agrandir, trop âgés pour ne pas aimer la paix. Les grands empires font réduits à s'y conformer avec des voifins plus foibles qu'eux. Le defpote n'a jamais de milice fur pied; & quoiqu'il difpofe à fon

gré de la vie des gouverneurs de ſes provinces, il ne leur preſcrit aucun principe d'admi-
niſtration. Ce ſont de petits ſouverains qui,
dans la crainte d'être ſoupçonnés d'ambition &
punis de mort, vivent en bonne intelligence
avec les peuplades électives qui les environnent.
L'harmonie entre les puiſſances conſidérables
& les autres états ſubſiſte par le pouvoir immenſe que le prince a ſur ſes ſujets, & par
l'impoſſibilité où il eſt de s'en ſervir comme il
le voudroit. Sa volonté n'eſt qu'un trait qui ne
peut frapper qu'un coup & qu'une tête à la fois.
Sa force n'eſt point en maſſe, pour agir ſur
des maſſes. Il peut bien ordonner la mort de
ſon lieutenant, & toute la province l'étranglera
à ſon commandement ; mais s'il ordonnoit la
mort de tous les habitans de la province, perſonne ne voudroit exécuter cet ordre, & ſa volonté ne ſuffiroit pas pour armer une autre province contre celle-là. Il peut tout contre chacun en particulier ; mais il ne peut rien contre
tous enſemble.

Une autre raiſon qui empêche l'aſſerviſſe-
ment des petits états par les grands, c'eſt que
ces peuples n'attachent aucune idée à la gloire
des conquêtes. Le ſeul homme qui en ait paru
touché, étoit un courtier d'eſclaves qui dès ſon
enfance avoit fréquenté les vaiſſeaux Européens, & qui dans un âge plus mûr, fit un
voyage en Portugal. Ce qu'il voyoit, ce qu'il
entendoit dire, enflamma ſon imagination, &
lui apprit qu'on ſe faiſoit ſouvent un grand
nom, en occaſionant de grands malheurs. De
retour dans ſa patrie, il ſe ſentit humilié d'o-
béir à des gens moins éclairés que lui. Ses intrigues l'élevèrent à la dignité de chef des Aka-
mis,

mis, & il vint à bout de les armer contre leurs voisins. Rien ne put résister à sa valeur, & sa domination s'étendit sur plus de cent lieues des côtes dont Anamabou étoit le centre. Il mourut. Personne n'osa lui succéder; & tous les ressorts de son autorité se relâchant à la fois, chaque chose reprit sa place.

La religion chrétienne & la religion mahométane semblent tenir par les deux bouts la partie de l'Afrique Occidentale fréquentée par les Européens. Les musulmans de la Barbarie ont porté leurs dogmes aux peuples du Cap-verd qui eux-mêmes les ont étendus plus loin. A mesure que ces dogmes se sont éloignés de leur source, ils se sont si fort altérés, que chaque royaume, chaque village, chaque famille en a de différens. Sans la circoncision qui est d'un usage général, à peine soupçonneroit-on les peuples de professer le même culte. Il ne s'est tout-à-fait arrêté qu'au Cap de Monté dont les habitans n'ont point de communication avec leurs voisins.

Ce que les Arabes avoient fait au nord de la ligne pour l'alcoran, les Portugais le firent dans la suite au sud pour l'évangile. Ils établirent son empire vers la fin du quinzieme siecle, depuis le pays de Benguela jusqu'au Zaire. Un culte qui présentoit des moyens sûrs & faciles pour l'expiation de tous les crimes, se trouva du goût des nations qui avoient une religion moins consolante. S'il fut proscrit depuis dans plusieurs états, ce furent les violences de ses promoteurs qui lui attirerent cette disgrace. On l'a même tout-à-fait défiguré dans les contrées où il s'est maintenu. Quelques pratiques minutieuses sont tout ce qui en reste.

Les côtes placées au centre ont conservé des superstitions locales, dont l'origine doit être fort ancienne. Elles consistent dans le culte de cette foule innombrable de divinités ou de fétiches que chacun se fait à sa mode & pour son usage; dans la foi aux augures, aux épreuves du feu & de l'eau bouillante, à la vertu des gris-gris. Il y a des superstitions plus dangereuses; c'est la confiance aveugle qu'on a dans les prêtres qui en sont les ministres & les propagateurs; il ont le dépôt des traditions nationales; ils se mêlent de divination. Le commerce qu'ils sont supposés avoir avec l'esprit mal-faisant, les fait regarder comme les arbitres de la stérilité, de la fertilité des campagnes : à ce titre on leur offre toujours les premiers fruits. Toutes les autres erreurs dirigent l'homme vers une fin sociale, & tendent à le rendre plus doux & plus paisible.

Les différentes religions répandues en Afrique, n'en ont pas changé la manière de vivre, parce que l'influence du climat est si forte, qu'elle ne laisse point d'empire aux opinions sur les mœurs. Les maisons y sont toujours construites de branches de palmier, tout au plus de terre & couvertes de paille, d'osier ou de roseau. Il n'y a pas d'autres meubles que des paniers, des pots de terre, des nattes qui servent de lit, & des calebasses avec lesquelles on fait tous les ustensiles. Une ceinture qui couvre les reins tient lieu de tout vêtement. On se nourrit de gibier, de poisson, de fruits, de ris ou de pain de mays mal cuit. Le vin de palmier sert de boisson. Les arts sont inconnus. Tous les travaux se réduisent à quelques occupations champêtres. Il n'y a guere de cultivée que la centieme partie du pays ; & encore l'est elle miserablement, ou par des gens pauvres ou par des esclaves à qui leur paresse & leur état font abhorrer le travail.

Il y a moins d'uniformité dans les mœurs que dans les besoins. Sur les bords du Niger, les femmes sont presque toutes belles, si ce n'est pas la couleur, mais la justesse des proportions qui fait la beauté. Modestes, tendres & fideles, un air d'innocence regne dans leurs regards, & leur langage se sent de leur timidité. Les noms de Zilia, de Calipso, de Fanni, de Zamé ; qu'elle paroissent tenir de la volupté même, se prononcent avec une inflexion de voix, dont nos organes ne sauroient rendre la molesse & la douceur. Les hommes ont la taille avantageuse, la peau d'un noir d'ébene, les traits, la phisionomie agréables. L'habitude de dompter les chevaux & de faire la guerre aux bêtes féroces, leur donne une contenance noble. Hardis dans le danger, ils supportent difficilement un outrage ; mais l'exemple des animaux qu'ils ont élevés, leur inspire une reconnoissance sans bornes, pour un maître qui les traite bien. On ne connoît point de domestiques plus attentifs, plus sobres, & d'un attachement qui tienne plus de la passion ; mais ils ne sont pas bons cultivateurs. Leur corps n'est pas accoutumés à se courber, & à s'incliner vers la terre pour la défricher.

La couleur de la peau des Africains dégénere en allant vers l'est. Les peuples y ont la plupart un corps robuste, mais racourci ; un air de force exprimé par des muscles roides ; les traits du visage écartés & sans phisionomie. Les figures qu'ils s'impriment sur le front, sur les joues, ajoutent encore à cette laideur naturelle. Un sol ingrat qui se refuse même au travail, leur a fait une nécessité de la pêche, quoique la mer presque impraticable par une barre qui regne le long de la côte, semblât les en détourner. Rebutés en quelque sorte par ces deux élemens, ils ont cherché des secours chez des nations voisines plus favorisées de la nature; ils en ont tiré leur subsistance, en leur vendant du sel. Leur esprit de négoce s'est étendu depuis l'arrivée des Européens; parce que chez tous les hommes, les idées se dévélopent en raison des choses; & qu'il y a plus de combinaisons à faire, pour échanger un esclave contre plusieurs sortes de marchandises, que pour vendre une mesure de sel. Du reste, propres pour tous les travaux où il ne faut que de la force, ils sont ineptes pour le service intérieur de la domesticité. Cet état est contraire aux habitudes de leur éducation, qui les paye en détail de chacune de leurs actions. La réciprocité d'un travail & d'un paiement journalier, est peut-être un des meilleurs alimens de l'industrie chez tous les hommes; les femmes des ces negres marchands, partagent tous leurs travaux, excepté la pêche. Elles n'ont, ni l'aménité, ni la retenue, ni la discretion, ni la beauté des femmes du Niger; & quoiqu'aussi chastes, elles paroissent avoir moins de sentiment. En comparant les deux nations, on seroit tenté de croire que l'une est le bas peuple d'une ville policée, & que l'autre a reçu une éducation distinguée. On apperçoit dans leur langage l'expression de leur caractere. Les accens de l'une sont d'une douceur extrême; ceux de l'autre sont durs & sec comme son terroir.

La vivacité y ressemble à la colere jusques dans le plaisir.

Au delà de la riviere de Volte, dans le Benin, & dans les autres pays connus sous le nom général de la côte d'or, les peuples ont la peau unie & d'un noir sombre, les dents belles, la taille moyenne mais assez bien prise, la contenance timide. Leur phisionomie, quoiqu'assez agréable, le seroit beaucoup davantage sans l'usage où sont les femmes de se cicatriser le visage, & les hommes d'ajouter à cette manie, celle de se brûler le front. Une métempsicose qui leur est particuliere, fait la base de leur croyance : ils pensent que dans quelque lieu qu'ils aillent ou qu'on les transporte, ils doivent après leur mort, soit qu'ils se la donnent ou qu'ils l'attendent, revenir chez eux. Cette conviction fait leur bonheur, parce qu'ils regardent leur patrie comme le plus délicieux séjour de l'univers. Une erreur si douce sert à les rendre humains. Les étrangers qui se fixent dans ce climat, y sont traités avec des égards portés jusqu'au respect, dans la persuasion où l'on est qu'ils viennent y recevoir la récompense de leurs bonnes mœurs. Ce peuple a une disposition à la gaieté qu'on ne remarque pas dans les nations voisines, du goût pour le travail, la conception aisée, un jugement sûr, une équité que les circonstances alterent rarement, & une grande facilité à se façonner aux manieres étrangeres. Il tient davantage aux coutumes de son commerce, lors même qu'elle ne lui sont pas favorables. La méthode de négocier avec lui, fut long-tems ce qu'elle avoit été d'abord. Le premier vaisseau qui arrivoit consommoit sa traite, avant qu'un autre put commencer la sienne.

Chacun avoit fon tour. Le prix établi pour l'un, étoit le prix de tous. Ce n'eſt que depuis peu que cette nation s'eſt déterminée à profiter des avantages que lui offroit la concurrence des nations Européenes qui fréquentoient fes ports.

Les peuples fitués entre la ligne & le Zaïre, ont tous une grande vraiſemblance. Ils font bien faits. Leur conſtitution eſt moins robuſte que celle des habitans du nord de l'équateur ; & quoiqu'ils y ait quelques marques ſur leur viſage, on n'y apperçoit jamais de ces cicatrices qui choquent au premier coup d'œil. Leur nourriture eſt ſimple, & leur vie frugale. Ils aiment le repos, & ne travaillent jamais au delà de leurs forces. Leurs fêtes font accompagnées de jeux militaires qui retracent l'idée de nos anciens tournois ; avec cette différence qu'en Europe ils étoient l'exercice des nations guerrieres, & qu'en Afrique ils font l'amuſement d'un peuple timide. Les femmes ne partagent point ces plaiſirs publics. Réunies dans quelques maiſons, elles paſſent myſtérieuſement la journée, ſans qu'aucun homme puiſſe être admis dans leur ſociété. La jalouſie des rangs eſt la plus forte paſſion de ces peuples naturellement paiſibles. Tout eſt étiquette, & à la cour des princes, & dans les conditions privées. Au moindre événement, on vole chez ſes amis, ou pour les féliciter, ou pour s'affliger avec eux. Un mariage eſt le ſujet de trois mois de viſites. Les obſeques d'un homme de crédit durent quelquefois deux ans. Les gens qui tenoient à lui par quelque lien, promenent ſes triſtes reſtes dans pluſieurs provinces. La troupe groſſit dans la marche ; & perſonne ne ſe retire qu'on n'ait

déposé le cadavre dans le tombeau, avec les dé-
monftrations de la douleur la plus exceffive. Un
goût fi décidé pour les cérémonies, s'eft trouvé
favorable à la fuperftition qui eft devenue à fon
tour la fource d'une indolence exceffive. Dans
ces contrées, la terre affez fertile pour n'avoir
pas befoins d'un grand travail, n'eft cultivée
que par des femmes que la fervitude ou l'indigence condamnent à ces labeurs. Les efclaves
mâles ou les hommes libres mais pauvres, s'occupent de la chaffe & de la pêche, ou font occupé à groffir le cortege des gens en place. Il
y a en général dans cette nation moins d'égalité entre les deux fexes, qu'on n'en trouve chez
fes voifins. La naiffance & le rang y donnent
à quelques femmes le droit de fe choifir un mari
qu'elles tiennent dans une fujétion extrême. Elles
ont même le droit, quand elles en font mécon-
tentes, de le réduire à l'efclavage ; & l'on doit
imaginer qu'elles ufent volontiers de ce privilege, humiliant pour les deux fexes. Car, qu'eft-
ce qu'un homme, dont une femme peut faire
fon efclave ? Il n'eft bon ni pour elle, ni pour
lui.

Du Zaire à la riviere de Coanza, on retrouve
bien les anciennes mœurs, mais on y remarque
un mêlange confus de pratiques Européennes
qui ne fe voit pas ailleurs. Il eft naturel de
penfer que les Portugais, qui ont de grands établiffemens dans cette contrée & qui ont voulu
y introduire le chriftianifme, fe font plus com-
muniqués que ne l'ont fait les autres nations,
qui ayant de fimple comptoirs au nord de la
ligne, ne fe font occupés que de leur commerce.

Le lecteur n'a pas befoin d'être averti que

tout ce qu'on vient de dire des peuples de Guinée, ne doit s'étendre rigoureusement que de
cette claſſe d'hommes qui, dans tous les pays,
décide du caractere d'une nation. Des ordres inférieurs, les eſclaves s'éloignent de cette reſſem-
blance, à proportion qu'ils ſont avilis ou dé-
gradés par leurs occupations ou par leur état.
Cependant les obſervateurs les plus pénétrans
ont remarqué, qu'il n'y avoit pas entre ces peuples & les conditions qui les partagent de variétés auſſi marquées que nous en trouvons dans
les états ſitués entre l'Elbe & le Tibre, qui
forment à peu près la même étendue de côte
que le Niger & le Coanza. Plus les hommes
s'éloignent de la nature, moins ils doivent ſe
reſſembler. La multiplicité des inſtitutions civi-
les & politiques, jette néceſſairement dans le
caractere moral & dans les habitudes phyſiques
des nuances inconnues dans les ſociétés moins
compliquées : d'ailleurs la nature plus impérieuſe
ſous la zone torride que ſous les zones tempérées, laiſſe moins d'action aux influence morales : les hommes s'y reſſemblent davantage, parce
qu'ils tiennent tout d'elle ; & preſque rien de
l'art. En Europe, un commerce étendu & di-
verſifié, variant & multipliant les jouiſſances,
les fortunes & les conditions, ajoute encore
aux différences que le climat, les loix & les
préjugés ont établies chez des peuples actifs &
laborieux.

En Guinée, le commerce n'a jamais pu faire
une grande révolution dans les mœurs. Il ſe bornoit autrefois à quelques échanges de ſel & de
poiſſon ſeché, que les nations éloignées de la
côte conſommoient. Elles donnoient en retour
des pieces d'étoffe faites d'un fil qui n'eſt autre

chose qu'une substance ligneuse, collée sous l'écorce d'un arbre particulier à ces climats. L'air la durcit, & la rend propre à toute sorte de tissure. On en fait des bonnets, des especes d'écharpes, des tabliers pour la ceinture dont la forme varie selon la mode que chaque nation a adoptée. La couleur naturelle du fil est le gris lavé. La rosée qui blanchit nos lins lui donne une couleur de citron que les gens riches aiment. Il obtient le noir qui est à l'usage du peuple, de sa propre écorse infusée simplement dans l'eau. La facilité qu'on a trouvée à lui faire prendre toutes les couleurs, a déterminé à en former différentes figures d'hommes, d'oiseaux & de quadrupedes. Les étoffes ainsi ouvragées, servent à tapisser l'intérieur des appartemens, à couvrir des sieges & à faire d'autres meubles.

Les premiers Européens qui fréquenterent les côtes occidentales de l'Afrique, donnerent une valeur à la cire, à l'ivoire, aux gommes qui n'en avoient point. Ils donnerent un prix à l'or, dont ils tiroient au plus trois mille marcs par an. Leur inquiéte avarice qui n'a jamais été satisfaite de cette extraction, leur a fait imaginer à diverses reprises, des moyens sans nombre pour l'augmenter. Ils se croient à la veille de réussir ; & voici comment.

Dans l'intérieur de l'Afrique, au douzieme & treizieme dégrés de latitude septentrionale, est un pays assez étendu connu sous le nom de Bambouc. Il n'obéit point à un roi particulier ; mais il est gouverné par des seigneurs de village nommés Farim. Ces chefs héréditaires & indépendans les uns des autres, sont tous obligés de concourir à la défense de l'état, lorsqu'il est attaqué dans fon entier, ou feulement dans quelqu'un de fes membres.

Le territoire de cette république ariftocratique eft fec & aride. Il n'y croît ni mays, ni ris, ni légumes. On y manque même de pailles & d'herbes affez longues pour couvrir les habitations. Les chaleurs infupportables qu'on y éprouve, viennent en partie de ce qu'il eft entouré de hautes montagnes qui empêchent les vents d'en rafraîchir l'air. Le climat n'eft pas plus fain qu'agréable : des vapeurs qui fortent continuellement des entrailles d'un fol rempli de minéraux, en rendent le féjour dangereux, fur-tout pour des étrangers.

Ce qui a attiré quelque attention fur un fi mauvais pays, c'eft fon or. Il y eft fi commun, qu'on en trouve prefqu'indifféremment par-tout. Il fuffit quelquefois pour en avoir de racler la fuperficie d'une terre argileufe, legere & mêlée de fable. Lorfque la mine eft très-riche, elle eft fouillée à quelques pieds de profondeur & jamais plus loin, quoiqu'on ait remarqué qu'elle devenoit communément plus abondante à mefure qu'on creufoit davantage. Les mineurs font trop pareffeux pour fuivre un travail qui devient toujours plus pénible, & trop ignorans pour remedier aux inconvéniens qu'il ne manqueroit pas d'entraîner. Leur négligence & leur ineptie font pouffées fi loin, qu'en lavant l'or pour le détacher de la terre, ils n'en confervent que les plus groffes parties : les plus legeres s'en vont avec l'eau qui s'écoule par un plan incliné.

Les habitans de Bambouc n'exploitent pas les mines, en tout tems, ni quand bon leur femble. Ils font obligés d'attendre que des befoins

personnels ou publics ayent déterminé les Farims
à en accorder la permission. Lorsqu'elle est publique, tous ceux auxquels il convient d'en profiter, se rendent au lieu désigné. Le travail fini,
l'on fait le partage. La moitié de l'or revient au
seigneur, & le reste est distribué entre les travailleurs par égales portions. Ceux qui veulent
de l'or, dans un autre tems que celui de la fouille
générale, en vont chercher dans le lit des rivieres, où il est commun.

Les François établis dans le Senegal entendi-
rent parler long-tems des mines de Bambouc,
sans y ajouter beaucoup de foi. Lorsqu'ils en eurent constaté l'existance, ils en desirerent la possession. La perte de la colonie a fait passer cette
ambition à leur vainqueur. L'Angleterre s'occupe
des moyens de faire couler dans son sein de si
grands trésors, quoique la route pour y arriver
par le Niger soit de plus de trois cens lieues.
Sur la foi d'un voyageur moderne, on peut
croire les possesseurs de Gorée, plus à portée de
cette conquête, par la riviere de Salum qui
avoit toujours été négligée pour des raisons trop
longues à développer, mais qu'on a reconnu
dans les derniers tems, propre à recevoir des bâ-
rimens de trois cens tonneaux. Outre que ce
chemin est plus court de moitié que l'autre, il
est plus facile. Le Niger est dangereux à remonter. On n'y peut naviguer que dans le tems des
innondations. Il faut faire une partie du voyage
par terre, à cause des rochers qui barrent le cours
de la riviere. Trois mois sont à peine suffisans
pour surmonter ces difficultés; & dans un mois
on peut arriver au même terme par le Salum
qui ne présente aucun de ces inconvéniens. Les
deux fleuves conduisent également, mais avec

la même inégalité d'obstacles, à Galam, à Tombut, à Bambarras, moins riches en or que Bambouc, mais pourtant fort riches.

Quel des deux peuples rivaux qui arrive le premier aux mines, par l'une ou l'autre de ces voies, son ambition n'en sera pas plus près d'être assouvie. Les habitans de Bambouc connoissent le prix de leur pays. Une longue expérience les a convaincus de la passion qu'ont tous les peuples pour leur métal, du désir même qu'ils auroient de se rendre maîtres de la région qui le produit. Cette opinion leur a inspiré une telle défiance, qu'ils ne permettent l'entrée de leurs provinces qu'à l'étranger qui leur apporte ce que la stérilité de leur sol les oblige à recevoir d'ailleurs. On feroit difficilement arriver dans une contrée si éloignée de la mer des forces suffisantes pour l'envahir ; & les Européens périroient bientôt dans des sables brûlans, mal-sains & sans subsistances. La séduction paroît la seule voye qui leur soit ouverte. Le moyen le plus efficace pour gagner cette nation, seroit de lui fournir les marchandises qu'elle tire des maures, de les lui livrer à meilleur marché, & de lui faire connoître de nouvelles jouissances. A ce prix les Bamboucs céderoient peut-être le droit d'exploiter leurs mines. En attendant cette révolution qui vraisemblablement n'arrivera jamais, nous exerçons dans la Guinée une branche de commerce bien plus importante que tout l'or du monde : c'est celle des esclaves.

La propriété que quelques hommes ont acquise sur d'autres dans cette opulente & malheureuse partie du monde, est d'une origine fort ancienne. Elle y est généralement établie, si l'on en excepte quelques petits cantons où la liberté

s'eſt retirée & cachée. Cependant nul propriétaire n'a droit de vendre un homme né dans
l'état de ſervitude. Il peut diſpoſer ſeulement
des eſclaves qu'il acquiert, ſoit à la guerre où
tout priſonnier eſt eſclave à moins d'échange,
ſoit à titre d'amende pour quelque tort qu'on
lui aura fait, ſoit enfin qu'il les ait reçus en
témoignage de reconnoiſſance. Cette loi qui
ſemble être faite en faveur de l'eſclave né, pour
le faire jouir de ſa famille & de ſon pays, eſt
inſuffiſante, depuis que les Européens ont établi
le luxe ſur les côtes d'Afrique. Elle ſe trouve
éludée tous les jours, par les querelles concentrées que ſe font deux propriétaires, pour être
condamnés tour à tour, l'un envers l'autre, en
une amende qui ſe paye en eſclaves nés, &
dont la diſpoſition devient libre par l'autoriſa-
tion de la même loi.

La corruption, contre ſon cours ordinaire, a
gagné des particuliers aux ſouverains. Ils ont multiplié les guerres pour avoir des eſclaves, comme
on les ſuſcite en Europe pour avoir des ſoldats.
Ils ont établi l'uſage de punir par l'eſclavage,
non-ſeulement ceux qui avoient attenté à la vie
ou à la propriété des citoyens; mais ceux qui ſe
trouvoient hors d'état de payer leurs dettes, mais
ceux qui avoient trahi la foi conjugale. Cette peine
eſt devenue avec le tems, celle des plus légeres
fautes, après avoir été reſtrainte aux plus grands
crimes. On n'a ceſſé d'accumuler les défenſes même des choſes indifférentes, pour accumuler les
revenus des peines avec les tranſgreſſions. L'injuſtice n'a plus eu de bornes, ni de barrieres.
Dans un grand éloignement des côtes, il ſe trouve
des chefs qui font enlever autour des villages tout
ce qui s'y rencontre. On jette les enfans dans des

facs ; on met un baillon aux hommes & aux femmes pour étouffer leurs cris. Si les ravisseurs sont
arrêtés par une force supérieure, ils sont conduits
au souverain qui désavoue toujours la commission
qu'il a donnée, & qui sous prétexte de rendre
la justice vend sur le champ ses agens aux vaisseaux avec lesquels il a traité.

Malgré ces odieuses ruses, les peuples de la
côte se sont vus hors d'état de fournir aux deman-
des que les marchands leur faisoient. Il leur est
arrivé ce que doit éprouver toute nation, qui ne
peut négocier qu'avec son numéraire. Les esclaves sont pour le commerce des Européens en
Afrique, ce qu'est l'or dans le commerce que nous
faisons avec le nouveau monde. Les têtes de negres représentent le numéraire des états de la
Guinée. Chaque jour ce numéraire leur est enlevé ; & on ne leur laisse que des choses de consommation. Leur capital disparoît peu-à peu, parce qu'il ne peut se régénérer, en raison de l'activité des consommations. Aussi la traite des noirs
seroit-elle déja tombée, si les habitans des côtes
n'avoient communiqué leur luxe aux peuples de
l'intérieur du pays, desquels ils tirent aujourd'hui
la plupart des esclaves qu'ils nous livrent. C'est de
cette maniere, que le commerce des Européens
a presque épuisé de proche en proche les richesses commerçables de cette nation.

Cet épuisement a fait presque quadrupler le prix
des esclaves depuis vingt ans ; & voici comment.
On les paye, en plus grande partie, avec des marchandises des Indes orientales qui ont doublé de
valeur en Europe. Il faut donner en Afrique le
double de ces marchandises. Ainsi les colonies
d'Amérique, où se conclut le dernier marché des
noirs, sont obligées de supporter ces diverses aug-

mentations, & par conséquent de payer quatre fois plus qu'elles ne payoient autrefois.

Cependant, le propriétaire éloigné qui vend son esclave, reçoit moins de marchandises que n'en recevoit il y a cinquante ans celui qui vendoit le sien au voisinage de la côte Les profits des mains intermédiaires; les frais de voyage; les droits, quelquefois de trois pour cent qu'il faut payer aux souverains chez qui on passe, absorbent la différence de la somme que reçoit le premier propriétaire, à celle que paye le marchand Européen. Ces frais grossissent tous les jours, par l'éloignement des lieux où il reste encore des esclaves à vendre. Plus ce premier marché sera reculé, plus les difficultés du voyage seront grandes. Elles deviendront telles, que de ce que le marchand Européen pourra donner, il restera si peu à offrir au premier vendeur, qu'il préférera de garder son esclave. Alors, la traite cessera. Si l'on veut absolument la soutenir, il faudra que nos négocians achetent excessivement cher, & qu'ils vendent dans les proportions aux colonies, qui, de leur côté, ne pouvant livrer qu'à un pris énorme leurs productions, ne trouveront plus de consommateurs. Mais jusqu'à ce période qui est peut-être moins éloigné que ne le pensent les colons, ils vivront tranquillement du sang & de la sueur des negres. Ils trouveront des navigateurs pour en aller acheter, & ceux-ci des tyrans pour en vendre.

Les marchands d'hommes s'associent, & formant des especes de caravanes, conduisent dans l'espace de deux ou trois cens lieues, plusieurs files de trente ou quarante esclaves, tous chargés de l'eau & de grains nécessaires pour subsister dans les déserts arides que l'on traverse.

La maniere de s'en assurer, sans trop gêner leur marche, est assez heureusement imaginée. On passe au col de chaque esclave, une fourche de bois de huit à neuf pieds de long. Une cheville de fer rivée, ferme la fourche par derriere de maniere que la tête ne puisse pas passer. La queue de la fourche, dont le bois est fort pesant, tombe sur le devant, & embrasse tellement celui qui y est attaché, que quoiqu'il ait les bras & les jambes libres, il ne peut ni marcher, ni lever la fourche. Pour se mettre en marche, on range les esclaves sur une même ligne ; on appuie & on attache l'extrêmité de chaque fourche sur l'épaule de celui qui précéde, & ainsi de l'un à l'autre jusqu'au premier dont l'extrêmité de la fourche est portée par un des conducteurs. On n'impose guere de chaîne aux autres, sans en sentir soi-même le fardeau. Mais pour prendre sans inquiétude le repos du sommeil, ces marchands attachent les bras de chaque esclave sur la queue de la fourche qu'il porte. Dans cet état, il ne peut ni fuir, ni rien attenter pour sa liberté. Ces précautions ont paru indispensables, parce que si l'esclave peut parvenir à rompre sa chaîne, il devient libre. La foi publique qui assure au propriétaire la possession de son esclave & qui dans tous les tems le lui remet entre les mains, se tait entre l'esclave & le marchand qui exerce de toutes les professions la plus méprisée.

Les esclaves arrivent toujours en grand nombre, sur-tout lorsqu'ils viennent des contrées reculées. Cet arrangement est nécessaire, pour diminuer les frais qu'il faut faire pour les conduire. L'intervalle d'un voyage à l'autre long par cette raison d'économie, peut être augmenté par des circonstances particulieres. La plus ordinaire vient des pluies

pluies qui font déborder les rivieres & languir la traite. La saison favorable pour voyager dans l'intérieur de l'Afrique est depuis février jusqu'en septembre ; & c'est depuis septembre jusqu'en mars, que le retour des marchands d'esclaves offre le plus de cette marchandise sur la côte.

La traite des Européens se fait au sud & au nord de la ligne. La premiere côte, connue sous le nom d'Angole, n'offre que quatre ports qui fournissent à peu près un tiers des noirs qui sont portés en Amérique : ce ne sont ni les plus intelligens, ni les plus laborieux, ni les plus robustes. La seconde, désignée sous le nom général de côte d'or, est plus abondante en rades ; mais elles ne sont pas toutes également favorables au commerce. La gêne qu'ont mise les forts Européens dans plusieurs endroits, en écarte les marchands d'esclaves. On les voit en bien plus grand nombre à Anambou & à Calbari où il regne une liberté entiere dans la vente des esclaves.

Il sort tout au plus d'Afrique chaque année soixante mille esclaves. Les Danois en tirent trois mille ; les Portugais cinq ; les Hollandois six ; les François treize. Tout le reste est emporté par les Anglois qui les distribuent à leurs colonies septentrionales ou méridionales, & qui en vendent environ quatre mille aux Espagnols, & un peu moins aux François.

Toutes les nations payent les esclaves avec les mêmes marchandises. Ce sont des sabres, des fusils, de la poudre à canon, du fer, de l'eau-de-vie, des quincailleries, des étoffes de laine, surtout des toiles des Indes orientales ou celles que l'Europe fabrique & peint sur leur modele. Les peuples du nord de la ligne ont adopté pour monnoie un petit coquillage blanc que nous leur apportons des Maldives. Au sud de la ligne, le commerce des Européens a de moins cet objet de change. On y fabrique pour signe de valeur une petite piece d'étoffe de paille de dix-huit pouces de long sur douze de largeur. Ce signe réel n'est que le quarantieme d'une valeur idéale qu'on appelle *piece*.

Ce mot, depuis que nous fréquentons l'Afrique, est devenu le terme numérique de toutes les choses de la plus grande valeur. Le prix de chaque marchandise que nous y portons, est fixé invariablement sous la dénomination d'une, de deux, de trois pieces ou d'un plus grand nombre. Chaque piece coûte d'achat primitif environ une pistole, & on donne communément trente pieces pour un noir, en y comprenant les droits. Le plus fort de ces droits, est la rétribution qu'il faut donner à un courtier autorisé par le gouvernement, qui est toujours entre le vendeur & l'acheteur ; qu'il est important de s'attacher ; & qui est devenu un plus grand personnage à mesure que la concurrence des Européens a augmenté, & que la disette des esclaves s'est fait sentir. Un autre droit, qui quoique demandé sous le nom de présent n'en est pas moins un tribut forcé, c'est ce qu'il faut payer au souverain & à ses pricipaux officiers, pour avoir la liberté de traiter. La somme se mesure sur la capacité du navire, & elle peut être évaluée à trois pour cent.

Les nations Européennes ont cru qu'il entroit dans l'utilité de leur commerce, de former des établissemens sur la côte d'Afrique. Les Portugais qui parcoururent les premiers ces vastes contrées, y laifferent par-tout des traces de leur ambition plutôt que de leur sagesse. Les foibles &

innombrables colonies qu'ils y avoient jettées, ne tarderent pas à oublier une patrie qui les avoit elle-même oubliées. Avec le tems, il ne resta de tant de conquêtes, que des possessions très-étendues dans le pays d'Angole d'où le Bresil tire encore ses esclaves, & quelques isles de peu d'importance. Celles qui sont situées à l'ouest du cap Verd produisent du sel, nourissent des bestiaux, & servent de relâche aux vaisseaux qui vont aux Indes orientales. Celles du Prince & de Saint-Thomas, qui sont à l'entrée du golphe de Gabon, fournissent des rafraîchissemens aux navigateurs qui partis de la côte d'Or, prennent la route d'Amérique. Les unes & les autres sont comptées pour rien dans le monde commerçant.

Quoique le Portugal ne tirât, même dans les premiers tems, qu'une utilité médiocre des côtes d'Afrique, il étoit si jaloux de l'empire qu'il y exerçoit en vertu de sa découverte, qu'il ne croyoit pas qu'aucune nation eût droit d'en approcher. Les Anglois, qui les premiers oserent douter de la légitimité de ces prétentions vers l'an 1553, essuyerent l'affront de voir leurs vaisseaux arrêtés. Il fallut en venir à une guerre nationale, & se soustraire par la supériorité des armes à cette tyrannie. Dans la suite, les compagnies exclusives d'Angleterre qui entreprirent ce commerce, formerent successivement des comptoirs sans nombre, dont celui du cap Corse, situé à la côte d'Or, & celui de James, placé dans une isle à l'entrée de la riviere de Gambie furent assez constamment les principaux & les plus utiles. Quoiqu'on en eut abandonné beaucoup, il en restoit encore seize, lorsque le parlement reveillé par le cri public, se détermina en 1752 à mettre fin à ce monopole. La nation acquit des intéressés sous ces magasins fortifiés où il n'y avoit que cent vingt hommes, pour la somme de cent douze mille, cent quarante deux livres sterlings, trois schelings & trois deniers. Leur entretien coûte annuellement environ treize mille livres.

L'Angleterre faisoit seule ou presque seule tout le commerce d'Afrique, lorsque les Hollandois entreprirent en 1637 de le partager. La guerre qu'ils soutenoient contre l'Espagne, les autorisoit à attaquer les établissemens Portugais en Guinée; & ils s'emparerent de la plupart en fort peu de tems. Le traité de 1641 en assura la propriété à la république. Celle-ci prétendant entrer dans tous les droits du premier possesseur, voulut exclure son rival de ces parages, & ne cessa de l'y molester jusqu'à la paix de Breda. De toutes ces conquêtes, celle du fort de la Mina, à la côte d'or, se trouva la plus importante. Il avoit été bâti en 1452 par les Portugais qui avoient enrichi son territoire par la culture du sucre, du mays, de divers fruits exquis, par quantité d'animaux utiles qu'ils y avoient transportés. Ils en tiroient beaucoup d'or & quelques esclaves. Cet établissement ne dégénéra pas dans les mains des Hollandois, qui en firent le centre de tous les comptoirs qu'ils avoient acquis, de toutes les affaires qu'ils traitoient en Afrique.

La prospérité de cette puissance dans cette partie du monde étoit à son comble, lorsqu'elle y fut attaquée par Louis XIV. Ce prince, qui aspiroit à tous les genres de gloire, saisit la circonstance de la guerre de 1672 pour faire tonner jusqu'aux bords Africains ces foudres qui portoient la terreur de son pavillon sur toutes les mers. Il enleva aux Hollandois les forts d'Arguin & de Portendic, qui étoient alors le marché général des gommes. Ses sujets établirent dans la suite sur la côte plusieurs postes qu'il fallut abandonner, ou parce qu'ils étoient mal choisis, ou qu'on manquoit de forces pour les soutenir. Depuis que par un enchaînement de fautes & de revers, la France s'est vue obligée à sacrifier dans les derniers traités le Senegal aux Anglois, il ne lui reste que le comptoir de Juida & l'isle de Gorée, où il n'y a point, où il n'y aura jamais de commerce. Elle commençoit il y a quelques années un établissement utile à Anamabou, lorsque les travailleurs furent chassés à coups de canon & en plaine paix par les vaisseaux de la Grande-Bretagne. Un négociateur habile, qui se trouvoit à Londres à la nouvelle de cette violence, témoigna son étonnement d'une conduite si peu mesurée. *Monsieur*, lui dit un ministre très-accrédité chez cette nation éclairée, *si nous voulions être justes envers les François, nous n'aurions pas pour trente ans d'existance.*

Les Danois qui s'établirent en Afrique, un peu après le milieu du dernier siecle, & qui y acheterent du roi d'Aquambo les deux forts de Frederisbourg & de Christiansbourg situés sur la côte d'Or à peu de distance l'un de l'autre, n'éprouverent jamais un traitement semblable. Ils durent la tranquillité dont on les laissa toujours jouir, à la médiocrité de leur commerce. Il étoit si foible, qu'on n'expédioit qu'un vaisseau tous les deux ou trois ans. Cette navigation s'est étendue depuis quelque tems ; mais elle n'est pas encore fort considérable.

A l'exception des Portugais, toutes les nations Européennes, assujettirent leur négoce d'Afrique à des privileges exclusifs. Les compagnies en possession de ce monopole, dont tous les gouver-

nemens ont enfin fenti & fait ceffer le vice, fortifierent leurs comptoirs, & pour en écarter les
étrangers, & pour affujettir les naturels du pays
à ne vendre qu'à elles. Lorfque les cantons où
étoient les forts, n'ont eu plus rien à livrer, la
traite a langui, parce que les peuples de l'intérieur du pays ont préféré de mener leurs efclaves
dans les ports libres où ils pouvoient choifir les
acheteurs. Ainfi les comptoirs qui avoient été fi
avantageux, lorfque la côte étoit bien peuplée,
ne font plus qu'un fardeau fort lourd depuis que
les facteurs de ces comptoirs font obligés à de
grands voyages pour faire leurs achats. L'utilité
de ces établiffemens s'eft perdue avec l'épuifement des objets de leur commerce.

De la difficulté de fe procurer des efclaves,
dérive naturellement la méthode d'employer de
petits navires à leur extraction. Dans le tems
qu'un petit terrein, voifin de la côte, fourniffoit
en quinze jours ou trois femaines une cargaifon,
il y avoit de l'économie à employer de gros vaiffeaux; parce qu'il étoit poffible d'entendre, de
foigner & de confoler des efclaves qui parloient
tous une même langue. Aujourd'hui que chaque
bâtiment peut à peine fe procurer par mois foixante ou quatre-vingt efclaves, amenés de deux ou
trois cens lieues, épuifés par les fatigues d'un
long voyage, embarqués pour refter cinq ou fix
mois à la vue de leur pays, ayant tous des idiomes différens, incertains du fort qu'on leur prépare, frappés du préjugé que les Européens les
mangent & boivent leur fang; l'ennui feul leur
donne la mort, ou leur caufe des maladies qui
deviennent contagieufes par l'impoffibilité où l'on
fe trouve de féparer les malades de ceux qui ne
le font pas. Un petit navire deftiné à porter deux

ou trois cens négres, évite par le peu de séjour qu'il fait à la côte, la moitié des accidens & des pertes qu'éprouve un navire de cinq ou six cens esclaves. Aussi, les Anglois qui ont poussé ce commerce aussi loin qu'il peut aller, ont-ils contracté l'habitude de n'envoyer que des bâtimens de cent vingt ou trente tonneaux dans les mers qui s'étendent depuis le Senegal jusqu'à la riviere de Volte, & de n'en expédier d'un peu plus considérables que pour le Colbar où la traite est plus vive, & où ils forment leurs principales cargaisons. Il n'y a que les François qui soient restés opiniâtrement fideles à l'ancienne routine. Cependant la ville de Nantes qui fait seule en Afrique autant d'affaires que tous les autres ports du royaume ensemble, commence à revenir de ses préjugés. Elle y renoncera sans doute entierement, & tous les négocians qui font le même commerce avec leurs propres fonds, suivront son exemple.

Il est d'autres abus, des abus de la derniere importance à réformer dans cette navigation naturellement peu saine. Ceux qui s'y livrent font communément deux fautes capitales. Dupes de leur avidité, les armateurs ont plus d'égard au port qu'à la marche de leurs vaisseaux; ce qui prolonge nécessairement des voyages dont tout invite à abréger la durée. Un autre inconvénient plus dangereux encore, c'est l'habitude où l'on est de partir d'Europe en tout tems, quoique la régularité des vents & des courans ait déterminé la saison convenable pour arriver dans ces parages.

Cette mauvaise pratique a donné naissance à la distinction de grande & de petite route. La petite route est la plus directe & la plus courte.

Elle n'a pas plus de dix-huit cens lieues, jusques aux ports les plus éloignés où se trouvent les esclaves. Trente-cinq ou quarante jours suffisent pour la faire, depuis le commencement de septembre jusqu'à la fin de novembre, parce que depuis le moment du départ jusqu'au terme, on trouve les vents & les courans favorables. Il est même possible de la tenter en décembre, janvier & février, mais avec moins de sûreté & de succès.

Ces parages ne sont plus praticables depuis le commencement de mars jusqu'à la fin d'août. On auroit à lutter continuellement contre des courans violens portant au nord, & contre le vent du sud-est qui est régulier. L'expérience a appris que dans cette saison, il falloit s'éloigner des côtes, gagner la plaine mer, naviguer vers le sud jusques par les vingt-six ou ving-huit dégrés entre l'Afrique & le Brésil, & se rapprocher ensuite de la Guinée pour atterrer cent cinquante ou deux cens lieues au vent du port où on veut aborder. Cette route est de deux mille cinq cens lieues, & exige quatre-vingt-dix ou cent jours de navigation.

Indépendamment de sa longueur, cette grande route emporte le tems favorable pour la traite & pour le retour. Les navires sont surpris par les calmes, contrariés par les vents, entraînés par les courans; l'eau manque, les vivres se gâtent, le scorbut gagne les esclaves. D'autres calamités non moins fâcheuses ajoutent souvent au danger de cette situation. Les négres du nord de la ligne sont sujets à la petite vérole qui par une singularité fort aggravante, ne se développe guere chez ce peuple qu'après l'âge de quatorze ans. Si cette contagion entre dans un navire qui est encore à l'ancre, il y a des moyens connus pour en affoiblir la violence. Mais un vaisseau attaqué de cette épidémie, en route pour l'Amérique, perd souvent toute sa cargaison de négres. Ceux qui sont nés au sud de la ligne rachetent cette maladie par une autre : c'est une sorte d'ulcere virulent, dont la malignité perce & s'irrite davantage sur mer, sans jamais guérir radicalement. La médecine devroit peut-être observer le double effet de la petite vérole sur les négres, qui est de respecter ceux qui naissent au-delà de l'équateur, & de n'attaquer jamais les autres dans l'enfance. C'est par la multiplicité & la variété des effets qu'on parvient quelquefois à déviner les causes des maladies, & à trouver leurs remedes.

Quoique toutes les nations qui font le commerce d'Afrique ayent un intérêt égal à la conservation des esclaves dans la traversée, elles n'y veillent pas toutes de la même maniere. Elles s'accordent à la vérité à les nourrir de féves de marais mêlées d'un peu de ris; mais elles différent dans d'autres traitemens. Les Anglois, les Hollandois, les Danois, tiennent rigoureusement aux fers les hommes, & mettent souvent des menottes aux femmes : la foiblesse de leurs équipages les réduit à cette sévérité. Les François plus nombreux, accordent plus de liberté : ils brisent tous les liens trois ou quatre jours après leur départ. Les uns & les autres, sur-tout les Anglois, se relâchent trop sur la fréquentation de leurs matelots avec les captives. Ce désordre donne la mort aux trois quarts de ceux que la navigation de Guinée détruit chaque année.

C'est une opinion généralement reçue, que les noirs qui arrivent en Amérique, sont aujourd'hui vendus à un prix beaucoup plus haut qu'ils ne l'étoient autrefois. On se trompe; & l'erreur vient de ce que l'acheteur ne fait attention qu'au nombre des signes de valeur qu'il donne, au lieu de ne compter que la quantité des denrées qu'il livre en échange. Cette mesure, la seule qui soit exacte lui fera voir que les negres n'ont point enchéri, puisqu'il les paye avec la même quantité de productions dont il les achetoit dans les tems les plus reculés. C'est l'argent qui a changé de valeur, & non le malheureux negre.

Toutes les nations ne vendent pas les esclaves de la même façon. L'Anglois qui a acheté indifféremment tout ce qui s'est présenté dans le marché général, se défait en gros de sa cargaison. Un seul marchand l'acquiert entiere. Les cultivateurs la prennent en détail. Ce qu'ils rebutent est envoyé dans les colonies étrangeres, soit en interlope, soit avec permission. On y est plus tenté par le bon marché du negre que rebuté par sa mauvaise constitution, & on l'achete. Les yeux s'ouvriront un jour.

Les Portugais, les Hollandois, les François, les Danois, qui n'ont point de débouché pour des esclaves caducs ou infirmes, ne s'en chargent jamais en Guinée. Les uns & les autres divisent leurs cargaisons, suivant les besoins des propriétaires des habitations. Le contrat se fait au comptant ou au crédit, selon les circonstances. Lorsque le terme du payement est à dix-huit mois, comme il arrive souvent dans les colonies Françoises, les travaux du noir doivent avoir rendu à cette époque les deux tiers du prix de son acquisition. Si cela n'arrive pas toujours, c'est par des raisons particulieres dont le détail paroît superflu.

Les premieres impreſſions que reçoivent les Afriquains dans le nouveau monde, les déterminent vers de bonnes ou de mauvaiſes qualités. Ceux qui tombent en partage à un maître humain, ſe portent d'eux-mêmes à ſes intérêts. Ils prennent inſenſiblement l'eſprit, les affections de l'attelier où ils ſont fixés. Cet attachement va quelquefois juſqu'à l'héroïſme. Un eſclave Portugais qui avoit déſerté dans les bois ayant appris que ſon ancien maître étoit arrêté pour un aſſaſſinat, vint s'en accuſer lui-même en juſtice, ſe mit dans les fers à la place du coupable, fournit les preuves fauſſes mais juridiques de ſon prétendu crime, & ſubit le dernier ſupplice. Des actes d'une nature moins ſublime, mais aſſez fréquens, ont touché le cœur de quelques colons. Pluſieurs diroient volontiers comme le chevalier Villiam Gooch gouverneur de la Virginie à qui on reprochoit de ſaluer un negre qui l'avoit prévenu : *je ſerois bien ſâché qu'un eſclave ſut plus honnête que moi.*

Mais il y a des barbares qui regardant la pitié comme une foibleſſe, ſe plaiſent à tenir la verge de la tyrannie toujours levée. Graces au ciel, ils en ſont punis par la négligence, par l'infidélité, par la déſertion, par le ſuicide des déplorables victimes de leur cupidité. On voit quelques uns de ces infortunés, ceux de Mina ſpécialement, terminer fierement leur vie, avec la perſuaſion qu'après la mort, ils renaîtront dans leur patrie. Leur méthode eſt de ſe pendre, ou de s'étouffer en retournant leur langue en dedans, comme s'ils vouloient l'avaler. L'eſprit de vengeance fournit à d'autres des reſſources plus deſtructives encore. Inſtruits dès l'enfance dans l'art des poiſons qui naiſſent, pour ainſi dire, fous leurs mains, ils les emploient à faire périr les bœufs, les chevaux, les mulets, les compagnons de leur efclavage, tous les êtres qui fervent à l'exploitation des terres de leur oppreffeur. Pour écarter loin d'eux tous les foupçons, ils effayent leurs cruautés fur leurs femmes, leurs enfans, leurs maîtreffes, fur tout ce qu'ils ont de plus cher. Ils goûtent dans ce projet affreux de défefpoir, le double plaifir de délivrer leur efpece d'un joug plus horrible que la mort, & de laiffer leur tyran dans un état de mifere qui le rapproche de leur état. La crainte des fupplices ne les arrête point. Il entre rarement dans leur caractere de prévoir l'avenir; & d'ailleurs ils font bien affurés de tenir le fecret de leur crime à l'épreuve des tortures. Par une de ces contrariétés inexplicables du cœur humain, mais commune à tous les peuples éclairés ou fauvages, on voit les négres allier à leur poltronerie naturelle une fermeté inébranlable. La même organifation qui les foumet à la fervitude par la pareffe de l'efprit & le relâchement des fibres, leur donne une vigueur, un courage inouïs pour un effort extraordinaire : lâches toute leur vie, héros dans un moment. On a vu l'un de ces malheureux fe couper le poignet d'un coup de hache, plutôt que de racheter fa liberté par un vil miniftere en fervant de bourreau.

Cependant rien n'eft plus affreux que la condition du noir dans tout l'archipel Américain. Une cabane étouffée, mal-faine, fans commodités lui fert de demeure. Son lit eft une claye plus propre à brifer le corps qu'à le repofer. Quelques pots de terre, quelques plats de bois forment fon ameublement. La toile groffiere qui cache une partie de fa nudité, ne le garantit ni des chaleurs insuportables du jour, ni des fraîcheurs dangereuses de la nuit. Ce qu'on lui donne de manioc, de bœuf salé, de morue, de fruits & de racines, ne soutient qu'à peine sa misérable existance. Privé de tout, il est condamné à un travail continuel, dans un climat brûlant, sous le fouet toujours agité d'un conducteur féroce.

L'état de ces esclaves, quoique par-tout déplorable, éprouve quelque variation dans les colonies. Celles qui jouissent d'un sol étendu leur donnent communément une portion de terre qui doit fournir à tous leurs besoins. Ils peuvent employer à son exploitation une partie du dimanche, & le peu de momens qu'ils dérobent les autres jours au tems de leur repas. Dans les isles plus reserrées, le colon fournit lui-même la nourriture, dont la plus grande partie a passé les mers. L'ignorance, l'avarice ou la pauvreté ont introduit dans quelques-unes un moyen de pourvoir à la subsistance des négres, également destructeur pour les hommes & pour la culture. On leur accorde le samedi ou un autre jour pour gagner, soit en travaillant dans les habitations voisines, soit en les pillant, de quoi vivre pendant la semaine.

Outre ces différences tirées de la situation locale des établissemens dans les isles de l'Amérique, chaque peuple Européen a sa maniere de traiter ses esclaves. L'Anglois à qui le voisinage de ses possessions du continent permet plus d'indulgence, a plus d'égard au tempérament, au climat, aux occupations. S'il ne facilite jamais le mariage entre ses noirs, il reçoit avec bonté comme un présent de la nature, les enfans issus de liaisons plus libres, & n'exige guere des peres

& des meres un travail ou un tribut au - deſſus
de leurs forces. Les eſclaves ſont à ſes yeux des
êtres purement phyſiques qu'il ne faut pas uſer
ni détruire ſans néceſſité. Le François leur accorde une ſorte de moralité, mais ne les traite
guere comme des êtres ſenſibles. En leur per-
mettant quelquefois le mariage, il leur refuſe
tous les moyens de ſoutenir le fardeau de cet
état, ou d'en goûter les douceurs. Avec des
mœurs libres, cette nation a la conduite la plus
tyrannique.

Les opinions même des Européens influent ſur
le ſort des négres de l'Amérique. Les proteſtans
qui n'ont pas l'eſprit de proſélytiſme, les laiſſent
vivre dans le mahométiſme, l'idolâtrie où ils
ſont nés, ſous prétexte qu'il eſt indigne de tenir
ſes freres en Chriſt dans la ſervitude. Les ca-
tholiques ſe croient obligés de leur donner quelques inſtructions, de les baptiſer; mais leur
charité ne s'étend pas plus loin que les cérémonies d'un baptême nul & vain pour des hommes
qui ne craignent pas les peines d'un enfer auquel ils ſont, diſent-ils, accoutumés dès cette
vie.

Tout les rend inſenſibles à cette crainte, & les
tourmens de leur ſervitude, & les maladies auxquelles ils ſont ſujets en Amérique. Deux leur
ſont particulieres, c'eſt le pian & le mal d'eſto-
mac. Le premier effet de la derniere eſt de leur
rendre la peau & le teint olivâtres. Leur langue
blanchit. Un ſommeil inſurmontable les appé-
ſantit. Ils ſont languiſſans, incapables du moindre exercice. C'eſt un anéantiſſement, un affaiſſement total de la machine. On eſt ſi découragé
dans cet état, qu'on ſe laiſſe aſſommer plutôt
que de marcher. Le dégoût des alimens doux

& sains est accompagné d'une espece de passion pour tout ce qui est salé ou épicé. Les jambes s'enflent ; la poitrine s'engorge ; peu échappent. La plupart finissent par être étouffés, après avoir souffert & dépéri pendant plusieurs mois.

L'épaississement du sang, qui paroît être la source de ces maux peut venir de plusieurs causes. Une des principales est sans doute le chagrin qui doit s'emparer de ces hommes, qu'on arrache violemment à leur patrie, qui se voient garottés comme des criminels, qui se trouvent tout-à-coup sur mer pendant deux mois ou six semaines, qui du sein d'une famille cherie passent sous la verge d'un peuple inconnu dont ils attendent les plus affreux supplices. Une nourriture nouvelle pour eux, peu agréable en elle-même, les dégoûte dans la traversée. A leur arrivée dans les isles, les alimens qu'on leur distribue, ne sont ni bons ni suffisans. Pour comble de malheur, plusieurs d'entr'eux ont contracté en Afrique l'habitude de manger d'une certaine terre qui leur plaisoit & ne les incommodoit pas : ils en cherchent qui lui ressemble ; & le hasard a placé à leurs pieds un tuf rouge jaunâtre qui acheve de ruiner leur estomach.

Le pian, qui est la seconde maladie particuliere aux négres, se manifeste par des gales seches, dures, calleuses, circulaires, quelquefois couvertes par le peau, mais le plus souvent ulcerées & comme souf-poudrées d'une farine blanchâtre qui tire sur le jaune. On a voulu confondre le pian avec le mal vénérien, parce que le même remede leur convient. Cette opinion, quoique assez générale, est moins fondée qu'elle ne le paroît au premier coup d'œil.

Tous les négres venus de Guinée ou nés aux

isles, hommes & femmes, ont le pian une fois en leur vie : c'est une gourme qu'ils sont obligés de jetter ; mais il est sans exemple qu'aucun d'eux en ait été attaqué de nouveau, lorsqu'il avoit été guéri radicalement. Les Européens ne prennent jamais ou presque jamais cette maladie, malgré le commerce fréquent, on peut dire journalier qu'ils ont avec les négresses. Celles-ci nourissent les enfans blancs, & ne leur donnent point le pian. Comment concilier ces faits qui sont incontestables avec le système que la médecine paroît avoir adopté sur la nature du pian ? Pourquoi ne veut-on pas que le germe, le sang & la peau des négres soient susceptibles d'un venin particulier à leur espece ? La cause de ce mal est peut-être dans celle de leur couleur. Une différence comme une ressemblance en amene toujours d'autres. Il n'y a point d'être ni de qualité qui soient isolés dans la nature.

Mais, quel que soit ce mal, il est prouvé par des calculs dont on ne dispute pas la justesse, qu'il meurt tous les ans en Amérique la septieme partie des noirs qu'on y porte de Guinée. Quatorze cens mille malheureux qu'on voit aujourd'hui dans les colonies Européenes du nouveau monde sont les restes infortunés de neuf millions d'esclaves qu'elles ont reçu. Cette destruction horrible ne peut pas être l'ouvrage du climat qui se rapproche beaucoup de celui d'Afrique, & moins encore des maladies qui, de l'aveu de tous les observateurs, moissonnent peu de victimes. Sa source doit être dans le gouvernement des esclaves. Ne pourroit-on pas le corriger ?

Le premier pas dans cette réforme, seroit d'apprendre à connoître l'homme physique & moral. Ceux qui vont acheter les noirs sur des
côtes

côtes barbares ; ceux qui les menent en Amérique ; ceux sur-tout qui dirigent leur industrie,
ayant sans cesse sous les yeux le spectacle de ces
infortunés, se croient obligés par état, souvent
même pour leur sûreté de les opprimer. Leur ame
fermée à tout sentiment de compassion, ne connoît de ressorts que ceux de la crainte ou de la
violence ; & elle les emploie avec toute la férocité d'une autorité précaire. Si les propriétaires
des habitations, cessant de dédaigner le soin de
leurs esclaves, se livroient à une occupation dont
tout leur fait un devoir, ils abjureroient bientôt ces erreurs cruelles. L'histoire de tous les
peuples leur démontreroit, qu'on ne rendra jamais utiles des hommes privés injustement de
leur liberté, qu'on ne préviendra jamais les ré-
voltes de leur ame, qu'en les traitant avec beaucoup de douceur & d'humanité.

Ce trait de lumiere puisé dans le sentiment,
meneroit à beaucoup de reformes. On se rendroit
à la nécessité de loger, de vêtir, de nourrir con-
venablement des êtres condamnés à la plus pénible servitude qui ait existé, depuis l'infâme origine de l'esclavage. On sentiroit qu'il n'est pas dans
la nature, que ceux qui ne recueillent aucun fruit
de leurs sueurs, puissent avoir la même intelligence, la même économie, la même activité,
la même force, que l'homme qui jouit du produit entier de ses peines. Par dégrés, on arrive-
roit à cette modération politique qui consiste à
épargner les travaux, à mitiger les peines, à
rendre à l'homme une partie de ses droits, pour
en retirer plus sûrement le tribut de ses devoirs.
Le résultat de cette sage économie, seroit la conservation d'un grand nombre d'esclaves que les
maladies causées par le chagrin ou l'ennui, enle-

vent aux colonies. Loin d'aggraver le joug qui les accable, on chercheroit à en adoucir, à en dissiper même l'idée, en favorisant un goût naturel qui semble particulier aux négres.

Leurs organes sont singulierement sensibles à la puissance de la musique. Leur oreille est si juste, que dans leurs danses, la mesure d'une chanson, les fait sauter & retomber, cent à la fois, frappant la terre d'un seul coup. Suspendus, pour ainsi dire, à la voix du chanteur, à la corde d'un instrument, une vibration de l'air est l'ame de tous ces corps ; un son les agite, les enleve & les précipite. Dans leurs travaux, le mouvement de leurs bras ou de leurs pieds est toujours en cadence. Ils ne font rien qu'en chantant, & sans avoir l'air de danser. La musique chez eux, anime le courage, éveille l'indolence. On voit sur tous les muscles de leur corps toujours nuds, l'expression de cette extrême sensibilité pour l'harmonie. Poëtes & musiciens, ils subordonnent toujours la parole au chant, par la liberté qu'ils se réservent d'allonger ou d'abréger les mots pour les appliquer à un air qui leur plaît. Ce que les Italiens ont fait pour leur poësie, les Africains le font pour leur musique. Mais qu'on y prene garde, toutes les fois que ces deux arts seront associés, le plus puissant détruira l'autre. Depuis que l'Italie a de grands musiciens, elle n'a plus de grands poëtes. Les négres n'excellent dans aucun de ces beaux arts, mais ils ne cultivent l'un que pour l'autre. Un objet, un événement frappe un négre ; il en fait aussi-tôt le sujet d'une chanson. Ce fut dans tous les âges l'origine de la poësie. Trois ou quatre paroles qui se répétent alternativement entre le chanteur & les assistans en chœur, forment quelquefois tout le poëme. Cinq ou six mesures font toute l'étendue de la chanson. Ce qui paroît singulier, c'est que le même air, quoiqu'il ne foit qu'une répétition continuelle des mêmes tons, les occupe, les fait travailler ou danser pendant des heures entieres : il n'entraîne pas pour eux, ni même pour les blancs, l'ennui de l'uniformité que devroient causer ces répétitions. Cette espece d'intérêt est dû à la chaleur & à l'expreffion qu'ils mettent dans leurs chants. Leurs airs font presque toujours à deux tems. Aucuns n'excitent la fierté. Ceux qui font faits pour la tendreffe, infpirent plutôt une forte de langueur. Ceux même qui font les plus gais, portent une certaine empreinte de mélancolie. C'est la maniere la plus profonde de jouir pour les ames fenfibles. La mélancolie recueille la joie, où l'amour a femé la triftesse.

Un penchant fi vif, folemnellement attefté par un obfervateur exact né en Amérique, pourroit devenir un grand mobile entre des mains habiles. On s'en ferviroit pour établir des fêtes, des jeux, des prix. Ces amufemens économifés avec intelligence, empêcheroient la ftupidité fi ordinaire dans les efclaves, allegeroient leurs travaux, & les préferveroient de ce chagrin dévorant qui les confume, qui abrege fi généralement leurs jours. Après avoir pourvu à la confervation des noirs apportés d'Afrique, on s'occuperoit de ceux qui font nés dans les ifles mêmes.

Ce ne font pas les négres qui refufent de fe multiplier dans les chaînes de leur efclavage. C'est la cruauté de leurs maîtres qui a fu rendre inutiles pour eux-mêmes le vœu de la nature. Nous exigeons des négreffes des travaux fi durs avant & après leur groffeffe, que leur fruit n'ar-

rive pas à terme, ou furvit peu à l'accouche-
ment. Quelquefois même, on voit des meres
défefpérées par les châtimens que la foibleffe de
leur état leur occafionne, arracher leurs enfans
du berceau pour les étouffer dans leurs bras, &
les immoler avec une fureur mêlée de vengeance
& de pitié, pour en priver des maîtres barbares.
Cette attrocité dont toute l'horreur retombe fur
les Européens, leur ouvrira peut-être les yeux.
Leur fenfibilité fera réveillée par des intérêts
mieux combinés. Ils connoîtront qu'ils perdent
plus qu'ils ne gagnent à outrager perpétuellement
l'humanité ; & s'ils ne deviennent pas les bienfaiteurs de leurs efclaves, du moins cefferont-ils
d'en être les bourreaux.

Après avoir pris des mefures fages pour ne pas
priver leurs habitations des fecours que leur offre
une fécondité prefqu'incroyable, ils fongeront à
nourrir, à étendre la culture par la population,
fans moyens étrangers. Tout les invite à établir
ce fyftême facile & naturel.

Il y a quelques puiffances dont les établiffemens des ifles de l'Amérique, acquierent tous
les jours de l'étendue, & il n'y en a aucune dont
la maffe de travail n'augmente continuellement.
Ces terres exigent donc de jour en jour un plus
grand nombre de bras pour leur exploitation.
L'Afrique, où les Européens vont recruter la population de leurs colonies, leur fournit graduellement moins d'hommes ; & en les donnant plus
foibles, elle les vend plus cher. Cette mine d'efclaves s'épuifera de plus en plus avec le tems.
Mais cette révolution dans le commerce fût-elle
auffi chimérique qu'elle paroît prochaine, il n'en
refte pas moins démontré, qu'un grand nombre
d'efclaves tirés d'une région éloignée périt dans

la traversée ou dans un nouvel hémisphere ; qu'ils coûtent tous près de cent pistoles ; qu'il y en a peu dont la vie ordinaire ne soit abrégée ; & que la plupart de ceux qui parviennent à une vieillesse malheureuse, sont extrêmement bornés, accoutumés dès l'enfance à l'oisiveté, souvent peu propres aux occupations qu'on leur destine, & continuellement désespérés d'être séparés pour toujours de leur patrie. Si nous ne nous trompons, des cultivateurs nés dans les isles mêmes de l'Amérique, respirant toujours leur premier air, élevés sans autre dépense qu'une nourriture peu chere, formés de bonne-heure au travail par leurs propres peres, doués d'une intelligence ou d'une aptitude singuliere pour tous les arts : ces cultivateurs devroient être préférables à des esclaves vendus, expatriés & toujours forcés.

Le moyen de substituer aux noirs étrangers, ceux des colonies mêmes, s'offre sans le chercher. Il se réduit à soigner les enfans noirs qui naissent dans les isles ; à concentrer dans leurs atteliers cette foule d'esclaves qui promenent leur inutilité, leur libertinage, le luxe & l'insolence de leurs maîtres dans toutes les villes & les ports de l'Europe ; sur-tout à exiger des navigateurs qui fréquentent les côtes d'Afrique, qu'ils forment leur cargaison d'un nombre égal d'hommes & de femmes, ou même de quelques femmes de plus durant quelques années, pour faire cesser plutôt la disproportion qui se trouve entre les deux sexes.

Cette derniere précaution, en mettant les plaisirs de l'amour à la portée de tous les noirs, les consoleroit & les multiplieroit. Ces malheureux oubliant le poids de leurs chaînes, se sen-

tiront renaître. Ils font la plupart fideles jufqu'à la mort aux negrelles que l'amour & l'efclavage leur ont données pour compagnes ; ils
les traitent avec cette compallion que les mifé-
rables puifent mutuellement les uns pour les autres dans la dureté même de leur fort ; ils les
foulagent fous le fardeau de leurs occupations ;
ils s'affligent du moins avec elles, lorfque par
l'excès du travail, ou par le défaut de nourriture, la mere ne peut offrir à fon enfant qu'une
mamelle tarie ou baignée de fes larmes. De leur
côté, les femmes, quoiqu'on ne leur faffe pas
une obligation d'être chaftes, font inébranlables
dans leurs engagemens, lorfque la vanité d'être
aimées des blancs, ne les rend pas volages. Mal-
heureufement c'eft une tentation d'inconftan-
ce, où elles n'ont que trop fouvent occafion de
fuccomber.

Ceux qui ont cherché les caufes de ce goût
pour les negreffes, qui paroît fi dépravé dans
les Européens, en ont trouvé la fource dans la
nature du climat qui fous la zone torride entraîne invinciblement au phyfique de l'amour ;
dans la facilité de fatisfaire fans contrainte &
fans affiduité ce penchant infurmontable ; dans un
certain attrait piquant de beauté qu'on trouve bientôt dans les negreffes, lorfque l'habitude a fa-
miliarifé les yeux avec leur couleur ; fur-tout
dans un ardeur de tempérament qui leur donne
le pouvoir d'infpirer & de fentir les plus brûlans
tranfports. Auffi fe vengent-elles, pour ainfi
dire, de la dépendance humiliante de leur condition, par les paffions défordonnées qu'elles
excitent dans leurs maîtres ; & nos courtifannes
en Europe, n'ont pas mieux que les efclaves
negreffes l'art de confommer & de renverfer de

grandes fortunes. Mais les Africaines l'emportent
fur les Européennes en véritable paffion pour
les hommes qui les achetent. C'eft à la fidelité
de leur amour qu'on a dû plus d'une fois le bonheur d'avoir découvert & prévenu des confpi-
rations qui auroient fait égorger tous les oppreffeurs fous le couteau de leurs efclaves. Ce châ-
timent fans doute étoit bien mérité par la double tyrannie de ces indignes raviffeurs des biens
& de la liberté de tant de peuples.

Car on ne s'avilira pas ici jufqu'à groffir la
lifte ignominieufe de ces écrivains qui confacrent
leurs talens à juftifier par la politique, ce que
réprouve la morale. Dans cent fiecle où tant
d'erreurs font courageufement démafquées, il
feroit honteux de taire des vérités importantes à
l'humanité. Si tout ce que nous avons déja dit,
n'a paru tendre qu'à diminuer le poids de la fervitude, c'eft qu'il falloit foulager d'abord des
malheureux qu'on ne pouvoit délivrer ; c'eft
qu'il s'agiffoit de convaincre leurs oppreffeurs
même qu'ils étoient cruels au préjudice de leurs
intérêts. Mais en attendant que de grandes révolutions peut-être faffent fentir l'évidence de
cette vérité, il convient de s'élever plus haut.
Démontrons d'avance qu'il n'eft point de raifon
d'état qui puiffe autorifer l'efclavage. Ne crai-
nons pas de citer au tribunal de la lumiere &
de la juftice éternelles, les gouvernemens qui
tolérent cette cruauté, ou qui ne rougiffent pas
même d'en faire la bafe de leur puiffance.

Montefquieu n'a pu fe réfoudre à traiter fé-
rieufement la queftion de l'efclavage. En effet
c'eft dégrader la raifon que de l'employer, on
ne dira pas à défendre, mais à combattre même
un abus fi contraire à la raifon. Quiconque juf-

tifie un si odieux système, mérite du phi lso-
phe un silence plein du mépris, & du negre
un coup de poignard.

Si vous portez votre main sur moi, je me
tue, disoit Clarisse à Lovelace ; & moi je di-
rois à celui qui attenteroit à ma liberté , si vous
approchez, je vous poignarde ; & je resonne-
rois mieux que Clarisse, parce que défendre ma
liberté ou ce qui est la même chose ma vie, est
mon premier devoir, respecter celle d'autrui
n'est que le second ; & que toutes choses d'ailleurs égales ; la mort d'un coupable est plus
conforme à la justice que celle d'un innocent.

Dira-t-on que celui qui veut me rendre esclave n'est point coupable , qu'il use de ses
droits? Où sont-ils ses droits ? qui leur a donné
un caractere assez sacré pour faire taire les miens?
Je tiens de la nature le droit de me défendre;
elle ne t'a donc pas donné celui de m'attaquer. Que
si tu te crois autorisé à m'opprimer, parce que tu
es plus fort & plus adroit que moi ; ne te plains donc
pas , lorsqu'abattu sous mes pieds, sans secours
& sans force , mes bras vigoureux ouvriront ton
sein pour y chercher ton cœur ; ne te plains
donc pas, lorsque dans tes entrailles déchirées,
tu sentiras la mort que j'y aurai fait passer avec
tes alimens. Je suis plus fort & plus adroit que
toi, expie à présent le crime d'avoir eu plus
de force & plus d'adresse que moi , lorsque tu as
fait de ton égal ton esclave.

Eh ! ne sentez-vous pas, malheureux apologis-
tes de l'esclavage, que vous couvrez la terre
d'assassins légitimes ? Que vous sappez la société
par ses fondemens, en armant tantôt un peuple contre tous les autres, & tantôt plusieurs nation contre une seule. Que vous criez aux hom-

mes : si vous voulez conserver votre vie, hâtez-vous de l'arracher, car j'en veux à la vôtre.

Mais, dites-vous, le droit d'esclavage s'étend sur le travail & la liberté, non sur la vie des hommes. Eh quoi, le maître qui dispose de l'emploi de mes forces, ne dispose-t-il pas de mes jours qui dépendent de l'usage volontaire & modéré de mes facultés ? Qu'est-ce que l'existance pour celui qui n'en peut user ? Je ne puis pas tuer mon esclave ; mais je puis faire couler son sang goutte à goutte sous le fouet d'un bourreau ; je puis l'accabler de douleurs, de travaux & de privations ; je puis attaquer de toutes parts, & miner sourdement les principes & les ressorts de sa vie ; je puis étouffer par des supplices lents le germe malheureux qu'une negresse porte dans son sein, fécond pour sa ruine & pour ma tyrannie.

Disons mieux. Le droit d'esclavage est celui de commettre toutes sortes de crimes ; & ceux qui attaquent la propriété ; vous ne laissez pas à vôtre esclave celle de sa personne, de ses pieds, de ses mains que vous pouvez à tout moment charger de fers : & ceux qui détruisent la sûreté ; vous pouvez l'immoler à vos caprices : & ceux qui font fremir la pudeur.... Tout mon sang se souleve à ces images horribles ; je hais, je fuis l'espece humaine composée de victimes & de bourreaux ; & si elle ne doit pas devenir meilleure, puisse-t-elle s'anéantir ?

Un mot encore, puisqu'il faut tout dire, Cartouche assis au pied d'un arbre dans une forêt profonde, calculant la recette & la dépense de son brigandage, les récompenses & les salaires de ses agens, & s'occupant avec eux d'idées de proportion & de justice distributive...

Vous ne le croyez pas..... Mais l'armateur qui courbé fur un comptoir, regle la plume à la main le nombre d'attentats qu'il peut faire commettre fur les côtes de Guinée ; qui examine à loifir combien chaque negre lui coûtera, de fufils à livrer pour entretenir la guerre qui fournit les efclaves, de chaînes de fer pour le tenir garotté fur fon vaiffeau, des fouets pour le faire travailler ; combien lui vaudra chaque goutte de fang dont ce negre arrofera fon habitation ; fi la negreffe donnera plus à fa terre par les travaux de fes mains que par le travail de l'enfantement ; fi.... Que penfez-vous du parallele ?.... Le voleur attaque & prend l'argent ; le négociant prend la perfonne même. L'un viole les inftitutions fociales ; l'autre viole la nature. Oui fans doute ; & s'il exiftoit une religion qui autorisât, qui tolerât, ne fut ce que par fon filence, de pareilles horreurs ; fi d'ailleurs occupée de queftion oifeufes ou féditieufes, elle ne tonnoit pas fans ceffe contre les auteurs où les inftrumens de cette tyrannie ; fi elle faifoit un crime à l'efclave de brifer fes chaînes ; fi elle fouffroit dans fon fein le juge inique qui condamne le fugitif à la mort : fi cette religion exiftoit, il faudroit en étouffer les miniftres fous les débris de leurs autels.

Mais les negres font une efpece d'hommes née pour l'efclavage. Ils font bornés, fourbes méchans. Ils conviennent eux-mêmes de la fupériorité de notre intelligence, & reconnoiffent prefque la juftice de notre empire.

Les negres font bornés ; parce que l'efclavage brife tous les refforts de l'ame. Ils font méchans ; pas affez. Ils font fourbes ; parce qu'on ne doit pas la vérité à fes tyrans. Ils reconnoiffent la fupériorité de notre esprit , parce que nous avons abusé de leur ignorance; la justice de notre empire , parce que nous avons abusé de leur foiblesse. J'aimerois autant dire que les Indiens sont une espece d'hommes nés pour être écrasés; parce qu'il y a chez eux des fanatiques qui se précipitent sous les roues du char de leur idole , devant le temple de Jagernat.

Mais tous ces negres étoient esclaves avant qu'on les achetât pour l'Amérique. La plupart étoient nés dans l'esclavage; les autres y étoient tombés , soit par le droit de la guerre , soit par une peine de mort encourue par des crimes & commuée en celle de la servitude.

C'est vous , colons avares & paresseux qui entretenez l'esclavage en Afrique , par l'achat que vous faites de ses malheureuses victimes. Vous soufflez la guerre , en mettant un prix, non pas à la rançon , mais à la propriété sur les prisonniers. Vos vaisseaux y ont apporté un germe de destruction qui ne disparoîtra qu'avec la cessation de votre commerce abominable , ou qu'à l'extinction de cette misérable race que vous forcez à s'égorger pour de l'eau-de-vie. Ce sont , dites-vous , des criminels qui dignes de la mort devroient bénir les chaînes qui les en exemptent. Et moi je vous dis que parmi tous ces Afriquains que vous achetez , il n'y a pas peut-être un criminel; parce que dans un état despotique il ne peut y avoir de crime.

Le sujet d'un despote est de même que l'esclave dans un état contre nature. Tout ce qui contribue à y retenir l'homme, est un attentat contre sa personne. Toutes les mains qui l'attachent à la tyrannie d'un seul, sont des mains ennemies. Or , voulez-vous savoir quels sont les auteurs ou les complices de cette violence ? Tous ceux qui l'environnent. Sa mere, qui pour ne pas travailler à la propagation de l'esclavage ne devoit peut-être pas lui donner le jour, & qui lui a donné les premieres leçons de l'obéiſſance ; ſon voiſin qui lui en a donné l'exemple ; ſes ſupérieurs qui l'y ont forcé ; ſes égaux qui l'y ont entraîné par leur opinion. Tous ſont les miniſtres & les inſtrumens de la tyrannie ; & s'ils n'en étoient pas les victimes forcées, on ne leur devroit que la haine ou la mort. Le tyran ne peut rien par lui-même ; il n'eſt que le mobile des efforts que font tous ſes ſujets pour s'opprimer mutuellement. Il les entretient dans un état de guerre continuelle qui rend légitimes les vols, les trahiſons, les aſſaſinats. Ainſi que le ſang qui coule dans ſes veines, tous les crimes partent de ſon cœur, & reviennent s'y concentrer. Caligula diſoit que ſi le genre humain n'avoit qu'une tête, il eût pris plaiſir à la faire tomber. Socrate auroit dit que ſi tous les crimes pouvoient ſe trouver ſur une même tête, ce ſeroit celle-là qu'il faudroit abattre.

Hâtons-nous donc de ſubſtituer à l'aveugle férocité de nos peres, les lumieres de la raiſon & les ſentimens de la nature. Briſons les chaînes de tant de victimes de notre cupidité, duſſions-nous renoncer à un commerce qui n'a que l'injuſtice pour baſe & que le luxe pour objet.

Mais non. Il n'eſt pas beſoin de faire le ſacrifice de productions que l'habitude nous a rendues cheres. Vous pouvez les tirer de vos colonies ſans les peupler d'eſclaves. Ces productions peuvent être cultivées par des mains libres, & dès-lors conſommées ſans remords.

Les Iſles ſont remplies de noirs dont on a rompu les chaînes. Ils exploitent avec ſuccès les petites habitations qu'on leur a données, ou qu'ils ont acquises par leur industrie. Ceux de ces malheureux qui recouvreroient successivement leur indépendance, vivroient en paix d'un semblable travail libre & fructueux. Les serfs de Danemarck qu'on vient d'affranchir ont-ils abandonné leurs charrues ?

Craint-on que la facilité de vivre sans agir sur un sol naturellement fertile, de se passer de vêtemens sous un ciel brûlant, plonge les hommes dans l'oisiveté ? Pourquoi donc les habitans de l'Europe ne se bornent-ils pas aux travaux de premiere nécessité ? Pourquoi s'épuisent-ils dans des occupations laborieuses qui ne satisfont que des fantaisies passageres ? Il est parmi vous mille professions plus pénibles les unes que les autres, qui sont l'ouvrage de nos institutions. Les loix ont fait éclore sur la terre un essain de besoins factices qui n'auroient jamais existé sans elles. En distribuant toutes les propriétés au gré de leur caprice, elles ont assujetti une infinité d'hommes à la volonté impérieuse de leurs semblables, au point de les faire chanter & danser pour vivre. Vous avez parmi vous des êtres faits comme vous, qui ont consenti à s'enterrer sous des montagnes pour vous fournir des métaux, du cuivre qui vous empoisonne peut-être ; pourquoi voulez-vous que des negres soient moins dupes, moins foux que des Européens.

En accordant à ces malheureux la liberté, mais successivement, comme une récompense de leur économie, de leur conduite, de leur travail, ayez soin de les asservir à vos loix & à vos mœurs, de leur offrir vos superfluités. Donnez-leur une patrie, des intérêts à combiner, des productions à faire naître, une conſommation analogue à leurs goûts ; & vos colonies ne manqueront pas de bras, qui ſoulagés de leurs chaînes, en feront plus actifs & plus robuſtes.

Pour renverſer l'édifice de l'eſclavage, étayé par des paſſions ſi univerſelles, par des loix ſi authentiques, par la rivalité des nations ſi puiſſante, par des préjugés plus puiſſans encore, à quel tribunal porterons-nous la cauſe de l'humanité que tant d'hommes trahiſſent de concert ? Rois de la terre, vous ſeuls pouvez faire cette révolution. Si vous ne vous jouez pas du reſte des humains ; ſi vous ne regardez pas la puiſſance des ſouverains comme le droit d'un brigandage heureux, & l'obéiſſance des ſujets comme une ſurpriſe faite à l'ignorance, penſez à vos devoirs. Refuſez le ſceau de votre autorité au trafic infâme & criminel d'hommes convertis en vils troupeaux ; & ce commerce diſparoîtra. Réuniſſez une fois pour le bonheur du monde vos forces & vos projets ſi ſouvent concertés pour ſa ruine. Qué ſi quelqu'un d'entre vous oſoit fonder ſur la générofité de votre ſacrifice, l'eſpérance de ſa richeſſe & de ſa grandeur ; c'eſt un ennemi du genre humain qu'il faut détruire. Portez chez lui le fer & le feu. Vos armées ſe rempliront du ſaint enthouſiaſme de l'humanité. Vous verrez alors quelle différence met la vertu, entre des hommes qui ſecourent des opprimés, & des mercénaires qui ſervent des tyrans.

Mais pendant que les ames ſenſibles ne peuvent former que des vœux pour une révolution qui feroit plus d'honneur à notre ſiecle que de nouvelles découvertes ſur le globe ou dans les ſciences & les arts, les negres gémiſſent ſous le joug de travaux, dont la peinture ne peut que nous intéresser de plus en plus sur leur destinée.

Le sol des isles de l'Amérique a très-peu de rapport avec le nôtre. Ses productions sont très-différentes ; & la maniere de les cultiver ne se ressemble pas. A l'exception de quelques graines potageres, on n'y ensemence rien ; tout s'y plante.

Comme le tabac fut la premiere production dont on s'occupa, que ses racines ne prennent point de profondeur, & que la moindre écorchure la fait périr, on n'employa qu'un simple grattoir pour préparer les terres qui devoient la recevoir, & pour extirper les mauvaises herbes qui l'auroient étouffée. Cet usage dure encore.

Lorsqu'on s'éleva à des cultures qui exigeoient plus de façons, & qui étoient moins délicates, on eut recours à la houe pour labourer & pour sarcler ; mais elle ne fut pas employée sur tout l'espace qui devoit être mis en valeur. On se contenta de creuser un trou pour placer la plante.

L'inégalité du terrein le plus communément rempli de côteaux, donna vraisemblablement naissance à cet usage. On put craindre que des pluies, qui tombent toujours en torrens, ne ruinassent par des ravines les terres remuées. L'indolence & le défaut des moyens dans les premiers tems, étendirent cette pratique aux plaines les plus unies. L'habitude qui prend si vîte tant d'empire, sur-tout dans les pays chauds, consacra cette routine. Personne ne songeoit à s'en écarter. Enfin quelques colons assez hardis pour s'élever au-dessus du préjugé ont imaginé de se servir de la charrue ; & il est vraisemblable que cette méthode deviendra générale par-tout où elle sera praticable. Il n'est rien qui ne porte à le desirer & à l'espérer.

Toutes les terres des isles étoient vierges, lorsque les Européens entreprirent de les défricher. Les premieres occupées, donnent depuis longtems moins de productions, qu'on n'en retiroit au commencement. Celles qu'on a mises successivement en valeur, participent de cet épuisement plus ou moins, en raison de l'époque de leur défrichement. Quelle qu'ait été leur fertilité dans l'origine, toutes la perdent avec le tems; & bientôt elles cesseront de répondre aux travaux des cultivateurs, si l'art ne vient au secours de la nature.

C'est un principe d'agriculture généralement avoué par les physiciens, que la terre n'est vraiment productive qu'autant qu'elle peut recevoir les influences de l'air, & de tous les météores dirigés par ce puissant agent, tels que les brouillards, les rosées, les pluies. C'est aux labours & aux labours fréquens à lui procurer cet avantage. Les isles le réclament avec instance & sans délai. C'est la saison humide qu'il faut choisir pour remuer ces terres, dont la sécheresse arrêteroit la fécondité. La pratique de la charrue ne sauroit avoir d'inconvénient dans les campagnes bien égales. On préviendroit de voir les terreins en pente ravagés par les orages, en faisant les labours transversalement sur une ligne qui croiseroit celle de la pente des côteaux. Si la pente étoit si rapide que les terres mises en valeur pussent être entraînées malgré les sillons, on ajouteroit d'espace en espace & dans le même sens de petites saignées plus profondes, qui romproient en partie la force & la vîtesse que la roideur des collines ajoute à la chûte des grosses pluies.

L'utilité de la charrue ne se borneroit pas à procurer aux plantes plus de suc végétal. Elle assureroit

fúteroit encore leurs produits. Les isles sont le
pays des insectes. Leur multiplication y est favorisée par une chaleur continuelle, & ils se succedent sans interruption. On connoît l'étendue des
ravages qu'ils font, les fourmis spécialement. Des
labours fréquens & successifs fatigueroient ces especes dévorantes, troubleroient leur reproduction, en feroient beaucoup périr, & détruiroient
la plupart de leurs œufs. Peut-être ce moyen ne
seroit-il pas suffisant contre les rats que les vaisseaux ont apporté d'Europe en Amérique où ils se
sont tellement multipliés, qu'ils détruisent souvent un tiers de récolte. On pourroit appeller au
secours l'activité des esclaves, & encourager leur
vigilance par quelque gratification.

La pratique du labourage paroîtroit devoir
amener l'usage des engrais. Il est déja connu sur
quelques côtes. Celui qu'on emploie se nomme
varech. C'est une espece de plante marine, qui
au tems de sa maturité se détachant des eaux est
portée au rivage par le mouvement des ondes. Il
est un grand principe de fécondité ; mais employé
sans préparation, il communique au sucre une
apréré désagréable qui doit venir des sels imprégnés de parties huileuses qui abondent dans les
plantes marines. Peut-être ne faudroit-il pour faire
cesser cette amertume, que brûler la plante &
l'employer en cendres. Les sels dégagés par cette
opération de parties huileuses & bien triturées par
la végétation, circuleroient plutôt dans la canne
de sucre, & lui porteroient des sucs plus purs.

Les terres intérieures n'ont pas encore été fu-
mées, & il est difficile qu'elles le soient jamais à un
certain point dans des isles où les troupeaux ne sont
pas nombreux, & n'ont pas la commodité des éta-
bles. Cependant avec une volonté bien décidée,

on trouveroit quelques reſſource dans la grande
quantité de mauvaiſes herbes dont il faut débar-
raſſer continuellement les plantes utiles. Il n'y auroit qu'à les ramaſſer & à les faire pourrir. Les
colons qui cultivent le caffé ont donné l'exemple
de cette méthode, mais avec l'indolence que la
chaleur du climat répand dans le travail même.
Ils ont accumulé des herbes au pied des caffiers,
ſans voir que ces herbes qu'on ne prenoit pas même la peine de couvrir de terre échauffoient l'arbre & ſervoient d'aſyle à des inſectes qui le dé-
voroient. On n'a guere été moins négligent dans
le ſoin des troupeaux.

Tous les quadrupedes domeſtiques de l'Europe ont été portés en Amérique par les Eſpagnols ; & c'eſt de leurs établiſſemens que les colonies des autres nations les ont tirés. A l'exception du cochon qui, fait pour réuſſir dans les régions abondantes en fruits aquatiques, en inſectes, en reptiles, eſt devenu plus grand & d'un
meilleur goût, ces animaux ont tous dégénéré,
& l'on n'en trouve dans les iſles que de très-pe-
tites races. Quoique le vice du climat puiſſe avoir
quelque part à cette dégradation, le défaut de
ſoin en eſt peut-être la principale cauſe. Ils cou-
chent toujours en plein champ. On ne leur donne
jamais ni ſon ni avoine, & ils ſont au verd toute
l'année. On leur refuſe juſqu'à l'attention de di-
viſer les prairies en pluſieurs quartiers, pour les
faire paſſer alternativement de l'un dans l'autre.
Ils paiſſent toujours ſur le même eſpace, ſans
laiſſer à l'herbe le tems de renaître. Ces foura-
ges ne peuvent avoir qu'un ſuc aqueux & foible. Une végétation trop prompte, les empêche
d'être ſuffiſamment digérés par la nature. Auſſi
les animaux deſtinés à la nourriture des hommes

ne donnent-ils qu'une chair coriace & fans fubf-
tance.

Ceux qu'on réferve aux divers travaux, ne
rendent qu'à peine un foible fervice. Les bœufs
ne traînent que de legers fardeaux & ne les
traînent pas toute la journée. Ils font toujours
au nombre de quatre. On ne les attele pas par
la tête, mais par le col, à la maniere d'Efpagne.
Ce n'eft pas l'aiguillon, c'eft le fouet qui les
excite. Deux conducteurs reglent leur marche.

Lorfque les chemins ne permettent pas l'ufage
des voitures, les bœufs font remplacés par les
mulets. Ceux-ci font bâtés d'une maniere plus
fimple qu'en Europe, mais beaucoup moins foli-
de. On leur met fur le dos un paillaffon auquel
on fufpend deux crochets de chaque côté pris
au hafard dans les bois. Ainfi équipés, ils portent au plus la moitié de ce que portent les
nôtres, & font la moitié moins de chemin.

Le pas des chevaux n'eft pas fi lent. Ils ont
confervé quelque chofe de la vîteffe, du feu, de
la docilité des chevaux Andalous dont ils tirent
leur origine ; mais leurs forces ne repondent pas
à leur ardeur. On eft réduit à les multiplier beaucoup, pour en tirer le fervice qu'un petit nombre
rendroit en Europe. Il faut en atteler trois ou
quatre aux voitures extrêmement legeres, dont
les habitans aifés fe fervent pour des courfes qu'ils
appellent des voyages & qui ne feroient chez nous
que des promenades.

On auroit empêché, retardé ou diminué la dégradation des animaux aux ifles, fi on eût eu l'attention de les renouveller par des races étrangeres. Des étalons venus de contrées plus froides
ou plus chaudes auroient corrigé à un certain
point l'influence de la température, de la nourri-

ture, de l'éducation. Avec les femelles du pays, ils auroient produit de nouvelles races d'autant meilleures, qu'ils feroient partis d'un climat plus différent de celui où ils auroient été portés.

Il eft bien extraordinaire qu'une idée fi fimple ne foit venue à aucun colon; & qu'il n'y ait eu aucune légiflation affez occupée de fes intérêts, pour fubftituer dans fes établiffemens le bœuf à boffe au bœuf commun. Tous les gens inftruits doivent fe rappeller que le bœuf à boffe a le poil plus doux & plus luftré, le naturel moins lourd, moins brut que notre bœuf, & une intelligence, une docilité fort fupérieures. Il eft leger à la courfe, & il peut fuppléer au cheval puifqu'on le monte. Il fe plaît autant dans les contrées méridionales, que celui dont nous nous fervons aime les zones froides ou tempérées. On ne connoît que cette race dans le continent des grandes Indes, dans les ifles orientales, & dans la plus grande partie de l'Afrique. Si l'habitude prenoit moins d'empire qu'elle n'en a communément même fur les gouvernemens les plus éclairés, on auroit vu que cet animal utile convenoit fingulierement au grand archipel de l'Amérique, & qu'il n'y avoit rien de fi aifé que de le tirer à peu de frais de la côte d'Or ou de celle d'Angole.

Deux riches cultivateurs également frappés, l'un à la Barbade, l'autre, à Saint-Domingue de la foibleffe des animaux de trait & de charge dont ils trouvoient l'ufage établi, ont tenté de leur fubftituer le chameau. Cette expérience faite autrefois fans fuccès au Pérou par les Efpagnols, n'a pas été heureufe & ne devoit pas l'être. Il eft connu que le chameau, quoique naturel aux pays chauds, craint les chaleurs exceffives, & qu'il

peut aussi peu réussir, aussi peu se perpétuer sous
le ciel brûlant de la zone torride, que dans les
zones tempérées. On auroit mieux fait de se tourner du côté du buffle.

Le buffle est un animal très-sale & d'un naturel
violent. Il a des fantaisies brusques & fréquentes.
Son cuir est solide, leger, presqu'impénétrable,
& sa corne propre à beaucoup d'usages. On
trouve sa chair noire & dure, désagréable au goût
& à l'odorat. Le lait de la femelle est moins doux,
mais plus abondant que celui de la vache. Nourri
comme le bœuf avec lequel il a une ressemblance
marquée, il le surpasse prodigieusement en force & en vîtesse. Deux buffles enchaînés à un cha-
riot, au moyen d'un aneau qu'on leur passe dans
le nez, traînent autant que quatre bœufs des
plus vigoureux & en moitié moins de tems. Ils
doivent cette double supériorité à l'avantage d'a-
voir les jambes plus hautes, & une masse de corps
plus considérable, dont tout le poids est employé
à tirer, parce que leur cou & leur tête se portent
naturellement en bas. Comme cet animal est originaire de la zone torride, & qu'il est plus gros,
plus fort, plus docile à mesure qu'il habite des
pays plus chauds, on ne peut pas douter qu'il ne
fut d'une grande utilité dans les Antilles, & qu'il
ne s'y perpétuât aisément.

L'indolence & la routine qui ont empêché la
propagation des animaux domestiques, n'ont pas
moins arrêté le succès de la transplantation de
nos végétaux. On a porté successivement aux
isles plusieurs especes d'arbres fruitiers. Ceux qui
n'ont pas péri sont des especes de sauvegeons dont
les fruits ne sont ni beaux ni bons. La plupart
ont dégénéré fort vîte, parce qu'on les a abandonnés à la force d'une végétation toujours acti-

ve, toujours excitée par la rosée abondante des
nuits, par les vives chaleurs du jour, double
principe de fécondité. Peut-être un observateur
intelligent en auroit-il su profiter pour se procurer des fruits passables; mais on ne trouve pas
de ces hommes dans les colonies. Si nos plantes
potageres y ont réussi; si elles sont toujours re-
naissantes, toujours vertes, toujours mûres; c'est
qu'elles n'ont pas eu à lutter contre le climat où
elles rencontroient une terre humide & pâteuse
qui leur est propre; c'est qu'elles n'exigoient pas
le moindre soin. Les sueurs des esclaves arrosent
des productions plus utiles.

On a tourné les premiers travaux de ces malheureux vers les objets nécessaires pour la conservation de leur misérable existance. Excepté dans
les isles occupées par les Espagnols, où les choses
sont à peu près ce qu'elles étoient à l'arrivée des
Européens dans le nouveau monde, les productions qui suffisoient aux sauvages ont diminué,
à mesure qu'on a abattu les forêts pour former
des cultures. Il a fallu se procurer d'autres subsistances; & les principales qu'on a dû recher-
cher, ont été tirées du pays même des nouveaux
consommateurs.

L'Afrique a fourni aux isles un arbrisseau qui
s'éleve d'environ quatre pieds, qui vit quatre ans,
& qui est utile pendant toute sa durée. Il porte
des gousses qui renferment cinq à six grains d'une
espece de pois très-saine & très-nourrissante.
Tout ce qui lui appartient est précieux par quelque vertu. Sa fleur est béchique; ses feuilles
bouillies s'appliquent sur les plaies; & de son
bois réduit en cendres, on fait une lessive qui
nettoie les ulceres & dissipe les inflammations
extérieures de la peau. On appelle cet arbuste

pois d'Angole. Il réussit également, & dans les terres naturellement stériles, & dans celles dont on a épuisé les sels. Aussi les colons, bons administrateurs, ne manquent-ils jamais d'en semer dans toutes les parties de leurs habitations, qui dans d'autres mains resteroient incultes.

Cependant, le présent le plus précieux que les isles ayent reçu de l'Afrique, c'est le manioc. La plupart des historiens l'ont regardé comme une plante originaire d'Amérique. On ne voit pas trop sur quel fondement est appuyée cette opinion, quoiqu'assez généralement reçue. Mais la vérité en fût-elle démontrée, les Antilles n'en tiendroient pas moins le manioc des Européens qui l'y ont transporté avec les Africains qui s'en nourrissoient. Avant nos invasions, la communication du continent de l'Amérique avec ces isles étoit si peu de chose, qu'une production de la terre ferme, pouvoit être ignorée dans l'archipel des Antilles, ce qu'il y a de certain, c'est que les sauvages qui offrirent à nos premiers navigateurs des bananes, des ignames, des patates, ne leur présenterent point de manioc; c'est que les Caraïbes concentrés à la Dominique & à Saint-Vincent l'ont reçu de nous; c'est que le caractere des sauvages ne les rendoit pas propres à une culture si suivie; c'est que cette sorte de culture exige des champs très-découverts, & que dans les forêts dont ces isles étoient couvertes on ne trouva pas des intervales défrichés qui eussent plus de vingt-cinq toises en quarré. Enfin, ce qu'il y a de certain, c'est qu'on ne voit l'usage du manioc établi qu'après l'arrivée des noirs; & que de tems immémorial il forme la nourriture principale d'une grande partie de l'Afrique.

Quoiqu'il en soit, le manioc est une plante

qui vient de bouture. On la place dans des fosses de cinq ou six pouces de profondeur qu'on remplit de la terre même qu'on en avoit tirée. Ces fosses sont éloignées les unes les autres de deux pieds ou deux pieds & demi, selon la nature du terrein. L'arbuste s'éleve un peu plus que la hauteur de l'homme, & son tronc est à peu près gros comme le bras. A mesure qu'il croît, les feuilles basses tombent, & il n'en reste que vers le sommet. Son bois est mol & cassant.

C'est une plante délicate. La culture en est pénible. Le voisinage de toutes sortes d'herbes l'incommode. Il lui faut un terrein sec & leger. Son fruit est à sa racine; & si cette racine est ébranlée par l'agitation que le vent occasionne au corps de la plante, le fruit ne se forme qu'imparfaitement. Il emploie dix-huit mois à croître ou à mûrir.

On ne peut le faire servir à la nourriture des hommes, qu'après lui avoir donné une préparation très-fatigante. Il faut en ratisser la premiere peau, le laver, le rapper, le presser pour extraire les parties aqueuses qui sont un poison froid, contre lequel il n'y a aucun remede connu. La cuisson acheve de faire évaporer ce qui pouvoit y rester du principe de mort qu'il renfermoit. Lorsqu'il ne paroît plus de fumée, on l'ôte de dessus la platine de fer où on la fait cuire, & on le laisse refroidir. Des expériences répétées ont démontré qu'il étoit presqu'aussi dangereux de le manger chaud que de le manger cru.

La racine de manioc rappée & réduite en petits grains par la cuisson, s'appelle farine de manioc. On donne le nom de cassave à la pâte de manioc changée en gateau par la seule attention de la faire cuire sans la remuer. Il y auroit du

danger à manger autant de caſſave que de farine, parce que la caſſave eſt beaucoup moins cuite.
L'une & l'autre ſe conſervent long-tems & ſont
très-nourriſſantes, mais d'une digeſtion un peu
difficile. Quoiqu'elles paroiſſent d'abord inſipi-
des, il ſe trouve un grand nombre de blancs
nés aux iſles qui les préférent au meilleur froment. Tous les Eſpagnols généralement en font
uſage habituel. Le François en nourrit ſes eſclaves. Seulement il y ajoute par ſemaine, ou trois
livres de morue ſeche, ou deux livres de bœuf
ſalé, ou une partie proportionnée de l'un & de
l'autre, pour qu'ils puiſſent ſoutenir les rudes
travaux dont ils ſont chargés. Les autres peuples
Européens qui ont formé des établiſſemens aux
iſles, ne connoiſſent que peu le manioc. C'eſt de
l'Amérique ſeptentrionale que ces colonies reçoivent leur ſubſiſtance ; de ſorte que ſi par quelque événement qui eſt très-poſſible, leur liaiſon
avec cette fertile contrée étoit interrompue pendant quatre mois, elles ſeroient réduites à mourir de faim. Une avidité ſans bornes ferme les
yeux des colons inſulaires ſur ce danger éminent.
Tous ou preſque tous trouvent avantageux de
tourner l'activité entiere de leurs eſclaves vers
les productions qui entrent dans le commerce.
Les principales ſont le cacao, le rocou, le coton,
l'indigo, le caffé. On parlera ailleurs de leur
culture, de leur valeur, de leur deſtination. L'attention du lecteur ne ſera fixée ici que ſur le
ſucre, dont le produit ſeul eſt plus important que
celui de toutes les autres denrées réunies.

La canne qui donne le ſucre eſt une eſpece
de roſeau, qui s'éleve communément à huit ou
neuf pieds, en y comprenant les feuilles qui ſor-
tent de ſon ſommet. Sa groſſeur la plus ordi-

naire eſt de deux à quatre pouces. Elle eſt cou-verte d'une écorſe peu dure qui renferme une matiere ſpongieuſe. Des nœuds la coupent par intervalles, comme pour la renforcer & la ſou-tenir; mais ſans empêcher la circulation de la ſeve, parce qu'ils ſont mous & moëlleux dans l'intérieur.

Cette plante eſt cultivée de toute ancienneté dans quelques contrées de l'Aſie & de l'Afrique. On ignore quand & comment, elle a été natura-liſée à Madere & aux Canaries. Tout ce qu'on ſait, c'eſt qu'elle fut portée de ces iſles dans le nouveau monde, où elle a auſſi bien proſpéré que ſi elle en étoit originaire.

Toutes les terres ne lui conviennent pas éga-lement. Celles qui ſont graſſes & fortes, baſſes & marécageuſes, environnées de bois ou nou-vellement défrichées, ne produiſent, malgré la groſſeur, la longueur des cannes, qu'un ſuc aqueux, peu ſucré, de mauvaiſe qualité; diffi-cile à cuire, à purifier & à conſerver. Les cannes plantées dans un terrein ou elles trouvent bien-tôt le tuf ou le roc, n'ont qu'une durée fort courte & ne donnent que peu de ſucre. Un ſol leger, poreux & profond eſt celui que la nature a deſtiné à cette production.

La méthode générale pour l'obtenir, eſt de préparer un grand champ; de faire à trois pieds de diſtance l'une de l'autre des tranchées qui ayent dix-huit pouces de long, douze de large, & ſix de profondeur; d'y coucher deux & quelquefois trois boutures d'environ un pied chacune, tirées de la partie ſupérieure de la canne, & de les cou-vrir legerement de terre. Il ſort de chacun des nœuds qui ſe trouvent dans les boutures une tige qui avec le tems devient canne à ſucre.

On doit avoir l'attention de la débarrasser continuellement des mauvaises herbes qui ne manquent jamais de naître autour d'elle. Ce travail ne dure que six mois. Les cannes sont alors assez touffues & assez voisines les unes des autres pour faire périr tout ce qui pourroit nuire à leur fécondité. On les laisse croître ordinairement dix-huit mois ; & ce n'est guere qu'à cette époque qu'on les couppe.

Il sort de leur souche des rejettons qui sont coupés à leur tour quinze mois après. Cette seconde coupe ne donne guere que la moitié du produit de la premiere. On en fait quelquefois une troisieme & même une quatrieme qui sont toujours moindres progressivement, quelle que soit la bonté du sol. Aussi n'y a-t-il que le défaut de bras pour replanter son champ qui puisse obliger un cultivateur actif à demander à sa canne plus de deux récoltes.

Elles ne sont pas dans toutes les colonies, à la même époque. Dans les établissemens François, Dannois, Espagnols, Hollandois, elles commencent en janvier & continuent jusqu'en octobre. Cette méthode ne suppose pas une saison fixe pour la maturité de la canne. Cependant, cette plante doit avoir comme les autres ses progrès ; & on remarque très-bien qu'elle est en fleur dans les mois de novembre & de décembre. Il doit résulter de l'usage de ces nations qui ne cessent point de récolter pendant dix mois, qu'elles couppent des cannes, tantôt prématurées, & tantôt trop mûres. Dès-lors le fruit n'a pas les qualités requises. Cette récolte doit avoir une saison fixe ; & c'est vraisemblablement dans les mois de mars & d'avril, où tous les fruits doux sont mûrs ;

tandis que les fruits aigres ne mûriſſent qu'aux mois de juillet & d'août.

Les Anglois coupent leurs cannes en mars & en avril. Ce n'eſt pas cependant la raiſon de maturité qui les détermine. La ſechereſſe qui regne dans leurs iſles, leur rend les pluies qui tombent en ſeptembre néceſſaires pour planter ; & comme la canne eſt dix-huit mois à croître, cette époque ramene toujours leur récolte au point de maturité.

Pour extraire le ſuc des cannes coupées, ce qui doit ſe faire dans vingt-quatre heures ſans quoi il s'aigriroit, on les met entre deux cylindres de fer ou de cuivre, poſés perpendiculairement ſur une table immobile. Le mouvement de ces cylindres eſt déterminé par une roue horizontale que des bœufs ou des chevaux font tourner ; mais dans les moulins à eau, cette roue horizontale reçoit ſon mouvement d'une roue perpendiculaire dont la circonférence préſentée au courant de l'eau reçoit une impreſſion qui la fait mouvoir ſur ſon axe, de la droite à la gauche ſi le courant de l'eau frappe la partie ſupérieure de la roue, de la gauche à la droite ſi le courant frappe la partie inférieure.

Du réſervoir où le ſuc de la canne eſt reçu, il tombe dans une chaudiere où on fait évaporer les parties d'eau les plus faciles à ſe détacher. Cette liqueur eſt verſée dans une autre chaudiere où un feu modéré lui fait jetter ſa premiere écume. Lorſqu'elle a perdu ſa glutinoſité, on la fait paſſer dans une troiſieme chaudiere où elle jette beaucoup plus d'écume à un dégré plus fort de chaleur. Enſuite on lui donne le dernier dégré de cuiſſon dans une quatrieme chaudiere, dont le feu est à celui de la premiere comme trois à un.

Ce dernier feu décide du sort de l'opération. S'il a été bien conduit, le sucre forme des cristaux plus ou moins gros, plus ou moins brillans, à raison de la plus grande, de la moindre quantité d'huile qui les salit. Si le feu a été trop poussé, la matiere se réduit à un extrait noir & charboneux qui ne peut plus fournir de sel essentiel. Si le feu a été trop modéré, il reste une quantité considérable d'huiles étrangeres qui marquent le sucre, le rendent gras & noirâtre ; de sorte que quand on veut le dessecher, il devient toujours poreux, parce que les intervalles qu'occupoient les huiles restent vuides.

Aussi-tôt que le sucre est refroidi, on le verse dans des vases de terre faits en cône. La base du cône est découverte, son sommet est percé d'un trou, & on fait écouler par ce trou, l'eau qui n'a pu fournir des cristaux. C'est ce qu'on nomme le sirop. Après l'écoulement, on a du sucre brut. Il est gras, il est brun, il est mou.

La plupart des isles laissent à l'Europe le soin de donner au sucre les autres préparations nécessaires pour en faire usage. Cette pratique leur épargne des bâtimens nécessaires & coûteux. Elle laisse plus de noirs à employer aux travaux des terres. Elle permet de récolter sans interruption deux ou trois mois de suite. Elle emploie un plus grand nombre de navires pour l'exportation.

Les seuls colons François ont cru de leur intérêt de donner à leurs sucres une autre façon. Quelle que puisse être la perfection de la cuite du suc de la canne, il reste toujours une infinité de parties étrangeres accrochées aux sels du sucre, auquel elles paroissent être ce que la lie est au vin. Elles lui donnent une couleur terne & un goût de tartre 'dont on cherche à le dépouiller par une opération appellée *terrage*. Elle consiste à remettre le sucre brut dans un nouveau vase de terre, en tout semblable à celui dont nous avons parlé. On couvre la surface du sucre dans toute l'étendue de la base du cône, d'une marne blanche qu'on arrose d'eau. En se filtrant à travers cette marne, l'eau entraîne une portion de terre calcaire, qu'elle promene sur les différentes molecules salines, où cette terre rencontre des matieres grasses auxquelles elle s'unit. On fait ensuite écouler cette eau par l'ouverture du sommet du moule, & on a un second sirop qu'on nomme melasse, & qui est d'autant plus mauvais que le sucre étoir plus beau, c'est-à-dire qu'il contenoit moins d'huile étrangere à sa nature : car alors la terre calcaire dissoute par l'eau, passe seule & fait sentir toute son âcreté.

Ce terrage est suivi d'une derniere préparation qui s'opere par le feu, & qui a pour objet de faire évaporer l'humidité dont les sels se font imprégnés pendant le terrage. Pour y parvenir, on sort la forme du sucre du vase conique de terre; on la transporte dans une étuve qui reçoit d'un fourneau de fer une chaleur douce & graduelle, & on l'y laisse jusqu'à ce que le sucre soit très-sec, ce qui arrive ordinairement au bout de trois semaines.

Quoique les frais qu'exige cette opération soient perdus en général pour la chose, puisque le sucre terré est communément rafiné en Europe de la même maniere que le sucre brut, cependant tous les habitans des isles Françoises qui sont en état de purifier ainsi leurs sucres, ne manquent guere de prendre ce soin. Ils y trouvent l'avantage inappréciable pour une nation dont la marine militaire est foible, de faire passer en tems de guerre de plus grandes valeurs dans leur métropole avec un moindre nombre de bâtimens que s'ils ne faisoient que du sucre brut.

On peut juger d'après celui-ci, mais beaucoup mieux d'après le sucre terré, de quelle sorte de sels il est composé. Si le sol où la canne a été plantée est solide, pierreux, incliné; les sels seront blancs, angulaires & les grains fort gros. Si le sol est marneux, la blancheur sera la même, mais les grains taillés sur moins de faces, réfléchiront moins de lumiere. Si le sol est gras & spongieux, les grains seront à peu près sphériques, la couleur sera terne, le sucre fuira sous le doigt sans y laisser de sentiment. Ce dernier sucre est réputé de la plus mauvaise espece.

Les endroits directement exposés au nord, produisent le sucre de la premiere qualité: sans doute parce que le vent du nord charrie dans les Antilles des sels nitreux analogues avec les sels de la terre propres à former du sucre. Le sol marneux est le plus fécond en cette sorte de production. Les préparations qu'exige le sucre qui pousse dans ces deux especes de sol, sont moins longues & moins laborieuses, qu'elles ne le sont pour le sucre produit dans une terre grasse. Mais ces principes sont sujets à des modifications infinies, dont la recherche n'appartient qu'à des chimistes ou à des cultivateurs très-attentifs.

Quel que soit le sucre, on le casse en Amérique, avant de l'embarquer pour l'Europe, & on le pile dans des tonneaux avec un extrême attention d'en séparer les qualités.

La canne fournit outre le sucre, des sirops

qui valent le douzieme du prix des sucres. Le sirop de meilleure qualité est celui qui coule d'un premier vase dans un second, lorsqu'on fait le sucre brut. Il est composé de matieres grossieres qui entraînent avec elles des sels de sucre, soit qu'elles les contiennent, soit qu'elles les ayent détachées dans leur passage. Le sirop inférieur, plus amer & en moindre quantité, est formé par l'eau qui entraîne les parties tartreuses & terrestres du sucre, lorsqu'on le lessive. Par le moyen du feu, on tire encore quelque sucre du premier sirop, qui après cette opération, est moins estimé que le second.

Tous deux sont consommés dans le nord de l'Europe, où ils tiennent lieu de beurre & de sucre au peuple. L'Amérique septentrionale en fait le même usage, & de plus s'en sert pour donner de la fermentation & un goût agréable à une boisson nommée *Pruss*, qui n'est autre chose qu'une infusion d'une écorce d'arbre.

Ce sirop est encore plus utile, par le secret qu'on a trouvé de le convertir, en le distillant, en une eau-de-vie que les Anglois appellent *Rum* & les François *Taffia*. Cette opération très-simple se fait en mêlant un tiers de sirop avec deux tiers d'eau. Lorsque ces deux substances ont suffisamment fermenté, ce qui arrive ordinairement au bout de douze ou quinze jours, elles sont mises dans un alambic bien net où la distillation se fait à l'ordinaire. La liqueur qu'on en retire est égale à la quantité de sirop qui a été employée.

Telle est la méthode à laquelle, après beaucoup d'expériences & de variations, toutes les isles se sont généralement arrêtées pour la culture du sucre. Elle est bonne sans doute ; mais peut-

être

être n'est-elle pas arrivée au degré de perfection dont elle est susceptible. On peut conjecturer que si, au lieu de planter de grands champs de cannes & en une seule piece, on distribuoit un terrein par division de dix toises, laissant entre deux divisions plantées une division d'intervalle sans culture, il en résulteroit de grands avantages. Dans la pratique actuelle, il n'y a que les cannes des bordures qui soient d'une belle venue & qui mûrissent à propos. Celles du milieu sont en partie avortées & mûrissent mal, parce qu'elles sont privées du courant de l'air, qui n'agit que par son poids, & parvient rarement au pié de ces cannes toujours couvert par les feuilles.

Dans ce nouveau système de plantation, les portions de terre qui auroient reposé, seroient plus propres à la reproduction, lorsqu'on auroit recolté les divisions plantées qui à leur tour auroient du repos. Il est à présumer que par cette méthode on obtiendroit autant de sucre, que par la routine actuelle, avec cet avantage de plus qu'elle exigeroit moins d'esclaves pour l'exploitation. On peut juger de ce que vaudroit alors la culture du sucre, par ce qu'elle rend aujourd'hui malgré son imperfection.

Dans une habitation établie sur un bon sol & suffisamment pourvue de noirs, de bestiaux, de toutes les choses nécessaires, deux hommes exploitent un quarré de cannes, c'est-à-dire environ trois arpens. Ce quarré doit donner communément soixante quintaux de sucre brut. Le prix moyen du quintal rendu en Europe sera de vingt livres tournois, déduction faite de tous frais. Voilà donc un revenu de six cens francs pour le travail de chaque homme. Cent cinquante

livres, auxquelles on joindra le prix des sirops &
des taffias, suffiront aux dépenses d'exploitation;
c'est-à-dire à la nourriture des esclaves, à leur
dépérissement, à leurs maladies, à leurs vêtemens, à la réparation des ustensiles, aux accidens même. Le produit net d'un arpent & demi
de terre sera donc de quatre cens cinquante livres. On trouveroit difficilement une culture plus
avantageuse.

On peut même objecter que c'est en mettre le
produit au-dessous de sa valeur réelle, parce
qu'un quarré de cannes n'occupe pas deux hommes. Mais ceux qui feroient cette objection, doivent observer que la fabrique du sucre exige d'autres travaux que ceux de sa culture, & par conséquent des ouvriers employés ailleurs que dans
les champs. L'estime & la compensation de ces
différens genres de service, obligent à défalquer
du produit d'un quarré de plantation les frais de
l'entretien de deux hommes.

C'est principalement avec leur sucre, que les
isles se procurent tout ce qui convient ou qui
plaît à leurs colons. Elles tirent de l'Europe des
farines, des boissons, des viandes salées, des
soiries, des toiles, des clincailleries : tout ce qui
forme leur vêtement, leur nourriture, leur ameublement, leur parure, leurs commodités, leurs
fantaisies même. Leurs consommations en tout
genre sont prodigieuses, & doivent influer nécessairement dans les mœurs des habitans, la plupart assez riches pour se le permettre.

Il semble que les Européens transplantés dans
les isles de l'Amérique, ne devroient pas avoir
moins dégénéré que les animaux qu'ils y ont fait
passer. Le climat agit sur tous les êtres vivans. Mais
les hommes étant, pour ainsi dire, moins immé-

diatement soumis à la nature, ont le pouvoir de
résister à son influence. Les premiers colons établis dans les Antilles, corrigerent l'activité d'un
nouveau ciel & d'un nouveau sol, par les commodités qu'ils pouvoient tirer d'un commerce toujours ouvert avec leur ancienne patrie. Ils apprirent à se loger & à se nourrir de la maniere la
plus convenable à leur changement de situation.
Ils retinrent des habitudes de leur éducation tout
ce qui pouvoit s'accorder avec les loix physiques
de l'air qu'ils respiroient. Avec eux, ils transporterent en Amérique les alimens, les usages d'Europe, & familiariserent ensemble des êtres & des
productions que la nature avoit séparés par un intervalle équivalent à la largeur d'une zone. Mais
de toutes leurs coutumes primitives, la plus salutaire peut-être, fut celle de mêler & de diviser
les races par le mariage.

Toutes les nations, même les moins policées,
ont proscrit l'union des sexes entre les enfans de
la même famille; soit que l'expérience ou le préjugé leur ait dicté cette loi; soit que le hasard
y conduise naturellement. Des êtres élevés ensemble dès l'enfance, accoutumés à se voir sans cesse,
contractent plutôt dans cette familiarité l'indifférence qui naît de l'habitude, que ce sentiment vif
& impétueux de sympathie qui rapproche tout-à-coup deux êtres qui ne se sont jamais vus. Si dans
la vie sauvage la faim divise les familles, l'amour les aura sans doute réunies. L'histoire fabuleuse ou vraie de l'enlévement des Sabines, montre que le mariage a été la premiere alliance de
nations. Ainsi le sang se sera mêlé de proche en
proche, ou par les rencontres fortuites d'une vie
errante, ou par les conventions & les convenances des peuplades fixes. L'avantage physique d

croiser les races entre les hommes, comme entre les animaux, pour empêcher l'espece de s'abatardir, est le fruit d'une expérience tardive, postérieure à l'utilité reconnue d'unir les familles, pour cimenter la paix des sociétés. Les tyrans ont su de bonne heure, jusqu'à quel point il leur convenoit de séparer & de rapprocher leurs sujets entr'eux, afin de les tenir dans la dépendance. Ils ont séparé les conditions par des préjugés, parce que cette ligne de division entr'elles, étoit un lien de soumission envers le souverain, qui les balançoit & les contenoit par leur haine & leur opposition mutuelles. Ils ont rapproché les familles dans chaque condition, parce que cette union étouffoit un germe éternel de discussion, contraire à tout esprit de société nationale. Ainsi le mêlange des races & des familles par le mariage, s'est combiné sur les institutions politiques, beaucoup plus encore que d'après les vues de la nature.

Mais quels que soient le principe physique ou le but moral de cet usage, il fut observé par les Européens qui voulurent se perpétuer dans les isles. La plupart se marierent, ou dans leur patrie, avant de passer dans le nouveau monde, ou avec des personnes qui y débarquoient. L'Européen alla épouser une Créole, ou le Créole épousa l'Européenne que le sort ou sa famille amenoient en Amérique. De cette heureuse association s'est formé un caractere particulier, qui distingue dans les deux mondes l'homme né sous le ciel du nouveau, mais de parens issus de l'un & de l'autre.

Les Créoles sont en général bien faits. A peine en voit-on un seul affligé des difformités si communes dans les autres climats. Ils ont tous dans les membres une souplesse extrême, soit qu'on

doive l'attribuer à une constitution organique propre des pays chauds, à l'usage de les élever sans
les entraves du maillot ou de nos corsets, ou aux
exercices qui leur sont familiers dès l'enfance.
Leur teint, il est vrai, n'a jamais cet air de vie
& de fraîcheur, qui fait plus à la beauté que des
traits réguliers. Leur santé pour la couleur ressemble à la convalescence ; mais cette teinte li-
vide, plus ou moins foncée, est à peu près celle
de nos peuples méridionaux.

Leur intrépidité s'est signalée à la guerre par une
continuité d'actions brillantes. Il n'y auroit pas de
meilleurs soldats, s'ils étoient plus capables de
discipline.

L'histoire ne leur reproche aucune de ces lâ-
chetés, de ces trahisons, de ces bassesses qui
souillent les annales de tous les peuples. A peine
citeroit-on un crime honteux qu'ait commis un
Créole.

Tous les étrangers sans exception trouvent dans
les isles une hospitalité prévenante & généreuse.
Cette utile vertu se pratique avec une ostentation qui prouve au moins l'honneur qu'on y attache. Ce penchant naturel à la bienfaisance, ex-
clut l'avarice : ils sont faciles en affaires.

La dissimulation, les ruses, les soupçons, n'entrent jamais dans leur ame. Glorieux de leur fran-
chise, l'opinion qu'ils ont d'eux-mêmes, & leur
extrême vivacité, écartent de leur commerce ces
voiles & ces réserves qui étouffent la bonté du caractere, éteignent l'esprit social & la vie du sentiment.

Une imagination ardente qui ne peut souffrir
aucune contrainte, les rend indépendans, incons-
tans dans leurs goûts. Elle les entraîne au plaisir
avec une impétuosité toujours nouvelle, à laquelle

ils sacrifient , & leur fortune , & tout leur être.

Une pénétration singuliere ; une prompte facilité à saisir toutes les idées & à les rendre avec feu ;
la force de combiner jointe au talent d'observer ;
un mêlange heureux de toutes les qualités de l'efprit & du caractere qui rendent l'homme capable des plus grandes chofes, leur fera tout entreprendre , quand l'oppreffion les y aura forcés.

L'air dévorant & falin des Antilles, prive les
femmes de ce coloris animé qui fait l'éclat de
leur fexe. Mais elles ont une blancheur tendre,
qui laiffe aux yeux tout leur pouvoir d'agir, de
porter dans les ames ces traits profonds dont rien
ne peut défendre. Extrêmement fobres , tandis
que les hommes dévorent à proportion des chaleurs qui les épuifent , elles n'aiment que l'ufage
du chocolat, du caffé, de ces liqueurs fpiritueu-
fes qui redonnent aux organes le ton & la vigueur
que le climat énerve.

Elles font très-fécondes , fouvent meres de dix
ou douze enfans. Cette propagation vient de l'a-
mour qui les attache fortement à l'homme qu'elles poffedent , mais qui les rejette promptement
vers un autre , dès que la mort a rompu les nœuds
d'un premier ou fecond hymen.

Jaloufes jufqu'à la fureur , elles font rarement
infidelles. L'indolence qui leur fait negliger les
moyens de plaire ; le goût prefque humiliant des
hommes pour les negreffes ; une maniere de vivre ifolée ou publique qui éloigne les occafions &
les dangers de la galanterie : voilà les meilleurs
foutiens de la vertu des femmes.

L'efpece de folitude où elles font dans leurs habitations , leur donne une grande timidité ; qui
les embarraffe dans l'ufage ou le commerce du
monde. Elles contractent de bonne heure un dé-

faut d'émulation & de volonté, qui leur fait négliger les talens agréables de l'éducation. Elles
semblent n'avoir de force ni de goût que pour la
danse, qui les porte & les anime sans doute à
des plaisirs encore plus vifs. Cet instinct de volupté les suit dans tous les âges; soit qu'elles y
retrouvent le souvenir, ou quelque sensation de
leur jeunesse; soit pour d'autres raisons qui ne
nous sont pas connues.

De ce tempérament, naît un caractere extrêmement sensible & compatissant pour les maux
dont elles ne peuvent supporter la vue, mais en
même tems exigeant & severe pour le service des
domestiques qui sont à leur personne. Plus des-
potiques, plus inexorables envers leurs esclaves,
que les hommes même, il ne leur coûte rien d'ordonner des châtimens, dont leur cruauté seroit pu-
nie & peut-être corrigée, s'il leur falloit les infli-
ger, ou même en être les témoins.

C'est de cet esclavage des negres, que les Créoles tirent peut-être en partie un certain caractere,
qui les fait paroître bizarres, fantasques, & d'une
société peu goûtée en Europe. A peine peuvent-ils
marcher dans l'enfance, qu'ils voient autour d'eux
des hommes grands & robustes, destinée à deviner, à prévenir leur volonté. Ce premier coup
d'œil doit leur donner d'eux-mêmes l'opinion la
plus extravagante. Rarement exposés à trouver de
la résistance dans leurs fantaisies même injustes,
ils prennent un esprit de présomption, de tyrannie & de mépris extrême pour une grande portion
du genre humain. Rien n'est plus insolent que l'homme qui vit presque toujours avec ses inférieurs;
mais quand ceux-ci sont des esclaves, accoutumés
à servir des enfans, à craindre jusqu'à des cris
qui doivent leur attirer des châtimens, que peu-

vent devenir des maîtres qui n'ont jamais obéi , des méchans qui n'ont jamais été punis , des foux qui mettent des hommes à la chaîne ?

Une idolâtrie si cruellement indulgente, donne aux Amériquains cet orgueil qu'on doit hair en Europe , où plus d'égalité entre les hommes leur apprend à se respecter davantage. Elevés sans connoître la peine , ni le travail, ils ne savent, ni surmonter un obstacle , ni supporter une contradiction. La nature leur a tout donné, & la fortune ne leur a rien refusé. A cet égard , semblables à la plupart des rois , ce sont des êtres malheureux de n'avoir jamais éprouvé l'adversité. Le lait même des negresses qu'ils ont sucé, ne peut faire couler dans leur sang ce germe de pitié que les esclaves ne sentent pas plus que les tyrans. Sans le climat qui les porte violemment à l'amour , ils ne goûteroient aucun vrai plaisir de l'ame : encore n'ont-ils guere le bonheur de concevoir de ces passions qui traversées par les obstacles & les refus , se nourrissent de larmes , & vivent de vertus. Sans les loix de l'Europe qui les gouvernent par leurs besoins , & repriment ou gênent leur excessive indépendance , ils tomberoient dans une molesse qui les rendroit tôt ou tard la victime de leur propre tyrannie , ou dans une anarchie qui bouleverseroit tous les fondemens de leur société.

Mais s'ils cessoient un jour d'avoir des negres pour esclaves, & des rois éloignés pour maîtres , ce seroit peut-être le peuple le plus étonnant qu'on eut vu briller sur la terre. L'esprit de liberté qu'ils puiseroient au berceau ; les lumieres & les talens qu'ils hériteroient de l'Europe ; l'activité que leur donneroient de nombreux ennemis à repousser ; de grandes populations à former ? un riche com-

merce à fonder fur une immenfe culture ; des
états, des fociétés à créer ; des maximes, des
loix & des mœurs à établir fur la bafe éternelle
de la raifon : tout cela feroit d'une race équivo-
que & mêlangée, la nation la plus floriffante que
la philofophie & l'humanité puiffent defirer pour
le bonheur de la terre.

S'il arrive quelque heureufe révolution dans
le monde, ce fera par l'Amérique. Après avoir
été dévafté, ce monde nouveau doit fleurir à fon
tour, & peut-être commander à l'ancien. Il fera
l'afyle de nos peuples foulés par la politique ou
chaffés par la guerre. Les habitans fauvages s'y po-
liceront, & les étrangers opprimés y deviendront
libres. Mais il faut que ce changement foit préparé par des fermentations, des fecouffes, des
malheurs ; & qu'une éducation laborieufe & pénible difpofe les efprits à fouffrir & à agir.

Jeunes Créoles, venez vous exercer en Europe,
y pratiquer ce que nous enfeignons, y recueillir dans les reftes précieux de nos antiques mœurs
cette vigueur que nous ayons perdue, y étudier
notre foibleffe, & puifer dans nos folies mêmes
ces leçons de fageffe qui couvent les deffeins des
grands événemens. Laiffez en Amérique vos negres dont la condition afflige nos regards, & dont
le fang peut-être fe mêle à tous les levains qui
alterent, corrompent & détruifent notre population. Fuyez une éducation de tyrannie, de mo-
leffe & de vice que vous donne l'habitude de
vivre avec des efclaves, dont l'abrutiffement ne
vous infpire aucun des fentimens de grandeur &
de vertu qui font naître les peuples célebres. L'A-
mérique a verfé toutes les fources de la corruption fur l'Europe. Pour achever fa vengeance, il
faut qu'elle en tire tous les inftrumens de fa prof-

périté. Détruite par nos crimes, elle doit renaître par nos vices.

La nature semble avoir destiné les Amériquains à plus de bonheur que les Européens. On connoît à peine dans les isles la goute, la gravelle, la pierre, les apoplexies, les pleurésies, les fluxions de poitrine, les maladies sans nombre dont l'hyver est l'origine. Aucun de ces fléaux de l'espece humaine, ailleurs si meurtriers, n'y a jamais fait le moindre ravage. Il suffit d'avoir triomphé de l'air du pays, & d'être parvenu au-dessus de l'âge moyen, pour être comme assuré d'une longue & paisible carriere. La vieillesse n'y est pas caduque, languissante, assiégée des infirmités qui l'affligent dans nos climats.

Cependant celui des Antilles, attaque les enfans nouveaux nés d'un mal qui semble renfermé dans la zone torride. On l'appelle *Tetanos*. Si l'enfant reçoit les impressions de l'air ou du vent; si la chambre où il vient de naître est exposée à la fumée, à trop de chaleur ou de fraîcheur, le mal se déclare aussi-tôt. Il commence par la mâchoire qui se roidit & se resserre au point de ne pouvoir plus s'ouvrir. Cette convulsion passe bientôt aux autres parties du corps. L'enfant meurt faute de pouvoir prendre de nourriture. S'il échappe à ce péril qui menace les neufs premiers jours de sa vie, il n'a plus à craindre aucun autre accident. Les douceurs qu'on lui permet même avant le sevrage qui arrive au bout d'un an, l'usage du caffé au lait, du chocolat, du vin, mais sur-tout du sucre & des confitures : ces douceurs si pernicieuses à nos enfans, sont offertes à ceux de l'Amérique par la nature qui les accoutume de bonne heure aux productions de leur climat.

Le sexe foible & délicat, a ses maux comme

ſes charmes. Dans les iſles, c'eſt un affoibliſſe-
ment, un anéantiſſement preſque total de ſes forces ; une averſion inſurmontable pour tout ce qui
eſt ſain ; une paſſion déſordonnée pour tout ce
qui nuit à ſa ſanté. Les alimens ſalés ou épicés
ſont les ſeuls que l'on goûte & que l'on recherche. Cette maladie eſt une vraie cachexie qui dégénere communément en hydropiſie. On l'attribue à la diminution des menſtrues dans les femmes qui arrivent d'Europe, & à la foibleſſe ou à
la privation totale de cet écoulement périodique
dans les femmes Créoles.

Les hommes plus robuſtes, ont des maux plus
cruels. Ils ſont expoſés ſous ce voiſinage de l'é-
quateur, à une fievre chaude & maligne, connue ſous des noms différens, & manifeſtée par des
hémorhagies. Le ſang qui bouillonne ſous les rayons
ardens du ſoleil, s'y déborde par le nez, par les
yeux, par les autres parties du corps. La nature
dans les climats tempérés ne va pas ſi vîte, qu'elle
ne donne dans les maladies les plus aigues le tems
d'obſerver & de ſuivre la route qu'elle prend. Elle
eſt ſi prompte aux iſles, que ſi l'on tarde à ſai-
ſir la maladie dès l'inſtant qu'elle ſe déclare, elle
eſt infailliblement mortelle. Auſſi faut - il dans
vingt-quatre heures ſoutenir juſqu'à quinze & dix-
huit ſaignées, dont les intervalles ſont remplis
par d'autres remedes. Un homme n'eſt pas plutôt
tombé malade, qu'il voit à ſes côtés le médecin,
le notaire & le miniſtre des autels.

La plupart de ceux qui réſiſtent à ces vives ſe-
couſſes, épuiſés par le traitement qu'ils ont éprouvé, traînent une convaleſcence lente & difficile.
Pluſieurs tombent même dans une langueur ha-
bituelle produite par l'affaiſſement de toute la machine, que l'air toujours dévorant, & les alimens

du pays trop foibles fans doute, ne peuvent remettre en vigueur. Delà réfultent des obftruc-
tions, des jauniffes, des gonflemens de rate qui
quelquefois fe terminent par l'hydropifie.

Ce danger affaillit prefque tous les Européens
qui débarquent en Amérique, & fouvent même
les Créoles qui reviennent des pays tempérés. Mais
il épargne les femmes dont le fang a des évacua-
tions naturelles ; & les negres qui nés fous un climat plus chaud font aguerris par la nature & préparés par une tranfpiration facile, & toutes les
fermentations que peut caufer le foleil.

C'eft cet aftre fans doute, qui par la chaleur
de fes rayons moins obliques & plus conftans que
dans nos climats, occafionne ces fiévres violentes. Sa chaleur doit procurer l'épaiffiffement inévitable du fang par l'excès des tranfpirations &
des fueurs, le défaut de reffort dans les parties
folides, le gonflement des vaiffeaux par la dila-
tation des liqueurs ; foit à raifon de la raréfac-
tion de l'air, foit à raifon de la moindre com-
preffion qu'éprouve la furface des corps dans un
athmofphere raréfié.

On parviendroit peut-être à prévenir une partie de ces inconvéniens, en fe faifant purger &
faigner dans la route à mefure qu'on avance vers
la zone torride, en renouvellant ces précautions
aux ifles, en y joignant le fecours des bains
froids.

Mais loin de recourir à ces moyens que le bon
fens indique, on tombe dans des excès les plus
propres à accélérer, à provoquer le mal. Les étrangers qui arrivent aux Antilles, entraînés par les
fêtes qu'on leur y donne, par les agrémens qu'on
y aime, par l'accueil qu'ils y reçoivent, fe livrent
fans modération à tous les plaifirs que l'habitude

fend moins nuisibles aux habitans nés sous ce climat. La table, la danse, le jeu, les veilles, le vin, les liqueurs, souvent le chagrin d'être désabusé des espérances chimériques qu'on avoit conçues : tout seconde l'effervescence que la chaleur excite dans le sang. Il est bientôt enflammé.

Comment ne succomberoit-on pas à cette épreuve du climat, quand les précautions même les plus exactes, ne suffisent pas pour garantir de l'atteinte de ces fiévres dangereuses ; quand les hommes les plus sobres, les plus modérés, les plus éloignés de tout excès, & les plus attentifs sur leurs actions, sont les victimes du nouvel air qu'ils respirent. Dans l'état actuel des colonies, sur dix hommes qui passent aux isles, il meurt quatre Anglois, trois François, trois Hollandois, trois Danois & un Espagnol.

En voyant la consommation d'hommes qui se faisoit dans ces régions, lorsqu'on commença à les occuper, on pensa assez généralement qu'elles finiroient par dépeupler les états qui avoient l'ambition de s'y établir.

L'expérience a changé sur ce point l'opinion publique. A mesure que ces colonies ont poussé leurs cultures, elles ont eu plus de moyens de dépenser. Ces facultés nouvelles ont ouvert à la patrie principale des débouchés qui lui étoient inconnus. La masse des exportations n'a pas pu augmenter, sans une augmentation de travail. Avec les travaux se sont multipliés les hommes, comme ils se multiplieront par-tout où ils trouveront plus de moyens de subsister. Les étrangers même se sont portés en foule dans des empires qui ouvroient un vaste champ à leur ambition, à leur industrie.

Non-seulement la population s'est accrue dans

les états propriétaires des isles ; mais elle y est devenue plus heureuse. Le bonheur est en général le résultat des commodités ; & il doit être plus grand à mesure qu'on peut les varier & les étendre. Les isles ont procuré cet avantage à leurs possesseurs. Ils ont tiré de ces régions fertiles des productions agréables dont la consommation a ajouté à leurs jouissances. Ils en ont tiré qui, échangées contre les denrées de leurs voisins, les ont fait entrer en partage des douceurs des autres climats. De cette maniere les empires que le hasard, le bonheur des circonstances, ou des vues bien combinées, avoient mis en possession des isles, sont devenus le séjour des arts & de tous les agrémens qui sont une suite naturelle & nécessaire d'une grande abondance.

Ce n'est pas tout. Ces colonies ont élevé les nations qui les ont fondées à une supériorité d'influence dans le monde politique ; & voici comment. L'or & l'argent qui forment la circulation générale de l'Europe, viennent du Mexique, du Pérou & du Brésil. Ils n'appartiennent pas aux Espagnols & aux Portugais ; mais aux peuples qui donnent leurs marchandises en échange de ces métaux. Ces peuples ont entr'eux des comptes, qui en dernier résultat vont se solder à Lisbonne & à Cadix, qu'on peut regarder comme une caisse commune & universelle. C'est-là qu'on doit juger de l'accroissement ou de la décadence du commerce de chaque nation. Celle qui est en équilibre de vente ou d'achat avec les autres, retire son intérêt entier. Celle qui a acheté plus qu'elle n'a vendu, retire moins que son intérêt, parce qu'elle en a cédé une partie pour s'acquiter avec la nation dont elle étoit débitrice. Celle qui a plus vendu aux autres nations qu'elle n'a acheté d'elles, ne

tetire pas seulement ce qui lui est dû par l'Espagne & le Portugal , mais encore ce que lui doivent les autres nations avec lesquelles elle a fait
des échanges. Ce dernier avantage est spécialement
réservé aux peuples qui possedent les isles. Ils
voient grossir annuellement leur numéraire par
la vente des riches productions de ces contrées ;
& cette augmentation de numéraire assure leur
prépondérance , les rend les arbitres de la paix
& de la guerre. Mais dans, quelles proportions,
chaque nation a-t-elle augmenté sa puissance par
la possession des isles. C'est ce qu'on développera
dans les livres suivans.

Fin du Livre onzieme.

HISTOIRE

PHILOSOPHIQUE

ET

POLITIQUE,

Des établissemens & du commerce des Européens dans les deux Indes.

LIVRE DOUZIEME.

L'ESPAGNE a la gloire d'avoir découvert le grand archipel des Antilles, & d'y avoir formé les premiers établissemens. Celui que ses navigateurs trouvent d'abord en arrivant en Amérique se nomme la Trinité. Colomb y aborda, lorsqu'en 1498, il reconnut l'Orenoque. Mais d'autres intérêts firent perdre de vue, & l'isle, & les bords du continent voisin. Cependant l'éclat de l'or qu'on avoit vu briller de loin sur la côte, y ramena la nation qui l'avoit découverte. On décida la conquête des régions immenses qu'arrosoit un des plus grands, des plus riches fleuves

du

du monde ; & l'isle de la Trinité située à l'embouchure de l'Orenoque fut peuplée, pour assurer & faciliter l'exécution d'une si grande entreprise. Une isle a toujours de l'avantage sur un continent, lorsqu'avec peu de terrein à défendre ;
elle en trouve un très-grand à attaquer. Tel étoit
celui que traverse l'Orenoque.

Ce fleuve qui tire, à ce qu'on croit, sa source
des Cordillieres, après avoir été grossi dans un
cours de cinq cens soixante quinze lieues, par
un nombre prodigieux de rivieres plus ou moins
considérables, se jette dans l'océan par plus de
cinquante embouchures. Telle est son impétuosité,
qu'il traverse les plus fortes marées, & conserve
la douceur de ses eaux, douze lieues après être
sorti du vaste & profond canal qui l'enchaînoit.
Cependant sa rapidité n'est pas toujours égale,
par l'effet d'une singularité peut - être unique.
L'Orenoque commençant à croître en avril, monte continuellement pendant cinq mois & reste le
sixiéme dans son plus grand accroissement : en
octobre, il commence à baisser graduellement
jusqu'au mois de mars qu'il passe tout entier dans
l'état fixe de sa plus grande diminution. Cette
alternative de variations est réguliere, invariable
même.

Ce phénomene dont on ignore la cause, paroît
dépendre beaucoup plus de la mer que de la
terre. Durant les six mois que le fleuve croît,
l'hémisphere du nouveau monde n'offre, pour
ainsi dire, que des mers & presque point de terres
à l'action perpendiculaire des rayons du soleil.
Durant les six mois que le fleuve décroît, l'Amérique ne présente que son grand continent à l'astre
qui l'éclaire. La mer est moins soumise alors à
l'influence active du soleil ; ou du moins sa pente

vers les côtes orientales, est plus balancée, plus brisée par les terres. Elle doit donc laisser un plus libre cours aux fleuves qui n'étant point alors si fort retenus par la mer, ne peuvent être grossis que par la fonte des neiges des Cordillières ou par les pluies. C'est peut-être aussi la saison des pluies qui décide de l'accroissement des eaux de l'Orenoque. Mais pour bien saisir les causes d'un phénomene si singulier, il faudroit étudier les rapports que peut avoir le cours de ce fleuve avec celui des Amazones, connoître la situation & les mouvemens de l'un & de l'autre. Peut-être trouveroit-on dans la différence de leur position, de leur source ou de leur embouchure, l'origine d'une diversité si remarquable dans l'état périodique de leurs eaux ? Tout est lié dans le système du monde. Le cours des fleuves tient aux révolutions, soit journalieres, soit annuelles de la terre. Quand un peuple éclairé connoîtra les bords de l'Orenoque, on saura, du moins on cherchera les raisons des phénomenes de son cours. Mais ce ne sera pas sans difficulté. Ce fleuve n'est pas aussi navigable que le fait présumer la masse de ses eaux. Son lit est embarrassé d'un grand nombre de rochers qui réduisent par intervalles le navigateur à porter ses bateaux, & les denrées dont ils sont chargés.

Les peuples qui traversent ou fréquentent ce fleuve, voisins du brûlant équateur, habitans d'un pays trop bon peut-être pour avoir été cultivé, ne connoissent ni la gêne des vêtemens, ni les chaînes de la police, ni le fardeau des gouvernemens. Libres sous le joug de la pauvreté, ils vivent la plupart de la chasse, de la pêche & des fruits sauvages. L'agriculture doit être peu de chose, où l'on n'a qu'un bâton pour labourer la terre, & des haches de pierre pour abattre les arbres, qui après avoir été brûlés ou pourris, laissent un terrein propre à former un champ. De toutes ces nations la plus singuliere, est celle qui habite cette foule d'isles formées par les différentes embouchures de l'Orenoque. Son pays, quoique sous l'eau pendant les six mois de l'année que croît le fleuve, quoique submergé le reste du tems deux fois le jour par la marée, lui paroît préférable à tout. Elle est parvenue à l'habiter sans risque, en construisant des cabannes sur des pieux fort élevés & très-profondément enfoncés dans la vase. Un palmier qui couvre ces sables, fournit à ces sauvages doux, gais & sociables, leur nourriture, leur boisson, leurs meubles & leurs canots.

Les Espagnols n'entreprirent de remonter l'Oré-noque qu'en 1535. N'y ayant pas trouvé les mines qu'ils cherchoient, ils le mépriserent au point de n'y avoir jamais formé qu'un petit établissement. Il est situé au bas du fleuve, & se nomme Saint-Thomas. Les premiers colons s'y adonnerent à la culture du tabac avec une telle ardeur, qu'ils en livroient tous les ans dix cargaisons aux Hollandois. Cette communication ayant été proscrite par la métropole, la ville, qui d'ailleurs a été saccagée deux fois par des corsaires, se réduisit peu à peu à rien. Elle se borne aujourd'hui à élever quelques troupeaux qui sont conduits à Cumana par un chemin qu'on a tracé dans l'intérieur des terres.

Ces vastes & fertiles contrées sortiroient bientôt de l'obscurité où elles sont plongées, si l'Espagne savoit profiter de l'ambition active des Jésuites. On sait que ces hommes admirables comme société, dangereux comme citoyens, détestables comme religieux, étoient parvenus à tirer du fond des forêts un nombre considérable de sauvages, à les fixer sur les bords de l'Orenoque & des rivieres la plupart navigables qui s'y jettent, à leur donner quelques principes de sociabilité, un peu de goût pour les arts les plus nécessaires, surtout pour l'agriculture. Seroit-il impossible de les déterminer par l'appas des échanges, à multiplier le sucre, le coton, le tabac, le cacao qu'ils cultivent déja pour leur propre usage ? Entre la vie sauvage & l'état de société, c'est un desert immense à traverser. De l'enfance de la civilisation à la vigueur du commerce, il n'y a que des pas à faire. Le tems qui accroît les forces, abrege les distances. Le fruit qu'on retireroit du travail de ces peuplades nouvelles, en leur procurant des commodités, donneroit des richesses à l'Espagne. On les porteroit à la Trinité qui seroit ainsi rendue à sa destination primitive.

Elle ne se borneroit pas à n'être qu'un entrepôt. Son étendue, la fertilité de son sol, l'avantage de ses rades, lui donneroient un éclat qu'elle tireroit de son propre fond. Ceux qui l'ont parcourue avec assez de réflexion & de lumieres pour demêler, à travers les épaisses forêts qui la couvrent, ce qu'elle pouvoit valoir, l'ont jugée propre à rapporter abondamment plusieurs sortes de productions même d'un grand prix. Cependant elle n'a jamais cultivé que le cacao ; mais il y étoit si parfait qu'on le préféroit à celui de Caraque même, & que les négocians Espagnols, pour s'en assurer, le payoient d'avance à l'envie les uns des autres. Cet empressement qui peut quelquefois augmenter l'industrie d'un peuple naturellement actif, perd infailliblement des hommes chez qui le goût du repos est une passion, & presqu'un besoin de la nature ou de l'éducation. Les propriétaires ayant reçu plus d'argent qu'ils n'en pouvoient rembourser avec l'unique denrée qui faisoit toute leur fortune, tomberent peu à peu dans le découragement. A la vue d'un travail excessif, ils se mirent à ne rien faire. Depuis 1727 on ne trouve plus de cacao dans l'isle. Elle devint à cette époque tout-à-fait étrangere à sa métropole. Cette négligence avoit déja comme anéanti la Marguerite.

Cette isle dut un moment de vie & de prospérité à une sorte de richesse cachée dans le fond de la mer qui l'environnoit. Colomb avoit apperçu en 1498, à quatre lieues du continent, la petite isle de Cubagua qu'on appella depuis l'isle des Perles. L'abondance de ce trésor gratuit de la nature, y attira les Espagnols en 1509. Ils y arriverent avec quelques sauvages des Lucayes qui ne s'étoient pas trouvés propres aux travaux des mines, mais qui avoient une grande facilité à demeurer long-tems sous l'eau. Leur talent fut employé avec tant d'ardeur, qu'on vit s'élever en fort peu de tems des fortunes très-considérables. Les bancs où naissoient les perles s'épuiserent ; & la colonie fut transférée en 1524 à la Marguerite, où l'on venoit d'en découvrir, & d'où elles disparurent plus vîte encore. Dès-lors cette possession qui a quinze lieues de long sur six de large, devint encore plus indifférente à l'Espagne que la Trinité.

Si la cour de Madrid conserve ces deux isles, c'est plutôt pour éloigner du continent des nations plus industrieuses, que dans la vue d'en tirer quelque utilité. Des Espagnols y ont formé avec des Indiennes une génération d'hommes, qui réunissant l'inertie des peuples sauvages aux

vices des peuples policés, font pareſſeux, fripons
& ſuperſtitieux. Ils vivent de leur pêche & de
bananes que la nature, comme pour favoriſer
leur indolence, y fait croître plus groſſes & meilleures que dans le reſte de l'archipel. Ils élevent
des beſtiaux maigres & de peu de goût qu'ils
vont échanger en fraude dans les colonies Françoiſes contre des camelots, des voiles noirs, des
toiles, des bas de ſoie, des chapeaux blancs &
des quinquailleries. Cette navigation ſe fait avec
une trentaine de chaloupes non pontées.

Les troupeaux domeſtiques, ont peuplé les bois
des deux iſles de bêtes à corne qui ſont devenues
ſauvages. On les tue à coups de fuſil. Leur chair
eſt diviſée en aiguillettes de trois pouces de large,
d'un pouce d'épaiſſeur, qu'on fait ſecher, après
avoir fondu la graiſſe, de maniere à les conſerver
trois ou quatre mois. Le cent peſant de cette
viande qu'on nomme Taſſan, ſe vend environ
cinq piaſtres dans les établiſſemens François. La
modicité de ſon prix prouve qu'on n'en fait pas
grand cas.

Les commandans, les officiers civils & militaires, les moines attirent à eux tout l'argent que
le gouvernement envoie dans les deux iſles. Le
reſte qui ne paſſe pas le nombre de ſeize cens perſonnes vit dans une pauvreté affreuſe. Elles fourniſſent en tems de guerre environ deux cens hommes que l'eſprit de rapine attire indiſtinctement
dans les colonies où l'on arme des vaiſſeaux corſaires. Les habitans de Porto-rico n'ont pas les
mêmes inclinations.

Placée au centre des Antilles, cette iſle a quarante lieues de long, ſur vingt dans ſa plus grande
largeur. Quoique découverte & reconnue en 1494
par Colomb, elle n'attira l'attention des Eſpagnols

qu'en 1509 ; & ce fut l'appas de l'or qui les y fit
paffer de Saint-Domingue, fous les ordres de Ponce de Leon.   Cette nouvelle conquête devoit leur
coûter.

Perfonne n'ignore que l'ufage des armes empoifonnées, remonte aux fiecles les plus reculés.
Il précéda dans la plupart des contrées l'invention
du fer. Lorfque les dards armés de pierres, d'os,
d'arrêtes fe trouverent des armes trop foibles pour
repouffer les bêtes féroces, on eut recours à un
fuc mortel. Il n'y avoit aucun danger à manger
les animaux tués avec des fléches empoifonnées,
dont toute l'action fe bornoit à figer le fang. Ce
poifon imaginé d'abord pour la chaffe, fervit depuis aux guerres des peuples, ou conquérans, ou
fauvages. L'ambition & la vengeance ne connoif-
fent des bornes dans leurs excès, qu'après avoir
noyé durant des fiecles des nations entieres dans
des fleuves de fang. Quand on a reconnu que ce
fang ne produit rien, ou qu'à mefure qu'il groffit
dans fon cours, il inonde, il dépeuple les terres,
& ne laiffe que des deferts fans vie & fans culture, alors on convient de modérer un peu la foif
de le répandre. On établit ce qu'on appelle le droit
de la guerre ; c'eft-à-dire l'injuftice dans l'injuftice, ou l'utilité des rois dans le maffacre des peuples. On ne les égorge pas tous à la fois. On fe
réferve quelques têtes de ce bétail pour repeupler
le troupeau des victimes nouvelles. Ce droit de
la guerre ou des gens, fait qu'on profcrit certains
abus dans l'ufage de tuer. Quand on a des armes
à feu, l'on défend les armes empoifonnées ; &
quand les boulets de canon fuffifent, on interdit
les balles machées. Race indigne du ciel & de la
terre, être deftructeur & tyrannique, homme ou
démon, ne cefferas-tu point de tourmenter ce glo-

be où tu vis un moment? Ne finiras-tu pas la guerre avec l'anéantissement de ton espece? Vas, cours au nouveau monde.

De toutes les régions fertiles en plantes véni-meuses, aucune ne le fut autant que l'Amérique méridionale. Elle devoit cette fécondité malheu-reuse, à son territoire généralement fetide, comme s'il s'épuroit du limon d'un déluge. Mais de tous les arbres qui produisent la mort, le plus dangereux est le mancannalier.

Son tronc qui n'a jamais plus de deux pieds de circonférence est revêtu d'une écorse lisse & tendre. Ses fleurs sont rougeâtres. Son fruit a la couleur de la pêche & renferme un noyau. Ses feuilles semblables à celles du laurier, contiennent une substance laiteuse. Il est dangereux de les manier, lorsque l'ardeur du soleil les fait suer, & plus dangereux encore de se reposer sous ses fleurs innombrables, à cause de la prodigieuse quantité de poussiere qui en tombe. On reçoit le suc fluide du mancannilier dans des coquilles rangées au tour des incisions qu'on a faites à son tronc. Lorsque cette liqueur est un peu épaissie, on y trempe la pointe des fléches qui acquierent la propriété de porter une mort prompte à tout être sensible, qui en est même très-legerement atteint. L'expérience prouve que ce venin conserve son activité même au-delà d'un siecle. De tous les lieux où se trouve cet arbre funeste, Porto-rico est celui où il se plaît le plus, où il est le plus multiplié. Pourquoi les premiers conquérans de l'Amérique n'ont-ils pas tous fait naufrage à cette isle ? Mais le malheur des deux mondes a voulu qu'ils l'ayent trop tard connue, & qu'ils n'ayent jamais trouvé la mort due à leur avarice.

Le mancanuilier semble n'avoir été funeste qu'aux

Américains. Les habitans de l'isle qui le produit s'en servoient pour repousser le Caraïbe accoutumé à faire des incursions sur leurs côtes. Ils pouvoient employer les mêmes armes contre les Européens. L'Espagnol qui ignoroit alors que le sel appliqué sur la blessure au moment du coup en est le remede infaillible, auroit succombé peut-être aux premieres atteintes de ce poison. Mais il n'éprouva pas la moindre résistance de la part de ces sauvages insulaires. Instruits de ce qui s'étoit passé dans la conquête des isles voisines, ils regardoient ces étrangers comme des êtres supérieurs à l'humanité. Ils se jetterent d'eux-mêmes dans les fers. Cependant ils ne tarderent pas à souhaiter de briser le joug insupportable qu'on leur avoit imposé. Seulement avant de le tenter, ils voulurent s'éclaircir si leurs tyrans étoient ou n'étoient pas immortels. La commission en fut donnée à un cacique nommé Broyau.

Un hasard favorable à ses desseins, ayant conduit chez lui Salzedo jeune Espagnol qui voyageoit, il le reçut avec de grandes marques de considération, & lui donna à son départ quelques Indiens pour le soulager dans sa marche, pour lui servir de guides. Un de ces sauvages le mit sur ses épaules pour traverser une riviere, le jetta dans l'eau, & l'y retint avec le secours de ses compagnons, jusqu'à ce qu'il ne remuât plus. On tira ensuite le corps sur la rive. Dans le doute s'il étoit mort ou s'il vivoit encore, on lui demanda mille fois pardon du malheur qui étoit arrivé. Cette comédie dura trois jours. Enfin la puanteur du cadavre ayant convaincu les Indiens que les Espagnols pouvoient mourir, on tomba de tous côtés sur les oppresseurs. Cent furent massacrés.

Ponce de Leon rassemble aussi-tôt tous les Cast

tillans qui ont échappés à la conspiration. Sans perdre de tems, il fond sur les sauvages déconcertés par cette brusque attaque. Leur terreur augmente à mesure que leurs ennemis se multiplient. Ce peuple a la simplicité de croire que les nouveaux Espagnols qui arrivent de Saint-Domingue, sont ceux-là même qui ont été tués & qui ressuscitent pour combattre. Dans cette folle persuasion, découragé de continuer la guerre contre des hommes qui renaissent de leurs cendres, il se remet sous le joug. On le condamne aux mines, où il périt en peu de tems dans les travaux de l'esclavage.

Ces barbaries n'ont produit aucun avantage à l'Espagne. Une isle d'une étendue considérable, arrosée d'un grand nombre de rivieres, fertile quoiqu'inégale, ayant un port excellent, des côtes faciles, & dont la possession auroit fait la fortune d'une nation active, cette isle est inconnue à la plupart des peuples. On y compte à peine quinze cens Espagnols, métis ou mulâtres. Ils ont environ trois mille négres, plus occupés à nourrir l'indolence du propriétaire qu'à seconder son industrie. Les maîtres & les esclaves rapprochés par la paresse vivent également de mays, de patates & de cassave. S'ils cultivent du sucre, du tabac, du cacao, ce n'est que ce qu'il en faut pour leur consommation. Ce qu'ils exportent se réduit à deux mille cuirs qu'ils fournissent annuellement au commerce d'Espagne, & a un assez grand nombre de mulets bons mais petits, tels qu'on les trouve ordinairement dans les pays coupés en montueux. Ces mulets passent en fraude à Sainte-Croix, à la Jamaïque & à Saint-Domingue. L'oisiveté de cette peuplade est protégée par une garnison de deux cens hommes qui avec les prêtres & le ma giftrat coûte au gouvernement cinquante mille piaftres. Cet argent joint à la valeur des beftiaux fuffit pour payer aux Anglois, aux Hollandois, aux François, aux Danois les toiles & les autres marchandifes qu'ils fourniffent. Toute l'utilité que la métropole tire de fa colonie fe réduit à faire renouveller l'eau & les rafraîchiffemens des flottes qu'elle envoie dans le nouveau monde.

Si l'Efpagne eft affez peu touchée de fes propres intérêts, pour négliger les avantages que pourroit lui rapporter une ifle fi confidérable, du moins devroit-elle permettre à ceux de fes fujets que le fort y a conduits, de fortir de la honteufe mifere où ils languiffent. Il fuffiroit pour rendre leur condition meilleure, de les autorifer à la vente libre de leurs troupeaux. L'étendue de leur fol leur permettroit d'en élever affez pour les befoins de toutes celles des Antilles où l'on s'occupe de culture. La fituation d'un établiffement qui fe trouve au milieu de ces ifles, favoriferoit partout l'introduction de fes beftiaux dans leurs ports. Une communication non interrompue avec des peuples actifs & éclairés, réveilleroit des colons qui ne le font pas. Le defir de partager les mêmes jouiffances, infpireroit l'ardeur des mêmes travaux. La cour de Madrid recueilleroit alors des fruits politiques d'une condefcendance que l'humanité feule devroit lui dicter. Jufqu'au moment de cette liberté de commerce, Porto-rico ne fera pas plus utile que Saint-Domingue.

Cette ifle célébre dans l'hiftoire pour avoir été le berceau des Efpagnols dans le nouveau monde, jerta d'abord un grand éclat par l'or qu'elle fournif-foit. Ces richeffes diminuoient avec les habi-tans du pays qu'on forçoit de les arracher aux en-trailles de la terre ; & elles tarirent enfin entierement, lorsque les isles voisines ne fournirent plus de quoi remplacer les déplorables victimes de l'avidité des conquérans. La passion de rouvrir cette source d'opulence, inspira la pensée d'aller chercher des esclaves en Afrique ; mais outre qu'ils ne se trouverent pas propres aux travaux auxquels on les destinoit, l'abondance des mines du continent qu'on commençoit à exploiter, réduisit à rien les grands avantages qu'on avoit tirés jusqu'alors de celles de Saint-Domingue. La santé, la force, la patience des négres firent imaginer qu'il étoit possible de les employer utilement à la culture ; & on se détermina par nécessité à un parti sage qu'avec plus de lumiere on auroit embrassé par choix.

Le produit de leur industrie fut d'abord extrêmement borné, parce qu'ils étoient en petit nombre. Charles-quint, qui comme la plupart des souverains préféroit ses favoris à tout, avoit exclusivement accordé la traite des noirs à un seigneur Flamand, qui céda son privilege aux Genois pour la somme de vingt-trois mille ducats. Ces avares républiquains firent de ce honteux commerce l'usage qu'on fait toujours du monopole : ils voulurent vendre cher, & ils vendirent peu. Lorsque le tems & la concurrence eurent amené le prix naturel & nécessaire des esclaves, ils se multiplierent. On doit bien penser que l'Espagnol accoutumé à traiter les Indiens presqu'aussi blancs que lui, comme des animaux, n'eut pas une meilleure opinion de ces noirs Afriquains qu'il substituoit à leur place. Ravalés encore à ses yeux par le prix même qu'ils lui coûtoient ; sa religion ne l'empêcha pas d'aggraver le poids de leur servitude. Elle devint intolérable. Ces malheureux esclaves tenterent de recouvrer des droits que l'homme ne peut jamais aliéner. Ils furent battus ; mais ils tirerent ce fruit de leur désespoir, qu'on les traita depuis avec moins d'inhumanité.

Cette modération, s'il faut appeller ainsi la tyrannie qui craint la révolte, eut des suites favorables. La culture fut poussée avec une espece de succès. Un peu après le milieu du seizieme siecle, la métropole tiroit annuellement de sa colonie dix millions pesant de sucre, beaucoup de bois de teinture, de tabac, de cacao, de casse, de gingembre, de coton, une grande quantité de cuirs. On pouvoit penser que ce commencement de prospérité inspireroit le goût, donneroit les moyens d'en étendre les progrès. Un enchaînement de causes plus funestes les unes que les autres, ruina ces espérances.

Le premier malheur vint du dépeuplement de Saint-Domingue. Les conquêtes des Espagnols dans le continent, devoient contribuer naturellement à rendre florissante une isle que la nature paroissoit avoir placée pour devenir le centre de la vaste domination qui se formoit autour d'elle, pour être l'entrepôt de ses différentes colonies. Il en arriva tout autrement. A la vue des fortunes prodigieuses qui s'élevoient au Mexique ou ailleurs, les plus riches habitans de Saint-Domingue mépriserent leurs établissemens, & quitterent la véritable source des richesses qui est pour ainsi dire à la surface de la terre, pour aller fouiller dans ses entrailles des veines d'or qui tarissent bientôt. Le gouvernement entreprit envain d'arrêter cette émigration : les loix furent toujours éludées avec adresse ou violées avec audace.

La foiblesse qui étoit une suite nécessaire de cette conduite, enhardit les ennemis de l'Espagne à ravager des côtes sans défense. On vit même le célebre navigateur Anglois, François Drake, prendre & piller la capitale. Ceux des corsaires qui n'avoient pas de si grandes forces, ne manquoient guere d'intercepter les bâtimens expédiés de ces parages, alors les mieux connus du nouveau monde. Pour comble de calamité, les Castillans eux-mêmes se firent pirates. Ils n'attaquoient que les navires de leur nation, plus riches, plus mal équipés, plus mal défendus que tous les autres. L'habitude qu'ils avoient contractée d'armer clandestinement pour aller chercher par-tout des esclaves, empêchoit qu'on ne pût les reconnoître; & l'appui qu'ils achetoient des vaisseaux de guerre chargés de protéger la navigation, les assuroit de l'impunité.

Le commerce que la colonie faisoit avec les étrangers pouvoit seul la relever, empêcher du moins sa ruine entiere : il fut défendu. Comme il continuoit, malgré la vigilance des commandans, ou peut-être par leur connivence, une cour aigrie & peu éclairée, prit le parti de raser la plupart des places maritimes, & d'en concentrer les malheureux habitans dans l'intérieur des terres. Cet acte de violence jetta dans les esprits un découragement que les incursions & l'établissement des François dans l'isle, porterent depuis au dernier période.

L'Espagne uniquement occupée du vaste empire qu'elle avoit formé dans le continent, ne fit jamais rien pour dissiper cette léthargie. Elle se refusa même aux sollicitations de ses sujets Flamands qui desiroient vivement d'être autorisés à défricher des contrées si fertiles. Plutôt que de courir le risque de leur voir faire sur les côtes quelque commerce frauduleux, elle consentit à laisser dans l'oubli une possession qui avoit été importante & qui pouvoit le redevenir.

Cette colonie, à qui sa métropole n'étoit plus connue que par un vaisseau médiocre qu'elle en recevoit tous les trois ans, avoit en 1717 dix-huit mille quatre cens dix habitans, Espagnols, métis, negres ou mulâtres. Leur couleur & leur caractere tenoient plus ou moins de l'Amériquain, de l'Europćen & de l'Afriquain, en raison du mêlange qui s'étoit fait du sang de ces trois peuples, dans l'union naturelle & passagere qui rapproche les races & les conditions ; car l'amour comme la mort se plaît à les confondre. Ces demi-sauvages plongćs dans une fainéantise profonde, vivoient de fruits & de racines, habitoient des cabanes, étoient sans meubles, & la plupart sans vêtemens. Le petit nombre de ceux en qui l'indolence n'avoit pas étouffé le préjugé des bienséances, le goût des commodités, recevoient des habits de la main des François leurs voisins, auxquels ils livroient leurs nombreux troupeaux, & l'argent qu'on leur envoyoit pour deux cens soldats, pour les prêtres & pour le gouvernement. Il ne paroît pas que la compagnie exclusive formée en 1757 à Barcelone pour ranimer les cendres de Saint-Domingue, ait fait encore de grands progrès. Ses expéditions annuelles se réduisent à deux petits bâtimens qui font leur retour en Europe, chargés de six mille cuirs & de quelques autres marchandises de peu de valeur.

C'est à San-domingo capitale de la colonie que se font les échanges. Elle est située au bord d'une plaine qui a trente lieues de long, sur huit, dix & douze lieues de large. Ce grand espace qui fourniroit à un peuple cultivateur pour vingt millions de denrées, est couvert de forêts & de ronces, rarement entremêlés de pâturages où paissent d'assez nombreux troupeaux. Ce terrein uni dans presque toute son étendue, devient inégal aux environs de la ville, bâtie sur les rives de la Lozama. De magnifiques ruines sont tout ce qui reste à cette célèbre cité de sa prospérité premiere. Du côté de la terre, elle n'a pour fortifications qu'une simple muraille sans fossé & sans aucun ouvrage avancé ; mais du côté de la riviere & de la mer, elle seroit difficile à prendre. Tel est le seul établissement que les Espagnols ayent conservé à la côte du sud. Celui qu'ils ont au nord se nomme Monté-christo.

Heureusement cette place maritime & commerçante n'a jamais eu de liaison avec l'Espagne. Elle doit son activité au voisinage des plantations Françoises. Durant la paix, les productions de la plaine de Maribaroux, située entre le fort Dauphin & la baye de Mancenille, vont se perdre dans ce port toujours rempli d'Anglois interlopes. Lorsque la guerre entre les cours de Londres & de Versailles n'entraîne pas celle de Madrid, Monté-christo devient un marché considérable, parce que tout le nord de la colonie Françoise y fait passer ses denrées qui y trouvent toujours des vaisseaux prêts à les enlever. Ce mouvement de vie cesse, dès l'instant que l'Espagne se croit obligée de prendre parti dans les querelles des deux nations rivales.

Les Espagnols n'ont nulle possession à l'ouest de l'isle entiérement occupé par la France ; & ce n'est que depuis environ cinq à six ans qu'ils ont pensé à former des habitations à l'est depuis très-long-tems entiérement perdu de vue.

Le projet d'établir des cultures, entré par hasard dans le conseil de Madrid, pouvoit s'exécuter dans la plaine de Vega-real, située dans l'intérieur des terres, & qui a quatre-vingt lieues de long sur dix dans sa plus grande largeur. On trouveroit difficilement dans le nouveau monde un terrein plus uni, plus fécond, plus arrosé. Toutes les productions de l'Amérique y réussiroient admirablement ; mais l'extraction en seroit impossible, à moins qu'on ne pratiquât des chemins dont l'entreprise effrayeroit, même des nations plus entreprenantes que la nation Espagnole. Ces difficultés devoient naturellement faire jetter les yeux sur les plaines de San-dominguo, moins fertiles que celles de Vega-real, mais pourtant fertiles. On craignit sans doute que les nouveaux colons ne prissent les mœurs des anciens, & l'on se détermina pour Samana.

C'est une péninsule dans la partie orientale de l'isle. Large de cinq lieues, longue de seize, elle ne tient au continent que par une langue étroite & fort marécageuse. Elle offre aux vaisseaux une baye profonde de quatorze lieues, où le mouillage est de quatorze brasses, & si commodes qu'ils peuvent être amarrés à terre. Cette baye est semée de petits islets, qu'il est aisé d'éviter en rangeant la côte à l'ouest. Avec un terrein très-fertile, quoiqu'il ne soit pas uni, la presqu'isle jouit d'une situation très-avantageuse pour le commerce & pour l'atterrage des bâtimens qui arrivent d'Europe.

Ces considérations déterminèrent les premiers avanturiers François qui ravagèrent Saint-Domingue à se fixer à Samana. Ils s'y soutinrent assez long-tems, quoique leurs ennemis fussent en force dans le voisinage. On sentit à la fin qu'ils étoient trop exposés, trop éloignés des autres établissemens que leur nation avoit dans l'isle, & qui prenoient tous les jours de la consistance. n les rappella. Les Espagnols se réjouirent de ce départ ; mais ils n'occuperent pas la place qui devenoit vacante.

Cependant, ils y ont envoyé de nos jours des Canariens. L'état a fait la dépense de leur voyage, & s'est chargé des frais de leur entretien pendant plusieurs années. Ces mesures, quoique sages, n'ont produit aucun bien. Les nouveaux colons ont été la plupart victimes du climat, des défrichemens & des vexations des gouverneurs, dont l'esprit militaire est par-tout funeste à la prospérité des colonies. Le peu de ces étrangers qui survit à tant de maux, languit dans l'attente d'une mort prochaine. De si tristes essais ne promettent pas d'heureuses suites. Saint-Domingue doit rester pour les Espagnols dans l'état de foiblesse où ils l'ont laissé jusqu'à présent. La nature & la fortune les en dédommageront à Cuba.

Cuba, séparée de Saint-Domingue par un canal de dix-huit lieues, vaut seule un royaume. Sa largeur de quinze à trente-cinq lieues seulement est compensée par sa longueur de deux cens cinquante lieues. Découverte en 1492 par Colomb, ce ne fut qu'en 1511 que les Espagnols entreprirent de la conquérir. Diego de Velasquez vint avec quatre vaisseaux y aborder par sa pointe orientale.

Un cacique nommé Hatuey regnoit dans ce canton. Cet Indien, né dans Saint-Domingue, ou l'isle Espagnole, en étoit sorti pour éviter l'esclavage où sa nation étoit condamnée. Suivi des malheureux échappés à la tyrannie des Castillans, il avoit établi dans le lieu de son refuge un petit état qu'il gouvernoit en paix. C'est delà qu'il observoit au loin les voiles Espagnoles dont il craignoit l'approche. A la première nouvelle qu'il eut de leur arrivée, il affembla les plus braves des Indiens, fes fujets ou fes alliés, pour les animer à défendre leur liberté ; mais les affurant que tous leurs efforts feroient inutiles, s'ils ne commençoient par fe rendre propice le dieu de leurs ennemis : *la voilà*, leur dit-il devant un vafe rempli d'or, *la voilà cette divinité fi puiffante, invoquons-la.*

Ce peuple qui voyoit des dieux par-tout où il ne voyoit pas la caufe des phénomenes, des événemens frappans, crut aifément que l'or pour lequel fe verfoit tant de fang, étoit le dieu des Efpagnols. On danfa, on chanta devant ce métal brut & fans forme, & on fe repofa fur fa protection.

Mais Hatuey plus éclairé, plus foupçonneux que les autres caciques, les affembla de nouveau. *Ne comptons*, leur dit-il, *fur aucun bonheur, tant que le dieu des Efpagnols fera parmi nous. Il eft notre ennemi comme eux. Ils le cherchent par-tout, & s'établiffent où ils le trouvent. Dans les profondeurs de la terre, ils fauroient le découvrir. Si vous l'avaliez même, ils plongeroient leurs bras dans vos entrailles pour l'en arracher. Ce n'eft qu'au fond de la mer qu'on peut le dérober à leurs recherches. Quand il ne fera plus parmi nous, ils nous oublieront fans doute.* Auffitôt tout l'or qu'on poffédoit fut jetté dans les flots.

Cependant les Indiens virent avancer les Efpagnols. Les fufils, les canons, ces dieux épouvantables, de leur bruit foudroyant difperferent les fauvages qui vouloient réfifter. Mais Hatuey pouvoit les raffembler. On fouille dans les bois, on le prend, on le condamne au feu. Attaché au poteau du bûcher, lorfqu'il n'attendoit que la flamme, un prêtre barbare vint lui proposer le baptême & lui parler du paradis. *Dans ce lieu de délices*, dit le cacique, *y a-t-il des Espagnols ? Oui*, répondit le missionaire, *mais il n'y en a que de bons. Le meilleur ne vaut rien*, reprit Hatuey, *& je ne veux point aller dans un lieu où je craindrois d'en trouver un seul. Ne me parlez plus de votre religion, & laissez-moi mourir.*

Le cacique fut brûlé, le dieu des Chrétiens deshonnoré, sa croix baignée dans le sang humain ; mais Velasquez ne trouva plus d'ennemis. Tous les caciques s'empresserent de lui rendre hommage. Après qu'on eut ouvert les mines, comme elles ne rapportoient pas assez d'or, les habitans de Cuba devenant inutiles, furent exterminés ; parce qu'alors conquérir n'étoit que détruire. Une des plus grandes isles du monde ne coûta pas un homme aux Espagnols. Mais ont-ils tiré quelque profit de la conquête de Cuba.

Cet établissement a des cultures importantes. Il sert d'entrepôt à un grand commerce. On le regarde comme le boulevard du nouveau monde. Sous ces trois aspects, il mérite une attention sérieuse.

Le coton est la production qui devoit naturellement se multiplier davantage dans cette isle immense. Au tems de la conquête, cet arbuste y étoit très commun. Sa conservation exigeoit peu d'avances, peu de bras, peu d'industrie ; & la sécheresse d'une grande partie du terrein le rendoit singulierement propre à cet usage. Cette marchandise y est pourtant si rare qu'il se passe quelquefois plusieurs années, sans qu'on en expédie pour l'Europe.

Quoique l'Espagnol ait une aversion presqu'insurmontable pour l'imitation, il a adopté depuis peu à Cuba la culture du caffé, qu'il voyoit faire des progrès rapides dans les isles voisines. Mais en empruntant cette production des colons étrangers, il n'a pas emprunté leur activité à la faire valoir. On recueille à peine trente à trente-cinq mille livres pesant de caffé, dont le tiers est envoyé à la Vera-cruz, & le reste dans la métropole. On devroit conjecturer que cette plante se multipliera, à mesure que l'usage d'une boisson si familiere aux peuples des climats chauds, s'étendra chez les Espagnols; mais une nation qui faire pour communiquer aux Européens le goût du caffé, a été la derniere à le connoître dans les deux mondes, sera lente dans tous ses progrès, comme elle l'est dans toute sorte d'inventions. La propagation du caffé demande celle du sucre. L'Espagnol est-il préparé à l'une par l'autre?

Le sucre, la plus riche, la plus importante production de l'Amérique, suffiroit seule pour donner à Cuba l'éclat de la prospérité, dont la nature y semble avoir ouvert toutes les sources & tous les canaux. Quoique cette isle soit en général inégale & montueuse, elle a des plaines assez étendues, assez arrosées, pour fournir à une grande partie de l'Europe sa consommation de sucre. La fertilité incroyable de ses terres neuves, si elle étoit bien dirigée, bien administrée; la mettroit en état de supplanter toutes les nations qui l'ont devancée dans cette culture. Elles n'auroient travaillé pendant plus d'un demi siecle à perfectionner leurs fabriques, que pour une rivale, qui en adoptant leur méthode, surpasseroit, anéantiroit en moins de vingt ans, la richesse qu'ils en retirent. Mais la colonie Espagnole est si peu jalouse de cette supériorité, qu'elle n'a jusqu'à présent qu'un petit nombre de plantations, où les plus belles cannes ne rendent avec une très-grande dépense, qu'une foible quantité de sucre, d'une qualité médiocre. Il sert en partie à l'approvisionnement du Mexique, en partie à l'approvisionnement de la métropole; & celle-ci, pour qui le sucre devroit être une mine d'or, en achete de l'étranger pour plus d'un million de piastres.

Sans doute elle a cru trouver un dédommagement de cette perte, dans le tabac qu'elle tire de Cuba. Cette isle, outre la provision du Mexique & du Pérou, fournit encore à l'Espagne tout le tabac qu'elle consomme, à la réserve du peu qu'elle en reçoit de Caraque & de Buenosaires. La plus grande partie y est envoyée en feuilles. Celui qui est préparé dans le pays même par Pedro Alonzo, a joui, jouit encore de la plus grande réputation. Cet Espagnol, le seul peut-être qui se soit enrichi par une industrie véritablement utile, a gagné dans ce commerce trois ou quatre millions de piastres. Si le gouvernement eut écouté ce citoyen actif, la fortune publique auroit été accrue par la multiplication d'une plante à laquelle le caprice donne tant de valeur. Le peu d'ardeur qu'a montré la cour de Madrid à seconder le goût de l'Europe pour le tabac de la Havane, en a seule arrêté l'usage.

Celui des cuirs que fournissent les colonies Espagnoles, est universel. Cuba en fournit annuellement dix ou douze mille. Le nombre en pourroit être aisément augmenté dans un pays rempli de bœufs devenus sauvages, où quelques gentilshommes possedent sur les côtes & dans l'intérieur des terres des habitations immenses, qui par le défaut de population, ne peuvent guere avoir d'autre destination que celle d'élever de nombreux troupeaux.

Ce seroit une exagération que d'oser avancer que la centieme partie de l'isle de Cuba a été défrichée. On ne voit quelques traces de culture qu'à Sant-yago, port situé au vent de la colonie, & à Matança, baye sûre & spacieuse qu'on trouve à la sortie du vieux canal. Les vraies cultures sont toutes concentrées dans les belles plaines de la Havane, & encore ne sont-elles pas ce qu'elles devroient être.

Ces cultures réunies peuvent occuper vingt-cinq mille esclaves de tout âge & de tout sexe. Le nombre des blancs, des metis, des mulâtres, des noirs libres répandus dans l'isle, s'éleve à peu près à trente mille. D'excellent cochon, du bœuf détestable, tous deux extrêmement communs & à très-vil prix, composent avec le manioc, la nourriture de ces différentes populations. Les troupes même ne connoissent pas d'autre pain que la cassave. C'est l'habitude de voir des Européens à Cuba, qui peut avoir préservé ses habitans de l'inclination totale qu'on trouve dans tous les autres établissemens Espagnols du nouveau monde. Le sang y est moins mêlé, les vêtemens plus décens, les bienséances mieux observées que dans les autres isles.

L'état de la colonie seroit plus florissant encore, si ses productions n'eussent pas été abandonnées à une compagnie, dont le privilege exclusif est un principe constant & invariable de découragement. Moins une nation est industrieuse, plus elle doit écarter une méthode qui rallentiroit la marche du peuple le plus actif, le plus laborieux.

Si quelque chose pouvoit tenir lieu de liberté à Cuba, & la dédommager de la tyrannie du monopole, ce seroit l'avantage que cette isle a toujours eu de recevoir presque tous les bâtimens Espagnols qui naviguent dans le nouveau monde. Cet usage commença presque avec la colonie. Ponce de Leon ayant tenté en 1512 une entreprise sur la Floride, eut une connoissance assez distincte du nouveau canal de Bahama. On ne tarda pas à sentir que ce seroit la route la plus convenable que pourroient prendre pour gagner l'Europe tous les bâtimens partis du Mexique, & on établit à cette occasion la Havane qui n'est qu'à deux petites journées du canal. L'utilité de ce port, s'étendit depuis à tous les navires expédiés de Carthagene & de Porto-belo qui prirent bientôt le même chemin. Les uns & les autres y relâchoient, & s'y attendoient réciproquement, pour arriver ensemble avec plus d'appareil que de nécessité dans la métropole. Les dépenses énormes que faisoient durant leur séjour des navigateurs qui arrivoient chargés des plus riches trésors de l'univers, jetterent un argent immense dans la ville. Sa population qui n'étoit en 1561 que de trois cens familles, & qui avoit doublé au commencement du dix-septieme siecle, est aujourd'hui de dix mille ames.

Une partie est occupée dans les chantiers très-anciennement formés par le gouvernement pour la construction des vaisseaux de guerre. On y porte d'Europe des mâts, du fer, des cordages. Tout le reste se trouve abondamment dans l'isle. Mais ce qu'elle a de plus précieux, c'est le bois qui né sous l'influence des rayons les plus brûlans du soleil, se conserve des siecles entiers avec des soins médiocres; tandis que les vaisseaux d'Europe se dessechent & se fendent sous la zone torride. Ce bois commence à devenir rare dans les environs de la Havane; mais il est commun sur toutes les côtes, & le transport n'en est, ni cher, ni difficile. L'Espagne est d'autant plus intéressée à multiplier ses atteliers, que les mers les plus fréquentées par ses escadres, sont toutes situées entre les Tropiques. Elle a même un motif de plus pour fonder la plus grande ressource de sa puissance maritime sur les chantiers de la Havane; c'est ce qu'elle fait aujourd'hui pour rendre imprenable cette clef de ses colonies. L'importance de l'entreprise en fera peut-être aimer les détails.

Personne n'ignore que le port de la Havane, est un des plus sûrs de l'univers; que les flottes du monde entier, y pourroient mouiller toutes ensemble; qu'on y fait aisément de l'eau, qui se trouve excellente. Son entrée est, pour ainsi dire, gardée par des cayes & des roches, où l'on court risque de se perdre, pour peu qu'on s'éloigne du milieu de la passe. Elle est devenue plus difficile depuis qu'on y a coulé bas en 1762 trois gros vaisseaux de guerre. Cette précaution n'a été funeste qu'aux Espagnols qui n'ont pu réussir encore à retirer ces vaisseaux, sans doute parce qu'on s'y est mal pris. Elle étoit d'autant plus inutile que l'ennemi n'auroit pas même tenté de forcer l'entrée du port. Il est défendu par le fort Moro, & par le fort de la Pointe, tous deux tellement bâtis au dessus du niveau de la mer, qu'il est impossible aux plus gros vaisseaux de les battre.

La Havane ne peut donc être attaquée que du côté de terre. Quinze ou seize mille hommes qui sont la plus grande force qu'il soit possible d'employer à cette expédition, ne pourront jamais in-

veſtir tous les ouvrages qui ont acquis une étendue immenſe. Il faudra tourner leurs efforts vers
la droite ou vers la gauche du port, contre la
ville ou contre le fort Moro. Si on ſe détermine
pour le dernier parti, la deſcente ſe fera aiſément
à une lieue du fort, & l'on arrivera ſans peine à
ſa vue par des chemins faciles, par des bois qui
couvriront, qui aſſureront la marche.

La premiere difficulté ſera d'avoir de l'eau. Elle
eſt mortelle aux environs du camp qu'il faudra
choiſir. On ſera réduit à en aller chercher de potable avec des chaloupes, à une diſtance de trois
lieues. On ne pourra s'en procurer qu'en arrivant
en force ſur la riviere qui doit ſeule en fournir,
ou qu'en y laiſſant un corps retranché qui loin du
camp, iſolé, ſans ſoutien, ſera continuellement
dans le riſque d'être enlevé.

Avant d'attaquer le Moro, il faudra prendre le
Cavagne qui vient d'être conſtruit. C'eſt un ouvrage à couronne, compoſé d'un baſtion, de deux
courtines, & deux demi baſtions ſur ſon front.
Sa droite & ſa gauche appuient ſur l'eſcarpement
du port. Il a des cazemattes, des citernes & des
magaſins à poudre à l'abri de la bombe, un bon
chemin couvert, & un large foſſé taillé dans le
roc. Le ſol qui y conduit eſt tout de pierres ou
de rocailles, & n'a point de terre. Le Cavagne
eſt placé ſur une hauteur qui domine le Moro ;
mais il eſt expoſé lui - même aux inſultes d'une
terre qui élevé à ſon niveau, n'eſt éloigné que de
trois cens pas. Comme il ſeroit aiſé d'ouvrir la
tranchée derriere cette élevation, on va la razer ;
& la place pourra voir enſuite & dominer au loin.
Si la garniſon ſe trouvoit ſi preſſée qu'elle déſeſ-
pérât de ſe ſoutenir, elle feroit ſauter les ouvrages
qui ſont tous minés, & ſe replieroit ſur le Moro ,

avec lequel il n'est pas possible de lui couper la
communication.

Le fameux fort Moro avoit du côté de la mer,
où il est inattaquable, deux bastions, & deux
bastions du côté de la terre, avec un large & profond fossé creusé dans le roc. Rebâti à neuf, depuis qu'il a été pris, ses parapets ont acquis plus
d'élévation & plus d'épaisseur. On lui a donné
un bon chemin couvert, & tout ce qui lui manquoit pour mettre les troupes & les munitions en
sûreté. La tranchée n'est pas plus aisée à ouvrir
que devant le Cavagne. L'un & l'autre ont été
construits avec une pierre molle qui fera courir
moins de risque à leurs défenseurs qu'une pierre
de taille ordinaire.

Indépendamment de ces moyens, les deux forteresses ont pour elles le secours du climat si dangereux pour les assiégeans, & la facilité de recevoir de la ville des ressources de tous les genres,
sans qu'on puisse l'empêcher. Ces avantages doivent rendre ces deux places imprénables, très-
difficiles du moins à prendre, pourvu qu'elles
soient suffisamment avitaillées, & défendues avec
valeur & capacité. Leur conservation est d'autant
plus importante que leur perte entraîneroit nécessairement la soumission du port & de la ville do-
minés & foudroyés de ces hauteurs.

Après avoir exposé les obstacles qu'on trouveroit à se rendre maître de la Havane par le
fort Moro, il faut parler de ceux qu'on auroit à
surmonter par le côté de la ville même.

Elle est située dans le port, & un peu dans
son enfoncement. Elle étoit couverte, tant du
côté du port que de celui de la campagne, d'une
muraille seche qui ne valoit rien, & de vingt-un
bastions qui ne valoient pas mieux. Son fossé

étoit sec & peu profond. En avant de ce fossé étoit un espece de chemin couvert, presque totalement détruit. La place, dans cet état, n'eût pas été à l'abri d'un coup de main, qui fait pendant la nuit avec plusieurs attaques, vraies ou fausses l'auroit emportée. On se propose de creuser les fossés, de les faire larges & profonds, & d'y joindre un très-bon chemin couvert.

Ces défenses nécessaires seront soutenues par le fort de la Pointe. C'est un quarré bâti en pierre, & qui, quoique petit, a des cazemattes. On l'a rebâti à neuf, parce qu'il avoit été extrêmement endommagé pendant le siége. Il est entouré d'un bon fossé sec, creusé dans le roc. Indépendamment de sa destination principale qui est de défendre avec le Moro l'entré du port, objet qu'il remplit très-bien, il a plusieurs batteries dégorgées sur la campagne, & qui flanquent un peu quelques parties de l'enceinte de la ville.

Son feu va se croiser avec celui d'un fort de quatre bastions, avec fossé, chemin couvert, poudriere, cazemattes & citernes. Ce nouveau fort qu'on construit à un quart de lieue de la place, sur une hauteur appellée Arostigny, demandera un siege en forme, si l'on veut attaquer la ville de ce côté-là; d'autant plus qu'il a l'avantage de voir la mer, de battre au loin sur la campagne, & de gêner extrêmement l'ennemi qui est obligé de venir faire de l'eau tout auprès.

En continuant de faire le tour de la ville, on trouve le fort Dalterès, construit depuis le siége. Il est de pierre, & a quatre bastions, avec un chemin couvert, une demie lune en avant de la porte, un large fossé, un bon rempart, des citernes, des cazemattes, un magasin à poudre. Il est à un petit quart de lieue de la ville, & au-delà d'une riviere & d'un marais impraticable, qui la couvrent de ce côté-là. On l'a placé sur une hauteur qu'il embrasse en entier, & qu'on a isolée en creusant un large fossé, où la mer entre du fond du port. Outre qu'il domine la communication de la ville avec l'intérieur de l'isle, il défend en croisant ses feux avec ceux d'Arostigny, l'enceinte de la place, qui se trouvera protégée encore dans l'intervalle de ces deux forts, par une grosse redoute qu'on va élever. Il croise aussi son feu avec le Moro qui est fort élevé, & placé sur la pointe du fort la plus avancée.

Tant d'ouvrages qui exigeront une garnison de quatre mille hommes, & qui pourront être portés à leur perfection dans deux ou trois ans, coûtent à l'Espagne des trésors immenses. Elle a d'abord consacré deux millions de piastres à l'achat des premiers besoins ; & elle en donne annuellement quinze cens mille, pour en presser l'usage. Quatre mille noirs qui appartiennent au gouvernement, & une chaîne de Mexicains condamnés aux travaux publics, sont les instrumens de cette entreprise. On auroit avancé le fruit des sueurs de tant de victimes, si on eût associé à leur travail les troupes qui le souhaitoient comme un moyen de sortir de l'affreuse indigence où elles languissent.

S'il étoit permis d'avoir une opinion sur une matiere qu'on ne connoît pas par profession, on se hasarderoit à dire, que lorsque tous ces ouvrages seront finis, ceux qui feront le siege de la Havane, doivent le commencer par le Cavagne & le Moro, parce que ces deux forts pris, il faudra bien que la ville se rende, sous peine d'être écrasée par l'artillerie du Moro. Si l'on se déterminoit au contraire par le côté de la ville, l'assaillant ne se trouveroit guere avancé, même après l'avoir prise. A la vérité, il seroit le maître de détruire les chantiers, les vaisseaux qui seroient dans le port ; mais il n'en résulteroit pour lui aucun avantage permanent. Pour former un établissement, il lui faudroit prendre encore le Cavagne & le Moro, ce qui lui seroit vraisemblablement impossible, après la perte d'hommes qu'il auroit essuyée à l'attaque de la ville & de ses forts.

Mais quelque plan que l'on suive dans le siege de cette place, la nation qui l'attaquera, n'aura pas seulement à combattre la nombreuse garnison qui sera enterrée dans les ouvrages, on lui opposera aussi des troupes qui tiendront la campagne, & qui troubleront ses opérations. La petite armée sera formée de deux escadrons de dragons Européens bien montés, bien armés, bien exercés, & d'une compagnie de cent miquelets. On pourroit y joindre tous les habitans de l'isle, blancs, mulâtres & negres libres qui sont enrégimenté au nombre de dix mille hommes ; mais comme la plupart n'ont aucune idée de discipline, ils ne feroient que causer de la confusion. Il n'en sera pas ainsi d'un régiment de cavalerie de quatre escadrons, & de sept bataillons de milice, que depuis la paix on a accoutumés à manœuvrer d'une maniere surprenante. Ces corps armés, habillés, équipés aux dépens du gouvernement, & payés en tems de guerre sur le pié des troupes réglées, ont pour guide & pour modele, des majors, des sergens, des caporaux envoyés d'Europe, & tirés des régimens les plus distingués. La formation de ces milices coûtes un argent immense. La cour d'Espagne attend les événemens pour juger de l'utilité de ces dépenses. Mais on peut assurer dès à présent, que quel que soit l'esprit militaire de ces troupes, cette opération politique sera très-mauvaise ; & voici pourquoi.

Le projet de rendre à Cuba tous les Colons soldats, ce projet inique & ruineux pour toutes les colonies, a été poussé très-vivement. La violence qu'il a fallu faire aux habitans, pour les assujettir à des exercices qui leur déplaisoient, n'a fait que rédoubler en eux leur goût naturel pour le repos. Ils ont détesté des mouvemens méchaniques & forcés qui ne leur procurant aucune jouissance, devoient leur paroître doublement insupportables, quand bien même ils ne seroient pas effrayans ou ridicules pour des peuples qui ne croient peut-être avoir aucun intérêt à défendre un gouvernement qui les opprime. Cette aversion pour le mouvement, s'est étendue, jusqu'à cet exercice utile qu'exige le travail des terres. On n'a plus voulu défricher, planter, cultiver pour une nation qui ne sait que commander à des travailleurs. Les milices ont arrêté les cultures. Celles-ci qui s'établissoient lentement ont rétrogradés. Elles s'anéantiront tout-à-fait avec le tems, si l'Espagne s'opiniâtre à soutenir un systême vicieux que de fausses vues lui ont fait adopter. La manie d'avoir des troupes ; cette fureur qui sous prétexte de prévoir les guerres, les allume ; qui en amenant le despotisme des gouvernemens, prépare de loin la révolte des peuples ; qui arrachant perpétuellement l'habitant de son foyer, & le cultivateur de son champ, éteint l'amour de la patrie, en éloignant de son berceau ; qui bouleverse & transplante violemment les nations au delà des

terres & des mers : cet esprit mercenaire de milices, qui n'est pas l'esprit militaire, perdra tôt
ou tard l'Europe ; mais bien plutôt les colonies,
& peut-être celle d'Espagne avant les autres.

Cette puissance possede la partie la plus étendue, la plus fertile de l'Archipel Américain.
En des mains actives, ces isles seroient devenues la source d'une prospérité sans bornes.
Dans l'état actuel, ce sont des vastes forêts où
regne une solitude affreuse. Bien loin de contribuer à la force, à la richesse de la monarchie
qui en a la propriété, elles ne font que l'affoi-
blir, que la ruiner par les dépenses qu'absorbe
leur conservation. Si l'Espagne eût étudié con-
venablement la marche politique des autres peuples, elle auroit vu que plusieurs d'entr'eux devoient uniquement leur prépondérance à quelques isles inférieures en tout à celles qui n'ont
servi jusqu'ici qu'à grossir ignominieusement la
liste de ses innombrables & inutiles possessions.
Elle auroit appris que la fondation des colonies,
de celles sur-tout qui n'ont point de mines, ne
pouvoit avoir d'autre but raisonnable, que celui
d'y établir des cultures.

C'est calomnier les Espagnols, que de les croire
incapables par caractere ; de soins laborieux &
pénibles. Si l'on jette un regard sur les fatigues
excessives que supportent si patiemment ceux de
cette nation qui se livrent au commerce inter-
loppe, on s'appercevra que leur travaux sont infiniment plus durs que ceux de l'économie rurale
d'une habitation. S'ils négligent de s'enrichir par
la culture, c'est la faute du gouvernement. Qu'il
cesse de les faire gemir sous la tyrannie du monopole : qu'il cesse de leur faire acheter trop
cher les instrumens de leur industrie : qu'il cesse

de

de surcharger leurs productions de droits exceffifs : qu'il cesse d'opprimer ceux qui auront fait
des premiers pas vers la fortune : qu'il cesse de
regarder comme dangereux, ceux qui montre-
ront une grande activité : qu'il cesse de les livrer aux intérêts particuliers d'une autorité abfolue & venale, & il verra sortir ses sujets de
cette profonde inaction qui rend l'Espagne prefque nulle. Faut-il que cette monarchie, qui sans
Charles-quint étoit comme la tête d'où partoit
tout le mouvement de l'Europe, ne soit aujour-
d'hui, pour ainsi dire, que la queue de ce grand
corps qui remue le monde entier ; & qu'un état
qui se trouve le premier sur la carte, en soit le
dernier dans l'histoire ?

L'Espagne veut-elle enfin se réveiller de ce
sommeil ? qu'elle donne des secours à ses Colons. Les trésors du Mexique & du Pérou, s'offrent à porter l'abondance dans les isles, par
une générosité vraiment productive. Toutes les
cultures du nouveau monde exigent des avances ; celle du sucre reclame les plus grands fonds,
par l'assurance des plus grands rapports. Il n'y
a pas un seul habitant, à la Trinité, à la Mar-
guérite, à Porto-rico, à Saint-Domingue en état
de l'entreprendre ; & il n'y en a pas trente à
Cuba. Ces Colons tendent tous des bras sup-
plians vers la métropole, pour en obtenir des
moyens de sortir de leur léthargie. Ah ! s'il étoit
permis à l'écrivain désintéressé qui ne cherche &
ne souhaite que le bonheur de l'humanité, de
leur prêter des sentimens & des discours, que
l'habitude de l'oisiveté, les entraves du gouvernement & les préjugés de toute espece semblent leur avoir interdits, ne pourroit il pas dire

en leur nom à la cour de Madrid, à la nation
entiere ?

　　„ Considérez les sacrifices que nous attendons
„ de vous ; & voyez si vous ne serez pas dé-
„ dommagés au centuple, par les riches produc-
„ tions que nous offrirons à votre commerce
„ expirant. Votre marine accrue par nos travaux,
„ formera le seul boulevard qui puisse défendre
„ des possessions prêtes à vous échapper. Deve-
„ nus plus riches, nous consommerons davan-
„ tage ; & alors la terre que vous habitez, qui
„ languit avec vous quand la nature l'appelle à
„ la fécondité ; ces plaines qui n'offrent à vos
„ yeux que des déserts & qui sont la honte de
„ vos loix & de vos mœurs, se changeront en
„ des champs fertiles. Votre patrie fleurira
„ par l'industrie, & l'agriculture qui fuyoient
„ loin de vous. Les sources de vie & d'activité
„ que vous aurez fait couler jusqu'à nous par
„ la mer, reflueront autour de vos demeures,
„ en fleuve d'abondance. Mais si vous êtes in-
„ sensibles à nos plaintes & à nos malheurs ; si
„ vous ne regnez pas pour nous ; si nous ne som-
„ mes que les victimes de notre obéissance : rap-
„ pellez-vous cette époque à jamais célébre, où
„ des sujets malheureux & mécontens secoue-
„ rent le joug de votre domination ; & par leurs
„ travaux, leurs succès & leur opulence, justi-
„ fierent leur révolte aux yeux du monde en-
„ tier. Quand ils sont libres depuis deux siecles,
„ nous faudra-t-il encore gémir de vous avoir
„ pour maître ? lorsque la Hollande brisa le
„ sceptre de fer qui l'écrasoit ; lorsqu'elle sortit
„ du fond des eaux pour regner sur les mers,
„ le ciel élevoit sans doute ce monument de la

» liberté, pour montrer aux nations la route du
» bonheur, & pour effrayer les rois infideles qui
» les en écartent. «

En effet cette république, qui a marché long-
tems l'égale des plus grands rois, est parvenue
en grande partie à cette gloire par la prospérité
de ses colonies. Mais voyons quels moyens elle
a suivi pour les faire valoir.

Jusqu'à la découverte des côtes occidentales
de l'Afrique, d'une route aux Indes par le Cap
de Bonne-Espérance, & sur-tout jusqu'à la découverte de l'Amérique, les peuples de l'Europe
ne se connoissoient, ne se visitoient guere, que
par quelques incursions barbares, dont le pillage étoit le but, & la dévastation tout le fruit.
A l'exception d'un petit nombre de tyrans armés, qui trouvoient dans l'oppression des foibles, les moyens de soutenir un luxe extraor-
dinairement cher, tous les habitans des différens
etats étoient réduits à se contenter de ce que
leur fournissoient, un territoire mal cultivé,
une industrie arrêtée aux barrieres de chaque
province. Les grands événemens qui fixent à la
fin du quinzieme siecle, une des plus brillantes époques de l'histoire du monde, n'opére-
rent pas dans les mœurs une révolution aussi rapide, qu'on est prompt à l'imaginer. Quelques
villes anséatiques, quelques républiques d'Italie, alloient, il est vrai, chercher à Cadix &
à Lisbonne, devenus de grands entrepôts, ce
que les deux Indes envoyoient de rare & de précieux; mais la consommation en étoit tout-à-
fait bornée, par l'impuissance où étoient les nations de le payer. Elles languissoient la plupart
dans une létargie entiere; la plupart ignoroient
les avantages & les ressources de leur territoire.

Il falloit pour mettre fin à cet engourdiſſe-
ment, un peuple qui ſorti du néant, répandit
la vie & la lumiere dans tous les eſprits, l'a-
bondance dans tous les marchés ; qui put offrir
toutes les productions à un meilleur prix, échanger le ſuperflu de chaque nation avec ce qu'elle
n'avoit pas ; qui donnât une grande activité à
la circulation des denrées, des marchandiſes,
de l'argent, qui en facilitant, en étendant la
conſommation, encourageat, la population, l'a-
griculture, tous les genres d'induſtrie. L'Europe
dut aux Hollandois tous ces avantages. On par-
donne à l'aveugle multitude de ſe borner à jouir,
ſans connoître les ſources de la proſpérité qu'elles
goûtent ; mais la philoſophie & la politique
doivent perpétuer la gloire des bienfaiteurs de
l'humanité, ſuivre, s'il eſt poſſible, la marche
de leur bienfaiſance.

Lorſque les généreux habitans des provinces
unies leverent la tête au deſſus de la mer & de
la tyrannie ; ils virent qu'ils ne pouvoient aſſeoir
les fondemens de leur liberté, ſur un ſol qui
ne leur offroit pas même les ſoutiens de la vie.
Ils ſentirent que le commerce, qui pour la plupart des nations n'eſt qu'un intérêt acceſſoire,
qu'un moyen d'accroître la maſſe & le revenu
des productions territoriales, étoit le ſeul appui
qui s'offroit à leurs vœux. Sans terre & ſans
productions, ils réſolurent de faire valoir cel'es
des autres peuples, aſſurés que de la proſpérité
univerſelle, ſortiroit leur proſpérité particuliere.
L'événement juſtifia leur politique.

Leur premier pas établit, entre les peuples
de l'Europe, le change des productions du nord
avec celles du midi. Bientôt toutes les mers ſe
couvrirent des vaiſſeaux de la Hollande. C'étoit

dans ses ports que tous les effets commerçables venoient se réunir ; c'étoit de ses ports qu'ils étoient expédiés pour leurs destinations respectives. On régloit sans concurrence la valeur de tout ; & c'étoit avec une modération qui écartoit toute concurrence. L'ambition de donner plus de stabilité, plus de carriere à ses entreprises, rendit avec le tems la république conquérante. Sa domination s'étendit sur une partie du continent des Indes, & sur toutes les isles précieuses de l'Océan qui l'environne. Elle tenoit asservies, par ses forteresses ou par ses escadres, les côtes d'Afrique, où elle avoit porté le coup d'œil attentif & prévoyant de son utile ambition. Les seules contrées de l'Amérique où la culture eut jetté les germes des vraies richesses, reconnoissoient ses loix. L'immensité de ses combinaisons embrassoit l'univers, dont elle étoit l'ame par le travail & l'industrie. Elle étoit parvenue à la monarchie universelle du commerce.

Tel étoit l'état des provinces unies, lorsque les Portugais sortant de l'espece du néant & de mort, où la tyrannie Espagnole les avoit plongés, réussirent à leur arracher en 1661 la partie du Bresil qu'elles avoient conquises sur eux. Dès ce premier ébranlement de leur puissance, les Hollandois auroient été chassés entierement du nouveau monde, s'il ne leur fut resté quelques petites isles ; en particulier celle de Curaçao, qu'en 1634 ils avoient enlevée aux Castillans qui la possédoient depuis 1527.

Ce rocher, qui n'est qu'à trois lieues de la côte de Venezuela, peut avoir dix lieues de long sur cinq de large. Il a un port excellent, mais dont l'approche est fort difficile. Lorsqu'une fois on y est entré, son spacieux bassin offre

toute forte de commodité, de sûreté. Une for-
terefse, conftruite avec intelligence & conf-
tamment bien entretenue, fait la défenfe.

Les François, qui avoient corrompu d’avance
le commandant de la place, y aborderent en
1573 au nombre de cinq ou fix cens hommes.
Comme la trahifon avoit été découverte, & le
traitre puni, ils furent reçus par fon fuccefseur
tout autrement qu’ils ne s’y attendoient. Ils fe
rembarquerent avec la honte de n’avoir montré
que leur foiblefse & l’iniquité de leurs mefures.

Louis XIV, dont l’orgueil fut blefsé par cet im-
prudent échec, donna cinq ans après dix-huit
vaifseaux de guerre & douze bâtimens flibuftiers
à Deftrées, pour effacer l’affront qui ternifsoit à
fes yeux l’éclat d’un regne rempli de merveilles.
Cet amiral approchoit du terme de fon expédition, lorfque fon audace & fon opiniâtreté firent
échouer fa flotte à l’ifle Daves. Il recueillit ce
qu’il put des débris de fon naufrage, & regagna,
fans avoir rien entrepris, le port de Breft dans un
afsez grand défordre.

Depuis cette époque, ni Curaçao, ni les petites
ifles d’Aruba & de Bonaire qui font fous fes loix,
n’ont été inquiétées. Aucune nation n’a fongé à
conquérir un fol ftérile, qui n’offre que quelques
beftiaux, quelque manioc, quelques légumes propres à la nourriture des efclaves, & qui ne fournit aucune production qui puifse entrer dans
le commerce. Saint-Euftache ne vaut guere
mieux.

Cette ifle d’environ cinq lieues de tour, n’eft
proprement qu’une montagne fort efcarpée qui
paroît fortir de l’océan en forme de cône. Elle
manque de port, & eft réduite à une rade purement foraine. Quelques François chafsés de Saint-

Christophe s'y refugierent en 1629, & l'abandonnerent quelque-tems après, parce que ce rocher,
d'ailleurs stérile, n'avoit d'autre eau douce que
celle de pluie qu'on ramassoit dans des citernes.
On ignore l'époque précise de cette émigration;
mais il est prouvé que les Hollandois y étoient
établis en 1639. Ils en furent chassés dans la suite
par les Anglois sur lesquels Louis XIV la reprit.
Ce prince fit valoir son droit de conquête dans
les négociations de Breda, & résista aux instan-
ces de la république alors son alliée qui préten-
doit que cette possession lui fût restituée, comme
lui ayant appartenu avant la guerre. Lorsque la
signature du traité de paix eut anéanti cette pré-
tention, le monarque François, dont l'orgueil
écoutoit plutôt la générosité que la justice, crut
qu'il n'étoit pas de sa dignité de profiter du malheur de ses amis. Il remit de son propre mouvement aux Hollandois leur isle, quoiqu'il n'igno-
rât pas que c'étoit une forteresse naturelle qui
pourroit l'aider à la conservation de la partie de
Saint-Christophe qui lui appartenoit.

Saint-Eustache produit quelque tabac, & à peu
près six cens milliers de sucre. Sa population comme colonie agricole, est de cent vingt blancs &
de douze cens noirs. Comme commerçant, il a
trois cens blancs, & jusqu'à douze ou quinze
cens, lorsqu'il a le bonheur d'être neutre en tems
de guerre.

Sa foiblesse ne l'a pas empêché d'envoyer quelques-uns de ses habitans dans une isle voisine,
connue sous le nom de Saba. Il faut gravir presqu'au sommet de ce roc escarpé, pour y trouver
un peu de terre. Elle est très-propre au jardinage.
Des pluies fréquentes, mais dont l'eau ne séjourne
pas y font croître des plantes d'un goût exquis,

& des choux d'une grosseur singuliere. Une cinquantaine de familles Européennes, avec environ cent trente esclaves y cultivent le coton, le filent, en font des bas qu'on vend aux autres colonies jusqu'à quinze ou seize florins la paire. Il n'y a pas en Amérique d'aussi beau sang que celui de Saba. Les femmes y conservent une fraîcheur qu'on ne retrouve dans aucune autre des Antilles. Heureuse peuplade ! Elevée sur un rocher entre le ciel & la mer, elle jouit de ces deux élémens, sans en craindre les orages. Elle respire un air pur, vit de légumes, cultive une production simple qui lui donne l'aisance sans la tentation des richesses, s'occupe d'un travail moins pénible qu'utile, possede en paix tous les biens de la modération, la santé, la beauté, la liberté. C'est-là le temple de la sérénité, d'où le sage peut contempler à loisir les erreurs & les passions des hommes qui vont comme les flots de la mer, se pousser & souvent se briser sur les riches côtes de l'Amérique, dont ils se disputent & s'arrachent tour-à-tour les dépouilles & la possession. C'est delà qu'on voit au loin les nations de l'Europe, venir porter la foudre au milieu des gouffres de l'océan & sous les ardeurs des tropiques ; toujours brûlantes des feux de l'ambition & de la cupidité, se remplir d'or sans jamais s'en rassasier ; amasser le fer en main ces métaux, ces perles, ces diamans dont se couvrent les cours qui dépouillent les peuples ; surcharger les vaisseaux de ces tonneaux précieux où le luxe doit teindre la pourpre, & puiser ses délices, sa molesse, sa cruauté, ses vices. Le tranquille colon du rocher de Saba voit cet amas de folies, & file paisiblement le coton qui fait toute sa parure, & toute sa richesse.

Sous le même ciel, est l'isle de Saint-Martin, dont l'enceinte d'environ quinze ou seize lieues, renferme un assez grand nombre de montagnes qui ne sont que des rochers couverts de bruieres. Le sol sabloneux de ses plaines & de ses vallées, stérile par lui-même, n'y peut être fécondé que par des pluies assez rares, & dont la bienfaisance diminue à mesure que le soleil les pompe ou qu'elles s'écoulent. Avec quelques soins, on pourroit retenir ces eaux fortuites dans des réservoirs, & les distribuer dans les terres pour y faire germer l'abondance. Du reste, cette isle sans rivieres a des fontaines & des citernes qui fournissent assez d'eau bonne & potable à tous les colons. L'air est très-sain, la côte poissonneuse, la mer rarement agitée, & par-tout l'ancrage sûr autour de l'isle.

Les Hollandois & les François qui s'y étoient rencontrés en 1638, y vivoient en paix, mais séparément, lorsque les Espagnols qui étoient en guerre ouverte avec ces deux nations, s'aviserent d'attaquer ces nouveaux habitans, les batirent, les firent prisonniers, & s'établirent à leur place. Le vainqueur ne tarda pas à se dégoûter d'un établissement inutile qui lui coûtoit quatre - vingt mille piastres par an. Il l'abandonna en 1648, après avoir détruit tout ce qui ne lui étoit pas possible d'emporter.

Ces dévastations n'empêcherent pas les deux nations qui occupoient l'isle quelques années auparavant d'y retourner, aussi-tôt qu'ils la virent évacuée. Elles convinrent de ne jamais troubler mutuellement leur tranquillité ; & elles furent toujours fidelles à un engagement, dont l'utilité étoit réciproque. Les divisions de leurs métropoles n'altererent jamais ces dispositions. La paix regna constamment dans cet asyle jusqu'en 1757, que les

François en furent chaffés par un corfaire Anglois
nommé Coock ; mais ils y font retournés à la fin
des hoftilités.

D'environ cinquante-cinq mille acres de terre que
contient l'ifle entiere, les François en occupent
trente-cinq mille. On voit répandus fur ce grand
efpace, cent blancs & trois cens noirs. Il compor-
teroit une population de quatre cens familles agricoles & de dix mille efclaves, que les progrès de
la culture y réuniront un jour, fi la dureté des
gouvernemens d'Europe, amene enfin la liberté
de l'Amérique. La ligne de féparation dirigée de
l'eft à l'oueft, qui a affigné une moindre fuperficie aux Hollandois, les en a bien dédommagés
par la poffeffion du feul port qui foit dans l'ifle.
Ces républiquains n'ont pas mieux profité de cet
avantage que leur voifin des fiens. Ils n'ont raf-
femblé fur leur territoire qu'une foixantaine de
famille & deux cens efclaves.

Les deux colonies élevent des volailles & du
menu bétail qu'on vend aux autres ifles. Elles ont
toujours cultivé le coton ; & depuis peu elles
plantent du caffé avec fuccès. Peut-être cette production leur procurera-t-elle quelque jour une certaine aifance, dont les François font aujourd'hui
plus éloignés que les Hollandois.

Les établiffemens de ces derniers dans le grand
archipel de l'Amérique, ne préfentent jufqu'ici
rien de curieux ni d'intéreffant au premier coup
d'œil. Des poffeffions qui fourniffent à peine la
cargaifon de deux vaiffeaux médiocres ne paroiffent dignes d'aucune attention. Auffi l'oubli, &
l'oubli le plus profond feroit-il leur partage, fi
quelques-unes de ces ifles qui ne font rien comme
agricoles, n'étoient beaucoup comme commerçantes. Nous voulons parler de Saint Euftache &
du Curaçao.

Le defir de former des liaifons interlopes avec le continent Efpagnol, décida la conquête de Curaçao. On y vit bientôt arriver un grand nombre de bâtimens Hollandois. Forts & bien armés, ils étoient de plus montés par des hommes choifis, dont la bravoure étoit foutenue d'un vif intérêt. Chacun d'eux avoit dans la cargaifon, une part plus ou moins confidérable, qu'il étoit déterminé à défendre au prix de fon fang contre les attaques des gardes-côtes.

Avec le tems, la maniere de traiter changea un peu. Curaçao devint lui-même un magafin immenfe, où les Efpagnols venoient fur leurs bateaux échanger leur or, leur argent, leur vanille, leur cacao, leur cochenille, leur quinquina, leurs cuirs, leurs mulets; contre des negres, des toiles, des foieries, des étoffes des Indes, des épiceries, des dentelles, des rubans, du vif-argent, des ouvrages de fer ou d'acier. Ces voyages, quoique continuels, n'empêchoient pas qu'une multitude de chaloupes Hollandoifes, ne voguaffent de leur ifle aux anfes de la côte. C'étoit une réciprocité de befoins, de fecours, de travaux & de courfes, qui jettoit la plus grande activité fur ces parages, entre des nations rivales de commerce, avides de richeffes. La fubftitution des vaiffeaux de regitre aux gallions a rallenti dans les derniers tems cette double communication; mais elle recouvrera fa premiere vivacité, elle en acquérera une plus grande encore, lorfque le malheur des guerres empêchera l'approvifionnement direct du continent Efpagnol.

Les démêlés des cours de Londres & de Verfailles ouvrent à Curaçao une nouvelle carriere. Il approvifionne alors toute la côte du fud de Saint-Domingue; il en tire toutes les productions. Ce

commerce s'étendra, à meſure que cette partie
de la colonie Françoiſe fera les progrès dont elle
eſt ſuſceptible. Les armateurs François des iſles du
vent ſe rendent eux-mêmes en foule à Curaçao
durant les hoſtilités, malgré la longueur de la
traverſée. C'eſt qu'ils y trouvent tout ce qui eſt
néceſſaire pour l'équipement de leurs navires; ſouvent des marchandiſes des côtes d'Eſpagne; toujours celles de l'Europe, dont l'uſage eſt univerſel.
Les corſaires Anglois y croiſent rarement.

Tout ce qui entre à Curaçao, paye indifféremment un pour cent pour le droit du port. Les
marchandiſes parties de la Hollande ont le privilege de n'être jamais taxées davantage. Celles
qui viennent des autres ports de l'Europe payent
de plus neuf pour cent. Le caffé étranger eſt ſujet à ce même droit, parce qu'on veut favoriſer
celui de Surinam. Toutes les autres denrées de
l'Amérique ne donnent que trois pour cent, mais
avec l'obligation d'être portées directement dans
quelqu'une des rades de la république.

Saint-Euſtache étoit aſſujetti autrefois aux mêmes impoſitions que Curaçao. On l'en a déchargé
au commencement de la derniere guerre. Il a dû
ce bienfait au voiſinage de l'iſlé Danoiſe de Saint-
Thomas dont le port franc lui enlevoit une grande
quantité d'affaires. Dans l'arrangement actuel,
ſon commerce interlope pendant la paix, ſe borne
le plus ſouvent à échanger la morue Angloiſe
contre les ſirops & les taffias des iſles Françoiſes.

Les hoſtilités des cours de Londres & de Verſailles ouvrent un plus vaſte champ à Saint-Euſtache. Il s'enrichit de leurs diviſions. Durant la
derniere guerre, il a été l'entrepôt de preſque toutes les denrées des colonies Françoiſes, & le ma-
gaſin général de leur approviſionnement. Les Hol-

landois n'étoient pas la seule roue de ce grand mouvement. L'Anglois & le François se réunissoient dans la rade de cette isle, pour y former, à l'abri de sa neutralité, des sociétés suivies de commerce. Un passeport Hollandois, qu'on obtenoit pour quarante-huit piastres, couvroit leurs liaisons. On l'accordoit même sans s'informer de quelle nation étoit celui qui le demandoit. De cette grande liberté, naissoient des opérations sans nombre, & d'une combinaison singuliere. C'est ainsi que le commerce avoit trouvé l'art d'endormir ou de tromper la discorde.

Cependant les Hollandois, également inventif dans les moyens de faire tourner à son avantage le bien & le mal d'autrui, n'est pas uniquement réduit dans le nouveau monde aux profits passagers d'un commerce précaire. La république possede & cultive dans le continent un grand territoire, séparé de la Guyane Françoise par la riviere de Maroni, & par celle de Poumaron de la Guyane Espagnole. On le connoît sous le nom de Surinam, le plus ancien & le plus important établissement de cette colonie.

Le fondement en fut jetté en 1640 par des François. Leur activité les portoit alors dans différens climats, & leur légéreté les empêchoit de se fixer dans aucun. Ils abandonnerent Surinam peu d'années après y être arrivés; & ils y furent remplacés par les Anglois. Ces insulaires poussoient leurs travaux avec quelque succès, lorsqu'ils furent attaqués en 1667 par la Hollande qui les trouvant dispersés dans un vaste espace, n'eut pas beaucoup de peine à les réduire. On les transporta quelques années après au nombre de douze cens à la Jamaïque, & la colonie fut assurée par les traités à la république.

Ses sujets uniquement occupés du commerce, n'avoient jamais eu la passion de l'agriculture. Surinam se ressentit quelque tems du goût exclusif de ses nouveaux possesseurs. A la fin, la compagnie qui donnoit des loix au pays, fit abattre des bois, partagea une partie du sol aux habitans, les pourvut d'esclaves. Tous ceux qui voulurent occuper ces terres, en obtinrent la propriété, en s'engageant à payer successivement de leurs productions, le prix dont chaque possession étoit achetée. Ils eurent même la liberté d'en disposer en faveur de tout acquéreur qui consentiroit à se charger de la partie de la dette qui n'auroit pas été acquitée.

Le succès de ces premiers établissemens donna naissance à un grand nombre d'autres. Peu-à-peu, ils se sont étendus jusqu'à vingt lieues de l'embouchure du Surinam & du Commenwine qui se jette dans ce fleuve. On les auroit poussés même beaucoup plus loin, si l'on n'avoit été arrêté par les negres fugitifs, qui retranchés dans des forêts inaccessibles, où ils ont retrouvé la liberté, ne cessent d'infester les derrieres de la colonie.

Les difficultés qui s'opposoient à ce défrichement, demandoient ce courage extraordinaire qui fait tout braver, cette constance plus qu'humaine qui fait tout surmonter. La plupart des terres qu'il s'agissoit de mettre en valeur, étoient couvertes de quatre ou cinq pieds d'eau, à chaque marée. En multipliant les fossés & les écluses, on est parvenu à dessécher ce sol; & les Hollandois ont eu la gloire de dompter l'océan dans le nouveau comme dans l'ancien monde. On leur a même vu donner à leurs plantations une propreté, des commodités, qu'on ne retrouve pas dans les possessions Angloises & Françoises les plus florissantes.

Un des moyens qui ont le plus encouragé les travaux, a été la facilité extrême que les colons ont trouvée à se procurer des fonds. L'abondance où l'argent s'est trouvé dans la Hollande, fait qu'ils ont emprunté à six pour cent, tout celui qu'ils ont pu employer.

Avec ces secours, il s'est formé sur les bords du Surinam, ou à peu de distance de ce fleuve, une population de cinquante mille noirs & de quatre mille blancs. On compte parmi ces derniers, des réfugiés François, des freres Moraves, & sur-tout des Juifs. Il n'est pas peut-être d'empire sur la terre, où cette malheureuse nation soit si bien traitée. On ne lui a pas seulement laissé la liberté de professer sa religion, d'avoir des terres en propriété, de terminer elle-même les différens qui s'élevent entre ses membres : elle jouit encore du droit commun à tous les citoyens, d'avoir part à l'administration générale, de concourir au choix des magistrats publics. Tels sont les progrès de l'esprit de commerce, qu'il fait taire tous les préjugés de nation ou de religion, devant l'intérêt général qui doit lier les hommes. Qu'est-ce que ces vaines dénominations, de Juifs, de Luthériens, de François ou de Hollandois? Malheureux habitans d'une terre si pénible à cultiver, n'êtes-vous pas tous des hommes? Pourquoi donc vous chasser d'un monde, où vous n'aviez qu'un jour à vivre? Et quelle vie encore, que celle dont vous avez la folle cruauté de vous disputer la jouissance? Tous les élemens, le ciel & la terre même, n'ont-ils pas assez fait contre vous, sans ajouter à tous les fléaux dont la nature vous environne, l'abus du peu de force qu'elle vous laisse pour y réſiſter. Heureux & ſages Hollandois! L'eſprit d'économie vous a mieux éclairés que toutes les autres nations de l'Europe. Votre ambition s'eſt arrêtée, où votre puiſſance a trouvé de ſûres barrieres contre celle de vos voiſins. Ne les combattez déſormais que par l'exemple de votre induſtrie.

Paramabiro, chef-lieu de votre colonie de Surinam, peut bien exciter leur envie. C'eſt une petite ville agréablement ſituée. Les maiſons y ſont belles & commodes, quoique conſtruites ſeulement de bois ſur des briques apportées d'Europe. Son port éloigné de cinq lieues de la mer, ne laiſſe rien à deſirer. Il reçoit tous les bâtimens expédiés par la métropole, pour l'extraction des denrées de la colonie.

La proſpérité de cet établiſſement, fit naître en 1732 l'idée d'en former un autre ſur la riviere de Berbiche qui ſe jette dans la mer à dix-neuf lieues plus à l'oueſt que le Surinam. Les rives de ſon embouchure étoient ſi marécageuſes, qu'il falloit remonter quinze lieues, pour aſſeoir des habitations ſur les bords de cette riviere. Un peuple, qui avoit rendu la mer même habitable, pouvoit-il être arrêté par cet obſtacle? Une nouvelle compagnie eut la gloire de créer des productions nouvelles ſur un ſol tiré du ſein des eaux; & le ſoc y prit la place de la rame.

Une autre aſſociation a depuis tenté le même prodige, avec autant de ſuccès ſur le Damerary & l'Eſſequebe, qui ſe déchargent dans la même baye à vingt lieues de Berbiche; ſur le Poumaron, éloigné de quinze lieues de l'Eſſequebe, & de vingt-cinq de la grande bouche de l'Orenoque. Les deux dernieres colonies égaleront peut-être un jour celle de Surinam; mais on n'y

compte

compte actuellement qu'environ douze cens personnes libres qui sont à la tête de vingt-deux ou
vingt-trois mille esclaves.

Les trois établissemens ont exactement les mêmes cultures. Ils recueillent du coton, du cacao,
du sucre. Quoique ce dernier objet soit de beaucoup le plus considérable, son produit ne répond,
ni au nombre des bras qu'on y emploie, ni à l'activité des soins qu'on y consacre. Ce défaut vient
sans doute de la nature d'un terrein trop maréca-
geux, qui par une humidité surabondante étouffe
ou détourne les sels ou les sucs végétaux de la
canne. Le peu qu'on en retire avoit disposé les
colons à tourner leurs travaux vers une autre culture, lorsque le commencement du siecle, offrit le
caffier à leur industrie.

Cet arbre originaire de l'Arabie, où la nature
a vare pour les besoins, est prodigue pour le luxe,
fut long-tems la plante chérie de cette terre heureuse. Les tentatives inutiles que firent les Européens pour en faire germer le fruit, leur persuade-
rent que les habitans du pays le trempoient dans
l'eau bouillante ou le faisoient secher au four
avant de le vendre, pour conserver à jamais un
commerce qui faisoit toute leur richesse. On ne
fut détrompé de cette erreur, que lorsqu'on eût
porté l'arbre même à Batavia, & ensuite à Surinam. L'expérience fit voir, qu'il en étoit du caffier comme de beaucoup d'autres plantes, dont
la semence ne leve point, si elle n'est mise en terre
toute récente.

Son fruit ressemble à une cerise. Il est en grappe
& rangé le long des branches sous les aisselles de
feuilles vertes comme celles du laurier, mais un
peu plus longues. On le cueille, lorsqu'il est d'un
rouge foncé, & on le porte au moulin.

Tome IV. R

Ce moulin eſt compoſé de deux rouleaux de bois garnis de lames de fer. Longs de dix - huit pouces ſur dix ou douze de diametre, ils ſont mobiles ; & par le mouvement qu'on leur donne, ils s'approchent d'une troiſieme piece immobile qu'on nomme mâchoire. Au-deſſus des rouleaux eſt une tremie dans laquelle on met le caffé qui tombant entre les rouleaux & la mâchoire, ſe dépouille de ſa premiere peau, & ſe diviſe en deux parties dont il eſt compoſé, comme on le voit par la forme du grain qui eſt plat d'un côté & arrondi de l'autre. En ſortant de cette machine, il entre dans un crible de laiton incliné, qui laiſſe paſſer la peau du grain à travers ſes fils, tandis que le fruit gliſſe & tombe dans des paniers, d'où il eſt tranſporté dans un vaiſſeau plein d'eau, où on le lave, après qu'il y a trempé une nuit. Quand la récolte en eſt finie & bien ſechée, on remet le caffé dans une machine qu'on appelle moulin à piler. C'eſt une meule de bois qu'un mulet ou un cheval fait tourner verticalement au tour de ſon pivot. En paſſant ſur le caffé ſec, elle en enleve le parchemin, qui n'eſt autre choſe qu'une pellicule détachée de la graine, à meſure que le caffé ſechoit. Débaraſſé de ſon parchemin, on le tire de ce moulin, pour être vanné dans un autre qu'on appelle moulin à van. Cette machine armée de quatre pieces de fer-blanc poſées ſur un eſſieu, eſt agitée avec beaucoup de force par un eſclave ; & le vent que font ces plaques nettoye le caffé de toutes les pellicules qui s'y trouvent mêlées. Enſuite il eſt porté ſur une table où les negres en ſéparent tous les grains caſſés, & les ordures qui pourroient y reſter. Après ces opérations, le caffé peut ſe vendre.

L'arbre qui le donne ne proſpére que ſous un

Climat, où l'hyver ne se fait pas sentir. Les curieux ne le cultivent ailleurs que dans des terres chaudes, en l'arrosant souvent, & uniquement pour le plaisir des yeux.

Le caffier se plaît sur-tout sur les colines & les montagnes, où il a le pied presque toujours à sec, & la tête souvent arrosée de douces pluies. Il préfére l'aspect du soleil couchant, & il veut une terre labourée, sans aucun mêlange d'herbes. Les plans doivent être mis à huit pieds de distance les uns des autres, & dans des trous de douze ou quinze pouces. Naturellement, ils s'éleveroient à environ vingt pieds. On les arrête à cinq, pour pouvoir cueillir commodément leur fruit. Ainsi étêtés, ils étendent si bien leurs branches, que le terrein est entierement couvert.

Le caffier fleurit dans les mois de décembre, de janvier, de février, suivant la température de l'air ou la saison des pluies, & donne son fruit en octobre & en novembre. Dès la troisieme année, il commence à récompenser les soins du cultivateur; mais il n'est en plein rapport qu'à la cinquieme. Sujet aux mêmes accidens que la plupart des autres arbres, il est de plus exposé à périr, soit par la piquure d'un ver son ennemi qui le perce au pié, soit par les coups de soleil qui lui sont aussi funestes qu'aux hommes même. Sa durée dépend de la qualité de la terre où il est planté. Le fond des coteaux qu'il occupe le plus communément est de tuf ou de pierre calcaire. Dans l'un de ces sols, il meurt, après avoir langui quelque tems; dans l'autre ses racines qui manquent rarement de percer entre les pierres, attirent de la nourriture, donnent de la force au tronc, & le font vivre & produire environ vingt ans.

Tel est à peu près le terme d'un plan de caffiers. Le propriétaire à cette époque se trouve sans arbres, & avec un terrein usé où il n'est pas possible d'établir aucune espece de culture. On pourroit dire qu'il a mis son bien à fond perdu, même pour un tems fort limité. Son sort est désespéré, si le hasard l'a placé dans une isle serrée & toute occupée. Mais dans un vaste continent, il peut remplacer un sol entierement épuisé, par un sol libre & vierge qu'il sera le maître de défricher. C'est cet avantage qui dans la Guiane Hollandoise a prodigieusement multiplié les plantations de caffé.

La seule colonie de Surinam a recueilli en 1768 cent mille livres pesant de coton, deux cens mille livres de cacao, quatorze millions de livres de caffé, vingt-huit millions six cens mille livres de sucre brut. Soixante-dix navires ont conduit ces denrées dans les ports de la métropole. On ne peut fixer ici avec la même précision le produit des autres colonies; mais on ne s'éloignera pas beaucoup de la vérité, en le réduisant au quart. Il peut & doit augmenter considérablement. Toutes les cultures commencées s'étendront, se perfectionneront. On en tentera peut-être de nouvelles; du moins reprendra-t-on celle de l'indigo, que quelques essais malheureux ont fait abandonner trop legerement.

La côte qui a soixante-seize lieues d'étendue, n'offre pas, il est vrai, un seul endroit qui puisse être défriché. Les terres y sont toutes basses, & constamment noyées. Mais les grands fleuves sur lesquels on a commencé à s'établir, & dont le moindre est navigable durant trente lieues, invitent des hommes entreprenans à venir s'enrichir sur leurs bords. On trouve même dans l'intervalle qui les sépare, de petites rivieres qui peuvent recevoir des chaloupes & qui arrosent un sol fertile. Le climat est le seul obstacle à une grande prospérité. L'année y est partagée entre des pluies continuelles & des chaleurs excessives. Il faut disputer à une foule de reptiles dégoûtans, des récoltes qui ont coûté des soins extrêmes ; & s'exposer à périr dans les langueurs de l'hydropisie ou des fiévres de toute espece.

C'est sans doute la raison qui a déterminé les plus grands propriétaires de la Guiane Hollandoise, à vivre en Europe. On ne voit guere dans la colonie que les agens de ces hommes riches, ou ceux auxquels la médiocrité de leur fortune ne permet pas de confier à des mains étrangeres le soin de leurs plantations. Les consommations de pareils habitans ne peuvent qu'être extrêmement bornées. Aussi les navigateurs de la métropole qui vont chercher les productions de ces colonies, n'y apportent-ils que des choses de premier besoin, rarement & peu d'objets de luxe. Encore les négocians Hollandois sont-ils réduits à partager cet approvisionnement tout foible qu'il est, avec les Anglois de l'Amérique septentrionale.

Ces étrangers ne furent d'abord reçus, que parce qu'on ne pouvoit pas se passer de leurs chevaux. La difficulté d'en élever, & peut-être d'autres causes, ont perpétué cette liberté. Les chevaux servent tellement de passeport aux hommes, qu'un vaisseau qui n'en apporteroit pas un nombre proportionné à sa grandeur, n'entreroit pas dans les ports de la colonie. Mais s'ils viennent à périr dans la traversée, il suffit qu'on en montre les têtes, pour être admis à commercer d'autres denrées comestibles qui ont pris la place de beaucoup de chevaux dans les vaisseaux Anglois. Une loi défend de leur donner en paiement autre chose que des syrops & des eaux-de-vie de sucre : elle est peu respectée. Les Anglois, avec le droit qu'ils ont usurpé d'importer ce qu'ils veulent, exportent les denrées les plus précieuses de la colonie, & se font encore livrer de l'argent, ou des lettres de change sur l'Europe. Tel est le droit de la force, dont les républicains usent non-seulement avec les autres nations, mais entr'eux. Les Anglois agissent à peu près envers les Hollandois, comme firent les Athéniens à l'égard des Meliens. *De tout tems, le plus foible cede au plus fort*, disoit Athenes aux insulaires de Melos, *Nous n'avons pas fait cette loi. Elle est aussi vieille que le monde, & durera autant que lui.* Cette même raison qui sied si bien à l'injustice, fit qu'Athenes fut à son tour subjuguée par Lacedemone, & détruite par les Romains.

On n'est pas d'accord sur les dangers auxquels la Guiane Hollandoise peut être exposée. Il faut tacher de fixer les idées sur ce point important. D'abord l'invasion de la part des puissances Européennes y seroit facile. Leurs plus gros vaisseaux peuvent entrer dans la riviere de Poumaron, dont l'embouchure à un fond de sept ou huit brasses d'eau qui vont toujours en augmentant jusqu'à quarante, à la distance de quatre ou cinq lieues. Le petit fort de la nouvelle Zélande qui en défend les bords ne résisteroit pas deux heures au feu de leur artillerie. L'entrée du Demerary qui a dix-huit, vingt, vingt-quatre brasses d'eau, qui en conserve quinze ou seize l'espace de quatre lieues, qui est par-tout sans défenses, seroit encore plus facile. L'ambouchure de l'Essequebe qui a trois lieues de large, est remplie d'islots & de bas fonds ;

mais on y trouve, ainsi que dans le cours de la riviere, des passes qui conduisent les plus grands bâtimens à une isle située à dix lieues & défendue seulement à une misérable rédoute. Quoique la riviere de Berbiche large d'une lieue reçoive à peine les plus petits navires, ils porteroient des forces suffisantes pour réduire le fort Nassau & les habitations éparses sur les deux rives. Toute cette partie occidentale de la Guiane Hollandoise, est à peine en état de résister à un corsaire entreprenant. Elle seroit obligée de capituler à la vue de la plus foible escadre.

La partie orientale, que ses richesses exposent à plus de risque, est mieux défendue. L'entrée de la riviere de Surinam, est assez difficile, à cause de ses bancs de sable. Cependant les bâtimens qui ne tirent pas plus de vingt pieds d'eau, peuvent y entrer, lorsque la mer est haute. A deux lieues de l'embouchure, le Commenwine se jette dans le Surinam. C'est à cette jonction que les Hollandois ont établi leur défense. Ils y ont placé une batterie sur le Surinam, & une autre batterie sur la rive droite du Commenwine, & une citadelle appellée Amsterdam, à la rive gauche. Ces ouvrages forment un triangle, dont les feux qui se croisent ont le double objet d'empêcher que les vaisseaux n'aillent plus avant dans l'une des deux rivieres, & ne puissent entrer dans l'autre. La forteresse, située au milieu d'un petit marais, n'est abordable que par une chaussée étroite, où l'artillerie écarte tout approche. Elle n'a besoin que d'une garnison de huit à neuf cens hommes. Flanquée de quatre bastions ; entourée d'un rempart de terre, d'un large fossé plein d'eau, d'un bon chemin couvert ; elle n'a d'ailleurs, ni poudriere, ni magasin voûté, ni aucune espece de casemate. Trois lieues plus haut on trouve sur le Surinam, une batterie fermée, destinée à couvrir le port & la ville de Parambiro. On la nomme le fort Zelandia. Une pareille batterie qu'on appelle le fort de Sommeswelt, couvre le Commenwine à une distance à peu près égale. La colonie a pour défenseurs ses milices, douze cens hommes de troupes réglées, & une compagnie d'artillerie.

Ces forces seroient superflues, si l'on n'avoit de précautions à prendre que contre les naturels du pays. Le petit nombre de ces sauvages qui ont voulu se maintenir dans des positions qui convenoient aux Hollandois, ont été exterminés. Les autres se sont enfoncés dans les terres, à mesure qu'ils voyoient les Européens s'approcher d'eux. Ils vivent paisiblement dans des bois, qui devenus leur asyle, leur tiennent lieu de patrie.

Mais la colonie n'est pas aussi tranquille de la part des negres. La facilité qu'ils ont de déserter dans un continent immense, a rendu leurs maîtres bien plus cruels qu'on ne l'est dans les isles. Sur le plus léger soupçon, un maître fait mourir un esclave en présence de tous les autres; mais à l'insçu des blancs qui pourroient déposer en justice contre cette usurpation des droits de l'autorité civile. La déposition des noirs étant nulle, n'est pas à craindre. La métropole qui ferme les yeux sur cette atrocité, s'expose par cette lâche connivence à perdre un établissement utile. On a craint cent fois une révolution. Le danger n'en a jamais été si grand & si prochain qu'en 1763.

Ce fut au mois de février de cette année

qu'on vit éclater une révolte, dont l'exemple & la suite pouvoient devenir funeste à toute l'Amérique. Tout à coup soixante-treize noirs réunis dans une même habitation à Berbiche, massacrent leur tyran, & levent l'étendart de la liberté. Ce nom releve le courage & l'espoir dans l'ame de tous les esclaves. Ils s'attroupent au nombre de neuf mille ; ils tombent dans la premiere fureur du soulevement sur tous les blancs qui se présentent ; ils les réduisent à se refugier avec le chef de la colonie au bas de la riviere sur un brigantin. Cependant cinq cens hommes arrivent de Surinam au secours des fugitifs. On tente de débarquer. On se retranche dans un bon poste, jusqu'à l'arrivée des troupes d'Europe.

Heureusement pour la république, les Anglois de la Barbade qui possédent le plus grand nombre des plantations établies au Poumaron, à Demerary & à Essequebe, envoient à tems des forces suffisantes pour contenir les esclaves de ces trois rivieres. Par un bonheur plus grand encore, Surinam acheve dans ce moment un accord entamé avec les negres refugiés dans les bois voisins. Dans l'ignorance peut-être d'une fermentation qui pouvoit leur être si favorable, ils consentent à ne plus recevoir les fugitifs de leur nation. Cette convention ôte aux fugitifs leur plus grande espérance. Ce concours d'événemens inattendus, les rejette dans les fers. Sans armes pour la plupart, ils se croient trop heureux de capituler avec leurs maîtres. Mais enfin ils ont montré qu'ils sentoient au fond de leur ame ce ressort indestructif qui réagit contre l'oppression. La tranquillité n'est qu'apparente dans la Guiane Hollandoise, comme dans tous les pays où la révolte a une fois éclaté. Le germe de la révolution se couve & mûrit en secret dans les forêts d'Auka & de Sarmaca.

Ces déserts peuplés de tous les esclaves que la fuite a pu souftraire au joug de l'avare Hollandois, ont vu se former successivement une espece de république, composée de dix ou douze mille ames, partagées en plusieurs villages, dont chacun se choisit un chef. Ces peuplades errantes tombent inopinément, tantôt sur un bord de la colonie, & tantôt sur un autre, pour y piller des subsistances, pour y dévaster les richesses de leurs anciens tyrans. Envain les troupes font dans une activité continuelle, pour contenir ou pour surprendre un ennemi si dangereux. Des avis secrets le mettent à l'abri de tous les pieges, & dirigent ses incursions vers les lieux fans défenses. Des conventions & des traités ne sauroient rassurer contre ses entreprises. Il me semble voir ce peuple esclave de l'Egypte, qui refugié dans les déserts de l'Arabie, erra durant quarante ans, tâta tous les peuples voisins, les harcela, les entama tour-à-tour ; & par de légeres & fréquentes incursions, prépara l'invasion de toute la Palestine. Si la nature forme par hasard une grande ame dans un corps d'ébene, une tête forte sous la toison d'un negre ; si même un Européen ose concevoir un faint enthousiasme d'humanité, de liberté pour des nations entieres foulées depuis deux siecles ; si même un missionnaire sait employer à propos l'ascendant continuel & progressif de l'opinion, contre l'empire variable & passager de la force. ... Faut-il que la barbarie de notre police moderne, inspire des vœux de fang & de ruine à l'homme juste & humain qui médite sur la conduite de ses freres, de ses concitoyens envers une race étrangere à nos vœux, à nos penchans!

Mais c'est à des républicains qui ont appésanti le fardeau de l'esclavage sur la tête des negres, à écarter par leur sagesse & leur modération, un renversement général dont ils seroient les premieres victimes. La Hollande a déja fait de grandes fautes. Elle n'a pas donné à ses établissemens d'Amérique l'attention qu'ils méritoient, quoique les brêches que recevoit coup sur coup sa fortune, fussent bien propres à lui ouvrir les yeux. Si le tourbillon de sa prospérité ne l'eût aveuglée, elle auroit apperçu dans la perte du Bresil les premieres sources de sa décadence. Dépouillée de cette vaste possession, qui dans ses mains pouvoit devenir la premiere colonie de l'univers, qui devoit couvrir le vice ou la petitesse de son territoire d'Europe, elle se vit réduite à n'être que ce qu'elle étoit avant cette conquête, le facteur de l'univers. Alors se forma dans la masse de ses richesses réelles, un vuide que rien n'a rempli depuis.

Les suites de l'acte de navigation que fit l'Angleterre, ne furent pas moins funestes à la Hollande. Dès-lors cette isle cessant d'être tributaire du commerce de la république, devint sa rivale ; & bientôt acquit sur elle une supériorité décidée en Afrique, en Asie, en Amérique.

Si les autres nations avoient adopté la politique Angloise, la Hollande, touchoit au terme de sa ruine. Heureusement pour elle, les rois ne sentirent ou ne voulurent pas assez la prospérité de leurs peuples. Cependant à mesure que les lumieres ont pénétré dans les esprits, chaque gouvernement a tenté d'entreprendre le commerce qui lui étoit propre. Tous les pas qu'on a fait dans cette carriere ont refferré l'effor de la Hollande. La marche actuelle fait préfumer que chaque peuple aura tôt ou tard une navigation relative à la nature de fon territoire, à l'étendue de fon induftrie. A cette époque où tout femble entraîner le deftin des nations, les Hollandois qui ont dû leur fortune autant à l'indolence, à l'ignorance de leurs voifins, qu'à leur économie, à leur expérience, fe trouveront réduits à leur pauvreté naturelle.

Il n'appartient pas fans doute à la prévoyance humaine d'empêcher cette révolution ; mais il ne falloit pas la précipiter, comme l'a fait la république, en cherchant à jouer un rôle principal dans les troubles qui ont fi fouvent agité l'Europe. La politique intéreffées de notre fiecle, lui auroit pardonné les guerres qu'elle a entreprifes ou foutenues pour l'utilité de fon commerce. Mais comment approuver celles où fon ambition démefurée, des inquiétudes mal fondées ont pu l'engager ? Il a fallu qu'elle recourut à des emprunts exceffifs. Si l'on réunis les dettes féparement contractées par la généralité, par les provinces, par les villes ; dettes également publiques, on trouvera qu'elles s'élevent à un milliard de florins, dont l'intérêt, quoique réduit à deux & demi pour cent, a prodigieufement multiplié, énormement groffi la maffe des impôts.

D'autres examineront peut-être, fi ces taxes ont été judicieufement placées, fi elles font perçues avec l'économie convenable. Il fuffit ici d'obferver que leur effet a été de renchérir fi fort les denrées. De premier befoin & par con-

féquent la main d'œuvre, que l'industrie nationale en a essuyé la plus rude atteinte. Les manufactures de laine, de soie, d'or & d'argent,
une foule d'autres ont succombé, après avoir
lutté long-tems contre la progression de l'impôt
& de la cherté. Quand l'équinoxe du printems
amene à la fois les hautes marées & la fonte
des neiges, un pays est inondé par le déborde-
ment des fleuves. Dès que la multitude des impôts fait hausser le prix des vivres; l'ouvrier qui
paye davantage sa consommation, sans gagner
plus de salaire, déserte les fabriques & les atteliers. La Hollande n'a sauvé du naufrage de
ses manufactures, que celles qui n'ont pas été
exposées à la concurrence des autres nations.

L'agriculture de la république, s'il est permis
d'appeller de ce nom la pêche du hareng, n'a
guere moins souffert. Cette pêche qu'on appella
long-tems la mine d'or de l'état, à cause de la
quantité d'hommes qu'elle faisoit vivre, qu'elle
enrichissoit, n'a pas seulement diminué de la moitié : ses bénéfices, de même que ceux de la pêche
de la baleine, se sont réduits peu-à-peu à rien.
Aussi n'est-ce point avec de l'argent que ceux qui
soutiennent ces deux pêches, forment les intérêts
qu'ils y prennent. Il n'y a d'associés que les négocians qui fournissent les vaisseaux, les agrêts,
les ustensiles, les approvisionnemens. Leur profit
ne consiste guere que dans la vente de ces marchandises, dont ils sont payés par le produit de
la pêche, qui donne rarement quelque chose au-
delà des frais de l'armement. L'impossibilité où est
la Hollande de faire un usage plus utile de ses
nombreux capitaux, a seule sauvé les restes de
cette source primitive de la prospérité publique.

L'énormité des droits, qui a détruit les manufactures de la république, & réduit à si peu de chose le bénéfice de ses pêcheries, a beaucoup resserré sa navigation. Les Hollandois tirent toujours les matériaux de leur construction de la premiere main. Ils parcourent rarement les mers sur leur lest. Ils vivent avec une extrême sobriété. La légéreté des manœuvres de leurs navires, leur permet d'avoir des équipages peu nombreux ; & ces équipages toujours excellens, se forment à bon marché par l'abondance des matelots qui couvrent un pays où tout est mer ou rivage. Malgré tant d'avantages soutenus du bas prix de l'argent, ils se font vus forcés de partager le fret de l'Europe avec les Suédois, avec les Danois, sur-tout avec les Hamburgeois, chez qui tous les leviers de la marine ne sont pas grevés des mêmes charges.

Les commissions ont diminué dans les provinces-unies, en même tems que le fret qui les amene. Lorsque la Hollande fut devenue un grand entrepôt, les marchandises y furent envoyés de toutes parts, comme au marché où la vente étoit la plus prompte, la plus sûre, la plus avantageuse. Les négocians étrangers les y faisoient passer souvent pour leur compte, d'autant plus volontiers qu'ils y trouvoient un crédit peu cher jusqu'à la concurrence des deux tiers, des trois quarts de la valeur de leurs effets. Cette pratique assuroit aux Hollandois le double avantage de faire valoir leurs fonds sans risque & d'obtenir une commission. Les bénéfices du commerce étoient alors si considérables qu'ils pouvoient soutenir ces frais. Les gains sont tellement bornés, depuis que la lumiere a multiplié les concurrens, que le vendeur doit tout faire passer au consommateur, sans l'intervention d'aucun agent intermédiaire. Que si dans quelques occasions il convient d'y recourir, on préférera, toutes choses d'ailleurs égales, Hambourg où les marchandises ne payent qu'un pour cent de droit d'entrée & de sortie, à la Hollande où elles en payent cinq.

La république a vu sortir aussi de ses mains le commerce d'assurance, qu'elle avoit fait autrefois, pour ainsi dire, exclusivement. C'est dans ses ports que toutes les contrées de l'Europe faisoient assurer leurs cargaisons, au grand avantage des assureurs, qui en divisant, en multipliant leurs risques, manquoient rarement de s'enrichir. A mesure que l'esprit d'analyse s'est introduit dans toutes les idées, soit de philosophie, soit d'économie, on a senti par-tout l'utilité de ces spéculations. L'usage en est devenu familier & général ; & ce que les autres peuples ont gagné, la Hollande l'a perdu nécessairement.

De ces observations, il résulte que toutes les branches du commerce de la république ont souffert d'énormes diminutions. Peut-être même auroient-elles été la plupart anéanties, si la masse de son numéraire & son extrême économie, ne l'eussent mise en état de se contenter d'un bénéfice de trois pour cent, auquel nous pensons qu'on doit évaluer le produit de la totalité de ses affaires. Un si grand vuide a été rempli par le placement d'argent que les Hollandois ont fait en Angleterre, en France, en Autriche, en Saxe, en Danemarck, en Russie même, & qui peut monter à huit cens millions de florins.

L'état proscrivit autrefois cette branche de commerce, devenue depuis la plus importante de toutes. Si la loi eut été observée, les fonds qu'on a prêtés à l'étranger, seroient restés sans emploi dans le pays, parce que le commerce y trouve en si grande quantité les capitaux qui peuvent y être employés, que pour peu qu'on y ajoutât, loin de donner du bénéfice, il deviendroit ruineux par l'excès de la concurrence. La surabondance de l'argent auroit élevé dès-lors les provinces-unies à ce période, où l'excès des richesses est suivi de la pauvreté. Des milliers de capitalistes n'auroient pas eu de quoi vivre au milieu de leurs trésors.

La pratique contraire a fait la plus grande ressource de la république. Son numéraire prêté aux nations voisines, lui a procuré tous les ans une balance avantageuse, par le revenu qu'il lui a formé. La créance existe toujours entiere, & produit toujours les mêmes intérêts.

On n'aura pas la présomption de calculer, combien de tems les Hollandois jouiront d'une situation si douce. L'évidence autorise seulement à dire que les gouvernemens, qui pour le malheur des peuples ont adopté le détestable systême des emprunts, doivent tôt ou tard l'abjurer; & que l'abus qu'ils en ont fait, les forcera vraisemblablement à être infideles. Alors la grande ressource de la république sera dans sa culture.

Cette culture, quoique susceptible d'augmentation dans le pays de Breda, de Bois le-Duc, de Zutphen & dans la Gueldre, ne sauroit jamais devenir fort considérable. Le territoire des provinces-unies est si borné, qu'un sultan avoit presque raison de dire, en voyant avec quel acharnement les Hollandois & les Espagnols se le disputoient, que s'il étoit à lui, il le feroit jetter dans la mer par ses pionniers. Le sol n'en est bon que pour les poissons qui le couvroient avant les Hollandois. On a dit avec autant d'énergie que de vérité, que les quatre élémens n'y étoient qu'ébauchés. Ses productions ne nourriront jamais le quart

des

des deux millions d'habitans qui forment sa population actuelle. Ce n'est donc pas de ses possessions d'Europe que la république peut attendre sa conservation : elle est mieux fondée à la demander à celles d'Amérique.

Les contrées que l'état a acquises dans ce nouveau monde, sont toutes sous le joug des priviléges exclusifs. Ses isles ainsi que ses comptoirs d'Afrique dépendent de la compagnie des Indes occidentales, qui depuis la perte du Brésil a si prodigieusement déchu, que ses actions ne se vendent plus qu'environ trente-neuf pour cent de leur valeur primitive.

Surinam conquis par quelques armateurs Zélandois, fut cédé par les états de cette province à la compagnie des Indes occidentales, qui ayant encore l'imagination remplie de son ancienne grandeur, accepta sans balancer un terrein si vaste. Des réflexions sérieuses lui firent sentir que les dépenses nécessaires pour le mettre en valeur, étoient au-dessus de ses forces. Elle céda un tiers de ses droits à la ville d'Amsterdam, & un tiers à un riche particulier nommé Daarssens. Les deux autres colonies du continent sont également soumises aux sociétés commerçantes qui les ont fondées.

Aucun de ces corps n'a un seul vaisseau, aucun ne fait le moindre commerce. La navigation aux établissemens d'Amérique est indifféremment ouverte à tous les Hollandois, sous la condition unique de faire directement leur retour dans les ports de la métropole. Les fonctions des compagnies se réduisent à gouverner & à défendre les territoires soumis à leur privilége. Pour les mettre en état de suffire à ces dépenses, la république les a autorisées à percevoir annuellement deux florins & demi par tête d'esclave, & deux & demi pour cent sur toutes les marchandises qui entrent dans la colonie, sur toutes les denrées qui en sortent.

Tous les gouvernemens éclairés ont trouvé de l'inconvénient à laisser leurs possessions d'Amérique dans les mains des compagnies exclusives, dont les intérêts particuliers ne s'accordent pas toujours avec l'intérêt public. Ils ont pensé que leurs sujets du nouveau monde avoient un droit aussi démontré que ceux de l'ancien, à ne dépendre d'aucune autre autorité que de celle des loix générales. Ils ont cru que leurs colonies feroient des progrès plus rapides, si au lieu d'une protection intermédiaire, elles jouissoient de la protection immédiate de l'état. Le succès a démontré, plus ou moins, la justesse de ses vues. La Hollande seule n'a pas adopté un système si simple & si raisonnable, quoique tout concourut à le lui rendre plus nécessaire qu'aux autres peuples.

Ses établissemens sont sans défense, contre les ennemis que l'ambition ou le ressentiment pourroient lui susciter. L'atrocité criante du traitement qu'y éprouvent les esclaves, menace d'un soulevement. Une partie des denrées qui devroient revenir entierement à la métropole, passe tous les jours dans les colonies étrangeres de l'Amérique septentrionale. Le peu de goût qu'a naturellement pour l'exploitation des terres une nation purément commerçante, est fortifié dans le nouveau monde par les abus inséparables de l'administration qui y est établie. Les moyens d'y créer un nouvel ordre de choses, sont au-dessus de l'autorité, de la protection, de l'activité d'une société particuliere. La révolution est attachée aux soins immédiats du gouvernement.

Si la république prend le parti que ses plus
chers intérêts lui dictent, elle cessera d'avoir pour
base unique de son existance une industrie précaire, dont elle perd tous les jours quelques branches, & qu'elle perdra tôt ou tard entierement.
Ses colonies qui réunissent tous les avantages que
peut desirer un peuple négociant & cultivateur,
lui donneront des productions, dont elle aura
seule tout le fruit & la propriété ? Devenue une
puissance territoriale, elle entrera dans tous les
marchés en concurrence avec les nations, dont
elle ne faisoit que voiturer les denrées. La Hollande cessera de n'être qu'une boutique : elle sera une
terre solide, un état permanent. Elle trouvera dans
l'Amérique la consistance que l'Europe lui refuse.
Voyons si le Danemarck, seule puissance du
nord, qui ait poussé son commerce & ses forces
jusques dans le nouveau monde, y peut former
des espérances fondées d'agrandissement.

Le Danemarck & la Norwege, réunis aujour-
d'hui sous les mêmes loix, formoient deux états
différens au huitieme siecle. Tandis que le premier se distinguoit par la conquête de l'Angleterre & par d'autres entreprises hardies, le second peuploit les Orcades, les isles de Fero &
l'Islande. Ses actifs habitans, pressés par cette
inquiétude qui avoit toujours agité les Scandina-
ves leurs ancêtres, s'établirent même, dès le neu-
vieme siecle, dans le Groenland, qu'on a de
fortes raisons d'attacher au continent de l'Amérique. On croit même entrevoir, à travers les
ténébres historiques répandues sur les monumens
du nord, que ces hardis navigateurs pousserent
dans le onzieme siecle leurs courses, jusqu'aux
côtes de Labrador & de Terre-neuve, & qu'ils y
jetterent quelques foibles peuplades. Il est donc

vraisemblable que les Norwegiens peuvent disputer à Christophe Colomb la gloire d'avoir découvert le nouveau monde. Mais ils y étoient
sans le savoir.

Les guerres qu'essuya la Norwege, jusqu'à ce
qu'elle fût réunie au Danemarck ; les obstacles
que le gouvernement opposa à sa navigation ;
l'oubli & l'inaction où tomba cette nation entreprenante, lui firent perdre avec ses colonies du
Groenland, les établissemens ou les relations
qu'elle pouvoit avoir aux côtes de l'Amérique.

Il y avoit plus d'un siecle que le navigateur
Genois, avoit commencé la conquête de cette
région au nom de l'Espagne, lorsque les Danois
& les Norwegiens qui ne formoient alors qu'une
même nation, jetterent les yeux sur cet autre
hémisphere, dont ils étoient plus voisins que
tous les peuples qui s'en étoient emparés. Mais
voulant y pénétrer par la route la plus courte,
ils envoyerent en 1619 le capitaine Munk, pour
chercher un passage par le nord-ouest dans la
mer pacifique. Ses travaux furent aussi inutiles
que ceux de tant d'autres navigateurs qui l'avoient
précédé & qui l'ont suivi.

On doit présumer que l'inutilité d'une premiere tentative n'auroit pas rebuté le Danemarck.
Il auroit vraisemblablement continué ses expéditions pour l'Amérique, jusqu'à ce qu'il fût parvenu à y former des établissemens utiles. S'il
perdit de vue ces régions éloignées, il y fut forcé par les guerres où son imprudence le précipita en Europe, par celles que son extrême foiblesse lui attira. Les pertes qu'il fit coup sur
coup, lui creuserent un précipice, d'où jamais
il ne seroit relevé, si les secours de la Hollande,
& la constance des citoyens de Copenhague

ne lui euffent procuré en 1660 une paix moins humiliante, moins ruineufe qu'il ne la devoit craindre.

Le gouvernement employa le premier inftant de tranquillité à fonder fes plaies. Semblable à tous les gouvernemens Gothiques, il étoit partagé, entre un chef électif, les grands de la nation ou le Sénat, & les états. Le roi n'avoit d'autre droit que celui de préfider au fénat & de commander l'armée. Le fénat gouvernoit dans l'intervalle d'une diete à l'autre. Celle-ci compofée du clergé, de la nobleffe & du tiers état, décidoit de toutes les grandes affaires.

Quoique cette conftitution offre l'image de la liberté, rien n'étoit moins libre que le Danemarck. Le clergé avoit perdu toute influence depuis la réformation. Les bourgeois n'avoient pas encore acquis affez de richeffes pour fe donner de la confidération. Ces deux ordres étoient écrafés par celui de la nobleffe, toujours rempli de cet efprit féodal qui ramene tout à la force. La crife où l'on fe trouvoit n'infpira à ce corps, ni la juftice, ni la modération dont il avoit befoin. Le refus qu'il fit de contribuer aux charges publiques en raifon de fes poffeffions, aigrit les autres membres de la confédération. Dans le dépit de leur reffentiment, ils conférerent au monarque une autorité abfolue, illimitée; & ceux qui les avoient réduits à cet acte de défefpoir, fe virent forcés de fuivre un fi funefte exemple.

A cette époque de la révolution la plus imprudente, la plus finguliere, qu'offent les annales des nations, les Danois tomberent dans une efpece de léthargie. Aux grandes agitations, que caufent toujours des droits importans à difputer, fuccéda la fauffe tranquillité de l'efclavage. Un peuple qui avoit occupé la scene pendant plusieurs siecles, ne joua plus de rôle sur le théâtre du monde. Il ne sortit de l'anéantissement où le despotisme l'avoit plongé, que pour aller occuper en 1671 en Amérique une petite isle, connue sous le nom de Saint-Thomas.

Cette derniere des Antilles du côté de l'ouest étoit tout-à-fait deserte, lorsque les Danois entreprirent de s'y établir. Ils furent d'abord traversés par les Anglois, sous prétexte que quelques vagabonds de leur nation, y avoient commencé autrefois des défrichemens. Le ministere Britannique arrêta le cours de ces vexations, & la colonie vit former successivement les plantations de sucre que comportoit un terrein sabloneux qui n'avoit que cinq lieues de long sur deux & demi de large.

Avec une si foible culture, Saint-Thomas n'auroit jamais eu de célébrité. Mais la mer y a creusé un port excellent, qui peut mettre en sûreté cinquante vaisseaux. Un avantage si précieux le fit fréquenter par les flibustiers Anglois & François, qui vouloient soustraire le fruit de leurs rapines, aux droits qu'on exigeoit d'eux dans les établissemens de leur nation. Les corsaires qui avoient fait leurs prises trop bas, pour les faire remonter aux isles du vent, les venoient vendre à celle de Saint-Thomas. Elle étoit l'asile de tous les bâtimens marchands qui poursuivis en tems de guerre y trouvoient un port neutre. C'étoit l'entrepôt de tous les échanges que les peuples voisins n'auroient pu faire ailleurs avec autant d'aisance & de sûreté. C'est de-là qu'on expédioit tous les jours des bateaux richement chargés pour un commerce clandestin avec les côtes Espagnoles, d'où l'on rapportoit beaucoup de métaux & de marchandises précieuses. Saint-Thomas étoit enfin une place où se faisoient des marchés très-importans.

Mais le Danemarck ne profitoit pas de cette circulation rapide. C'étoient des étrangers qui s'enrichissoient, & qui disparoissoient avec leurs richesses. Un vaisseau expédié tous les ans pour l'Afrique, allant vendre ses esclaves en Amérique, & revenant en Europe avec une cargaison qu'il avoit reçue en échange : telles étoient les liaisons que la métropole avoit avec sa colonie. Elles augmenterent en 1719 par le défrichement de l'isle de Saint-Jean, voisine de Saint-Thomas, mais encore plus petite de la moitié. Ces foibles commencemens auroient eu besoin de l'isle de Crabes, ou de Borriquen, où l'on avoit tenté deux ans auparavant de s'établir.

Cette isle qui peut avoir huit à dix lieues de circonférence a un assez grand nombre de montagnes ; mais elles ne sont ni arides, ni escarpées, ni fort élevées. Le sol des plaines & des vallées qui les séparent, paroît très-fertile ; & il est arrosé par de nombreuses sources dont l'eau passe pour excellente. La nature, en lui refusant un port, lui a prodigué les meilleures rades que l'on connoisse. On trouve à chaque pas des restes d'habitations, des allées d'orangers & de citronniers qui prouvent que les Espagnols de Porto-rico, qui n'en sont éloignés que de cinq ou six lieues, y ont été fixés autrefois.

Les Anglois voyant qu'une isle si bonne étoit deserte, y commencerent quelques plantations vers la fin du dernier siecle. On ne leur laissa pas le tems de recueillir le fruit de leur travail. Ils furent surpris par les Espagnols, qui massacrerent impitoyablement tous les hommes faits, &

qui en amenerent les femmes & les enfans à
Porto-rico. Cet événement n'empêcha pas les
Danois de faire quelques arrangemens pour s'y
établir en 1717. Mais les sujets de la Grande-
Bretagne reclamant leurs anciens droits, y envoyerent quelques avanturiers, qui furent d'abord
pillés & bientôt après chassés par les Espagnols.
La jalousie de ces tyrans du nouveau monde, va
jusqu'à défendre à des barques même de pê-
cheur l'approche d'un rivage où ils n'ont qu'un
droit de possession sans exercice. Condamnant
l'isle des Crabes à une solitude éternelle, ils ne
veulent, ni l'habiter, ni qu'on l'habite : trop paresseux pour la cultiver, trop inquiets pour y
souffrir des voisins actifs. Un tel caractere de
domination exclusive a obligé le Danemarck de
détourner ses regards de l'isle des Crabes, pour
les porter vers Sainte-Croix.

Celle-ci méritoit à plus juste titre d'exciter
l'ambition des peuples. Elle a dix-huit lieues
de long sur trois & quatre de largeur. Elle fut
occupée en 1643 par les Hollandois & par les
Anglois. Leur rivalité ne tarda pas à les brouiller. Les premiers battus en 1646 dans un combat opiniâtre & sanglant, se virent réduits à
abandonner un terrein sur lequel ils avoient
fondé de grandes espérances. Le vainqueur tra-
vailloit à s'affermir dans sa conquête, lorsqu'en
1650, il fut attaqué & chassé à son tour par
douze cens Espagnols arrivés sur cinq vaisseaux.
Leur triomphe ne dura que quelques mois. Ce
qui étoit resté de ce corps nombreux pour la
défense de l'isle, la céda sans résistance à cent
soixante François partis de Saint-Christophe pour
s'en mettre en possession.

Ces nouveaux habitans se hâterent de reconnoître un terrein si disputé. Sur un sol, d'ailleurs excellent, ils ne trouverent qu'une riviere médiocre, qui coulant lentement presqu'au niveau de la mer, dans un terrein sans pente, n'offroit qu'une eau saumâtre. Deux ou trois fontaines qu'on découvrit dans l'intérieur de l'isle, suppléoient foiblement à ce défaut. Les puits ne fournissoient que rarement de l'eau. Il falloit du tems pour construire des citernes. L'air n'étoit pas plus attrayant pour les nouveaux colons. Une isle platte & couverte de vieux arbres, ne permettoit guere aux vents de balayer les exhalaisons infectes dont ses marais épaississoient l'atmosphere. Il n'y avoit qu'un moyen de remédier à cet inconvénient. C'étoit de brûler les forêts. Aussi-tôt les François y mettent le feu, & s'embarquent sur leurs vaisseaux, contemplent de la mer durant des mois entiers, l'incendie qu'ils avoient allumé dans l'isle. Dès qu'il est éteint, ils rédescendent à terre.

Les champs se trouverent d'une fertilité incroyable. Le tabac, le coton, le rocou, l'indigo, le sucre y réussissoient également. Tels furent les progrès de cette colonie, que onze ans après sa fondation, elle comptoit huit cens vingt-deux blancs, avec un nombre d'esclaves proportionné. Elle marchoit d'un pas rapide à une prospérité qui devoit effacer les établissemens les plus florissans de sa nation, lorsqu'on mit à son activité des entraves qui la firent retrograder. Sa décadence fut aussi prompte que son élevation. Il ne lui restoit plus que cent quarante sept hommes avec leurs femmes & leurs enfans, & six cens vingt-trois noirs, quand on transporta en 1696 cette population à Saint-Domingue.

Des écrivains, qui supposent que la cour de Versailles se décide toujours par les vues sublimes d'une profonde politique, ont imaginé qu'elle n'avoit méprisé Sainte-Croix que parce qu'elle vouloit abandonner les petites isles, pour concentrer toutes les forces, toute l'industrie, toute la population dans les grandes : ils se sont trompés. Cette résolution fut l'ouvrage des fermiers qui trouvoient que le commerce clandestin de Sainte-Croix avec Saint-Thomas, étoit nuisible à leurs intérêts, & les privoit de leur droit d'entrée. De tout tems, la finance fut nuisible au commerce, & dévora le sein qui la nourrit. L'isle fut sans colons & sans culture jusqu'en 1733, tems où la France en céda la propriété au Dannemark pour cent soixante-quatre mille rixdales.

Ce fut alors que cette puissance du nord, sembla devoir pousser de fortes racines en Amérique. Malheureusement, elle fit gémir ses cultures sous la tyrannie d'un privilege exclusif. Des hommes industrieux de toutes les sectes, & sur-tout des freres Moraves, ne purent jamais vaincre ce grand obstacle. On essaya plusieurs fois de concilier les intérêts du colon & celui de ses oppresseurs : ces tempéramens furent inutiles. Les deux partis se firent toujours une guerre d'animosité, jamais d'industrie. Enfin le gouvernement plus modéré que sa constitution ne permettoit de l'espérer, acheta en 1754 les droits & les effets de la compagnie. Le prix fut réglé à deux millions deux cens mille rixdales. Une partie fut payée en argent comptant, & le reste en obligations sur le trésor public portant intérêt. La navigation dans les isles fut alors ouverte à tous les sujets de la domination Danoise.

L'avidité du fisc traversa mal à propos le bien que cet arrangement devoit produire. A la vérité les denrées, les marchandises nationales, celles qui auroient été tirées de la premiere main avec des bâtimens Danois, devoient être embarquées dans la métropole sans rien payer ; mais on exigea quatre pour cent de toutes les matieres fabriquées qui ne se trouveroient pas dans une de ces conditions. Tout ce qui arrivoit dans les colonies y fut assujetti à cinq pour cent d'entrée ; tout ce qu'on en exportoit, à six pour cent de sortie. Des productions de l'Amérique, ce qui se consommoit dans la métropole devoit deux & demi pour cent, & ce qui passoit à l'étranger, un pour cent.

Dans le tems que le commerce des isles recouvroit son indépendance naturelle, avec ces restrictions onéreuses, on rendoit libre aussi celui d'Afrique qui en fait la base. Depuis plus d'un siecle, le gouvernement avoit acheté du roi d'Aquambo les deux forteresses de Fredensbourg & de Christansbourg situées sur la côte d'or, à peu de distance l'une de l'autre. La compagnie seule en jouissoit en vertu de ses conventions ; & ses droits étoient exercés avec cette barbarie, dont les Européens les plus policés, ont donné l'exemple dans ces malheureux climats. Un seul de ses agens eut le courage de renoncer à des atrocités que l'habitude faisoit regarder comme légitimes. Telle étoit la réputation de sa bonté, la confiance en sa probité, que les noirs venoient de cent lieues pour voir cet homme ; qu'un souverain d'une contrée éloignée lui envoya sa fille avec de l'or & des esclaves, pour obtenir un petit fils de Schilderop. C'étoit le nom de cet Européen ; révéré sur toutes les côtes de la Nigritie. O vertu! ton influence respire encore dans l'ame de ces misérables condamnés à habiter parmi les tygres, ou à gemir sous la tyrannie des hommes! Ces êtres écrasés & foulés, dont nos mains expriment le sang dans les sillons où germent nos délices, peuvent donc avoir un cœur pour sentir les doux attraits de l'humanité bienfaisante! Juste & vertueux Danois, quel monarque reçut jamais un hommage aussi pur, aussi glorieux que celui dont la nation t'a vu jouir! Et dans quel lieux encore? Sur une mer, sur une terre que deux siecles ont à jamais souillés d'un infame trafic de crimes & de malheurs; d'homme échangés pour des armes; d'enfans vendus par leurs peres à des étrangers qui les substitueront à des chevaux,..... Non des larmes ne suffisent pas à de telles horreurs. Il faudroit les peindre en lettres de sang.

Cependant le privilege exclusif de la traite des negres a été aboli en Dannemark, comme dans les autres états. Il est permis à tous les sujets de cette puissance commerçante d'aller acheter des hommes en Afrique. Ils ne payent que quatre rixdales pour chaque tête qu'ils introduisent en Amérique. Les plantations de leurs colonies occupent déja trente mille esclaves de tout âge & de tout sexe qui doivent chacun un écu de capitation. Les denrées qui naissent des travaux de ces malheureux forment la cargaison de quarante bâtimens dont le port est de cent vingt jusqu'à trois cens tonneaux. Les habitations qui vendent annuellement au fisc deux écus Danois par mille piés quarrés, donnent à la nation un peu de caffé & de gingembre, quelque bois de marqueterie, huit cent balles de coton qui paſſent preſqu'entierement à l'étranger, douze millions peſant de ſucre brut dont les quatre cinquiemes ſe conſomment dans la métropole, & le reſte eſt vendu dans la Baltique, ou introduit en Allemagne par la voie d'Altena. Sainte Croix, quoique le plus moderne des établiſſemens Danois fournit les cinq ſeptiemes de ces productions.

Cette iſle eſt partagée en trois cens cinquante plantations, par des lignes qui ſe coupent à angles droits. Chaque plantation renferme cent cinquante acres de quarante mille pieds quarrés chacun ; enſorte qu'elle peut occuper un eſpace de douze cens pas communs de long ſur huit cent de large. Les deux tiers de ce terrein ſont propres au ſucre, & le propriétaire peut y employer quatre vingt acres à la fois, dont chacun rendra années communes ſeize quintaux de ſucre, ſans compter les ſirops. Le reſte peut être mis en valeur d'une façon moins lucrative. Lorſque l'iſle ſera tout défrichée, ce qui dépend du tems & des circonſtances, il pourra s'y former quelques villes. Elle n'a actuellement que le bourg de Chriſtiantad, bâti à côté de la fortereſſe qui défend le port principal.

Le Dannemark ne peut pas ſe diſſimuler que les richeſſes qui commencent à venir de ſes colonies, ne lui appartiennent pas en totalité. Une grande partie paſſé aux Anglois & aux Hollandois, qui ſans vivre dans ces iſles y ont formé les meilleures habitations. La nouvelle Angleterre y porte des bois, des beſtiaux, des farines, qu'elle échange contre des ſirops & d'autres denrées. Il faut payer aux nations étran-

geres les vins , les toiles , les ſoiries qu'elles
fourniſſent. L'Inde même eſt aſſociée à ce commerce, puiſque la compagnie y place une aſſez
grande quantité de ſes marchandiſes. Un calcul
rigoureux prouveroit peut-être que ce qui reſte
à l'état propriétaire au delà de la commiſſion,
du fret & des droits eſt fort peu de choſe. La
ſituation où ſe trouve cette puiſſance ne lui permet pas de voir d'un œil indifférent cet arrangement. Tout l'invite à chercher les moyens
convenables pour s'approprier le produit entier
de ſes poſſeſſions d'Amérique.

Celle d'Europe qui forment aujourd'hui le
Dannemark étoient autrefois indépendantes les
unes des autres. Des révolutions la plupart ſin-
gulieres les ont réunies ſous les mêmes loix.
Au centre de ce tout bizarrement compoſé ſont
quelques iſles, dont la plus connue ſe nomme
Zelande. On y trouve un port excellent , qui
n'étant au onzieme ſiecle qu'une habitation de
pêcheurs, devint une ville au treizieme , la capitale de l'Empire au quinzieme , & une belle
cité après l'incendie de 1728 qui y réduiſit en
cendres ſeize cens cinquante maiſons. Au midi
de ces iſles , eſt cette péninſule longue & étroite
que les anciens appelloient Cherſoneſe Cimbri-
que. Ses parties les plus importantes, les plus
étendues ont ſucceſſivement groſſi la domination
Danoiſe , ſous le nom de Jutland, de Sleſwig,
& de Holſtein. Elles ont été plus ou moins
floriſſantes, à proportion qu'elles ſe ſont reſſen-
ties de l'inſtabilité de l'Océan, qui tantôt s'é-
loigne de leurs bords, & tantôt les engloutit.
On voit dans ces contrées, ainſi que dans les
comtés d'Oldenbourg & de Delmenhorſt, ſou-
miſes au même maître, une lutte entre les hom-

mes & la mer, un combat perpétuel dont les succès ont toujours été balancés. Les habitans d'un tel pays seront libres, dès qu'ils s'appercevront qu'ils ne le sont pas. Ce n'est point à des marins, à des insulaires, aux peuples des montagnes que le despotisme peut imposer longtems un joug avilissant.

La Norwege qui obéit au Danemarck n'est pas plus propre à cette servitude. Elle est couverte de pierres ou de rochers, & traversée en différens sens par de hautes montagnes qui ne sont pas susceptibles de culture. On ne voit en Laponie qu'un petit nombre de sauvages, fixés sur les côtes par la pêche, ou errant dans des deserts affreux, & subsistant par le moyen de la chasse, de leurs pelleteries & de leurs rennes. L'Islande est un pays misérable cent fois boulversé par des volcans, par des tremblemens de terre, & cachant toujours dans son sein des matieres bitumineuses qui peuvent à chaque instant la réduire en un monceau de cendres. Pour le Groenland, que le vulgaire croit une isle, & que les géographes présument tenir à l'Amérique par l'ouest, c'est un pays vaste & stérile, que la nature condamne aux glaces éternelles. Si jamais ces régions sont peuplées, elles deviendront indépendantes les unes des autres, & toutes du roi de Danemarck qui croit y commander, parce qu'il s'en dit le maître, à l'insçu de leurs sauvages habitans.

Le climat des isles Danoises de l'Europe n'est pas aussi rigoureux, qu'on le jugeroit par leur latitude. Si les golfes dont elles sont environnées voyent quelquefois interrompre la navigation, c'est bien moins par les glaçons qui s'y forment, que par ceux que les vents y poussent, & qui se nuisent, à mesure qu'ils s'y entassent. Si l'on en ex-

cepte le nord du Jutland, les provinces qui joi-
gnent l'Allemagne, jouissent de sa température.
Le froid est très-modéré, même sur les côtes de
la Norwege. Il y pleut souvent durant l'hyver; &
son port de Bergue est à peine une fois fermé par
les glaces, tandis que ceux d'Amsterdam, de Lu-
beck & de Hambourg, le sont dix fois dans l'année. Il est vrai que cet avantage est cherement
acheté par les brouillards épais & continuels qui
rendent le séjour du Danemarck désagréable,
triste, & ses habitans sombres, mélancoliques.

La population de cet empire n'est pas proportionnée à son étendue. Dans les siecles reculés,
il se dépeupla par des émigrations continuelles.
Les brigandages qui les remplacerent, entretin-
rent cette dépopulation. L'anarchie empêcha l'état
de se rétablir de si grands maux. Le double despotisme du prince sur les citoyens qui se croyent
libres sous le titre de nobles, & de ceux-ci sur
un peuple esclave, étouffé jusqu'à l'espérance d'une
plus grande population. A peine sur une surface
immense, compte-t-on quinze cens mille ames.

Indépendamment de beaucoup d'autres causes,
le poids des impôts s'oppose à leur bonheur. On
en exige de fixes pour les terres; d'arbitraires en
forme de capitation; de journalieres sur les consommations. Cette oppression est d'autant plus
criminelle, que le gouvernement jouit d'un domaine très-considérable; & qu'il a une ressource
assurée dans le détroit du Sund. Six mille neuf
cens trente navires qui, si l'on en juge par le
compte de 1768, doivent entrer annuellement
dans la mer Baltique, ou en sortir, payent dans
ce fameux passage, environ un pour cent de toutes les marchandises dont ils sont chargés. Cette
espece de tribut qui, quoique difficile à lever,

rend

rend à l'état deux millions cinq cens mille livres, est perçu dans la rade d'Elzeneur, protégée par la forteresse de Cronenbourg. Il y a long-tems que cette position & celle de Copenhague invitent inutilement le Danemarck à y former un entrepôt, où tous les peuples commerçans, soit du nord, soit du midi, viendroient échanger leurs productions & leur industrie.

Avec les fonds provenant des tributs, du domaine, des péages, des subsides du dehors, l'état entretient une armée de vingt-cinq mille hommes, qui toute composée d'étrangers, passe pour la plus mauvaise milice de l'Europe. Sa flotte jouit au contraire de la meilleure réputation. Elle consiste en trente-deux vaisseaux de ligne, quinze ou seize frégates & quelques galeres, dont l'usage sagement proscrit ailleurs, ne peut être abandonné sur les côtes de la Baltique, le plus souvent inaccessibles à d'autres bâtimens. Vingt-quatre mille matelots classés, qui sont la plupart toujours en action, assurent les opérations navales. Aux dépenses militaires, le gouvernement en a joint d'autres depuis quelques années pour l'encouragement des manufactures & des arts. Qu'on ajoute quatre millions de livres pour les besoins ou les fantaisies de la cour; une somme à peu près semblable pour les intérêts qu'entraîne une dette publique de soixante-dix millions; & on aura l'emploi des vingt-trois millions de livres tournois qui forment le revenu de la couronne.

Si c'est pour en assurer le recouvrement que le gouvernement a proscrit en 1736 l'usage des bijoux, des étoffes d'or & d'argent, on se permettra de dire qu'il avoit sous sa main des moyens plus simples. Il falloit abolir cette foule d'entraves qui gênent les opérations des citoyens en-

tr'eux, qui empêchent la libre communication
des différentes parties de la monarchie. La pêche
de la baleine, le commerce de Groenland, de
l'Islande, ceſſant d'être dans les·fers des privileges excluſifs, & le commerce des iſles de Feroé
retiré des mains du ſouverain, auroient acquis
de l'activité. On auroit également étendu les liai-
ſons étrangeres, ſi l'on eut ſupprimé la compagnie de Barbarie; & ſi tous les membres de l'état
avoient été déchargés de l'obligation qui leur fut
impoſée en 1726 de ſe pourvoir de vin, de
ſel, d'eau-de-vie, de tabac à Copenhague même.

Dans l'état actuel des choſes, les exportations
ſont aſſez bornées. Elles ſe réduiſent dans les provinces du continent de l'Allemagne à cinq ou ſix
mille bœufs, à trois ou quatre mille chevaux propres pour la cavalerie, à quelque ſcigle qui eſt
vendu aux Suédois & aux Hollandois. Depuis quelques années le Danemarck conſomme le froment
que la Fionie & l'Alland envoyoient autrefois à
l'étranger. Ces deux iſles ainſi que la Selande, ne
vendent plus que ces magnifiques attelages, ſi
chers à tous ceux qui aiment les beaux chevaux.
La Norwege fournit au commerce du hareng, des
bois, des mâtures, du goudron & du fer. Il ſort
des pelleteries de la Laponie & du Groenland. On
tire de l'Islande de la morue, de l'huile de baleine, de chien & de veau marins, du ſoufre, &
ce délicieux duvet ſi connu ſous le nom d'édre-
don.

Arrêtons ici les détails qu'a néceſſairement amenés le commerce du Danemarck. Ils ſuffiſent pour
convaincre cette puiſſance, qu'elle a le plus grand
intérêt à jouir, à trafiquer ſeule de toutes les
productions de ſes iſles de l'Amérique. Plus les
poſſeſſions de cette couronne ſont bornées dans

le nouveau monde, comme elles le feront toujours pour elle fous la zone torride, plus elle
doit être attentive, à ne laiffer échapper aucun
des avantages qu'elle en peut tirer. Dans un état
de médiocrité, la moindre négligence a des fui-
tes importantes. Les nations même qui ont de
vaftes & riches territoires ne font pas impuné-
ment des fautes, comme on le verra dans le livre fuivant.

Fin du Livre douzième.

ERRATA
DU QUATRIEME VOLUME.

PAGE 3 , ligne 15 , dérober , lisez déborder.
Page   3 , ligne 20 , passeroit , lisez pousseroit.
    8,   17 , le choux caraiba , lisez le choux caraïbe.
    12   35 , qu'il en puise , lisez qu'il épuise.
    14   36 , assaillis , lisez assaillit.
    21   25 , seroient-ils , lisez servoient-ils.
    23   30 , après le mot Guyane , effacez le point.
    24   22 , intruits , lisez instruits.
    26   33 , les causes , lisez les courses.
    29   1 , d'un once , lisez d'une once.
    35   12 , San-Lago , lisez Sant-Iago.
    36   9 , dans celles qu'ils avoient quittées , lisez dans
                   celle qu'ils avoient quittée.
    37   17 , étoient propre , lisez étoit propre.
    42   20 , lui prodiguoit , lisez leur prodiguoit.
    42   21 , lui demandoit , lisez leur demandoit.
    42   27 , vivant , lisez vivans.
    43   36 , devient , lisez devint.
    46   13 , toutes aussi hardies , lisez tout aussi hardies.
    53   15 , Grognien , lisez Grognier.
    57   16 , la grace , lisez la Grece.
    60   16 , qu'il lui restoit , lisez qui leur restoit.
    60   32 , des premieres , lisez des premiers.
    62   31 , d'atrocité , lisez d'atrocités.
    74   29 , à qui on devoit , lisez à qui on donnoit.
    84   14 , les fonds , lisez ces fonds.
    94   3 , des ouvrages , lisez des outrages.
    96   16 , heure , lisez heures.
    99   19 , sur ce grand , lisez de ce grand.
    107   11 , ont abandonnés , lisez ont abandonné.
    107   23 , il y a neuf , lisez il a neuf.
    108   6 , bâtirent , lisez bâtissent.
    122   32 , y croisent , lisez y croissent.
    123   21 , par des vastes , lisez par de vastes.
    123   27 , depuis Calbary , lisez depuis le Calbary.
    125   24 , chez les citoyens qui lui paroit les plus , lisez
                   chez le citoyen qui lui paroît le plus.
    127   31 , celles des , lisez celle des.
    128   36 , des Akamis , lisez des Akanis.
    129   3 , des côtes , lisez de côtes.
    131   29 , accoutumés , lisez accoutumé.
    132   36 , durs & sec , lisez durs & secs.
    134   8 , vraisemblance , lisez ressemblance.
    135   7 , besoins , lisez besoin.
    135   11 , occupé , lisez occupés.
    136   10 , de variétés , lisez des variétés.
    143   35 , & de grains , lisez & des grains.
    167   14 , dans cent siecle , lisez dans un siecle.
    168   1 , du philsophe , lisez du philosophe.
    255   2 , de l'arracher , lisez de me l'arracher.

ERRATA.

Page 183, ligne 20, après ces mots *l'archipel des Antilles*, placez un point.

185	8,	en font usage, lisez en font un usage.
194	31,	se le permettre, lisez se les permettre.
215	29,	des victimes, lisez de victimes.
218	1,	échappés, lisez échappé.
218	32,	en montueux, lisez & montueux.
221	19,	après *Saint Domingue*, placez un point.
231	23,	de l'inclination, lisez de l'inaction.
236	16,	l'entré du port, lisez l'entrée.
238	36,	coûtes, lisez coûte.
239	25,	retrogradés, lisez retrogradé.
240	4,	celle d'Espagne, lisez celles d'Espagne.
241	9,	qui sans, lisez qui sous.
242	21,	en fleuve, lisez en fleuves.
242	33,	pour maître, lisez pour maîtres.
245	22,	du néant, lisez de néant.
245	25,	conquises, lisez conquise
250	36,	du Curaçao, lisez de Curaçao.
253	13,	les Hollandois, lisez le Hollandois.
255	30,	vous n'aviez, lisez vous n'avez.
259	1,	des terres, lisez des serres.
263	4,	à une misérable, lisez par une misérable.
263	32,	tout approche, lisez toute approche.
266	18,	sans défenses, lisez sans défence.
268	18,	intéressées, lisez intéressée.
268	24,	si l'on réunis, lisez si on réunit.
268	36,	après le mot *denrées*, effacez le point.
270	20,	envoyés, lisez envoyées.
284	12,	la nation, lisez ta nation.
284	35,	qui vendent, lisez qui rendent.
285	26,	Christianrad, lisez Christianstad.
286	13,	Celle d'Europe, lisez celles d'Europe.